见证跨越

一位职教工作者的探索与实践

王兆明 编著

苏州大学出版社
Soochow University Press

图书在版编目(CIP)数据

见证跨越：一位职教工作者的探索与实践／王兆明编著. — 苏州：苏州大学出版社，2022.12
ISBN 978-7-5672-4091-9

Ⅰ.①见… Ⅱ.①王… Ⅲ.①职业教育—中国—文集 Ⅳ.①G719.2-53

中国版本图书馆CIP数据核字(2022)第224237号

见证跨越——一位职教工作者的探索与实践
JIANZHENG KUAYUE——YI WEI ZHIJIAO GONGZUOZHE DE TANSUO YU SHIJIAN
王兆明　编著
责任编辑　万才兰

苏州大学出版社出版发行
(地址：苏州市十梓街1号　邮编：215006)
广东虎彩云印刷有限公司印装
(地址：东莞市虎门镇黄村社区厚虎路20号C幢一楼　邮编：523898)

开本 787 mm×1 092 mm　1/16　印张 14.75　字数 314千
2022年12月第1版　2022年12月第1次印刷
ISBN 978-7-5672-4091-9　定价：56.00元

图书若有印装错误，本社负责调换
苏州大学出版社营销部　电话:0512-67481020
苏州大学出版社网址　http://www.sudapress.com
苏州大学出版社邮箱　sdcbs@suda.edu.cn

序

2022年是我从事职业教育工作的第45年。1977年11月，我从苏州大学调至江苏省教育行政部门，并成为当时江苏省教育部门管理职业教育唯一的一名普通工作人员。从那时至今，虽然岗位多有变动，但我一直没有离开过职教战线，始终是一名职教人！从进机关时起，我信奉"干一行，爱一行，精一行"的工作理念，努力成为所从事领域的"内行"。我注意资料积累，认为这是做好本职工作、提高文字水平和工作能力的基础（这在当年是必要的），以至于在江苏省教育部门工作25年和在学校工作时的有关文件资料均保存完好。几年前江苏省教育厅要编教育志，我把在机关工作的所有资料都送给了江苏省职教研究所。2018年，我又把几十年积累的职教报刊、图书送给了常州刘国钧高等职业技术学校的图书馆。我准备在需要时将保存的有关学校的文件资料送出。

几十年来，我注重工作和实践研究，出于岗位责任、工作需要和个人兴趣，承接主持过数个重点研究课题，主持编写过系列就业创业和其他职教公共课教材，撰写过许多职教调研报告、工作研究和学术研究文章。其中一部分文章和报道在报刊上发表了，意在让社会了解职业教育，为职教发展鼓与呼。它们虽然理论水平不高，但真实记录了我所经历的职业教育发展改革的一些史实，反映了我作为一名职教人对职业教育的深情、信心和为职教事业发展探索与实践的持续努力。2022年，我得空整理这些文章，觉得这些文章从一个侧面反映了改革开放以来职业教育特别是江苏职业教育的发展进程，见证了江苏职教工作者在各级党委、政府和社会各界的领导和支持下，团结拼搏、艰苦创业、先行先试、开拓创新、跨越发展的精神风貌、奋斗精神和取得的显著成就，回答了江苏职教为什么能长期处于全国领先地位并成为江苏现代化建设的重要支撑等一系列重要问题。现选择我撰写和参与撰写以及有关我的访谈的 50 篇文章（涉及中专复办、加强常规管理和规范化管理、专业现代化建设、五年制高职试点发展、学分制改革、课程改革、创业教育、集团化办学、体系建设提升层次等职教改革发展的主要和重大举措）结集出版，或许会对职教工作者了解过去、发挥优势、开创未来有一点启示和帮助，对职教研究工作者有一点参考价值。

我也想借此机会向关心、支持我和职教工作的老领导叶春生、王湛、刘来泉、王斌泰、周稽裘、葛锁网、丁晓昌等同志，向长期在职教战线拼搏奋斗的老同事、老朋友，表示由衷的感谢！

立足和把握校情，推进高质量跨越式发展
　　——在江苏省职业学校校长领导力提升高级研修班的发言　　/ 1
本科层次职业教育发展，起好步
　　——从南京工业职业技术学院改办本科职业院校说起　　/ 7
职业教育：江苏现代化建设的重要支撑　　/ 13
加快职教现代化建设　推动职教高质量发展　　/ 17
《中华人民共和国民办教育促进法》修订背景下江苏民办高职院校的创新发展　　/ 21
立足"三创"　着力提升学生创业与就业能力　　/ 27
破解难题，助推校企共赢发展　　/ 31
《走进创意世界》前言　　/ 34
让创新、创意、创业成为现代大学的精气神
　　——访江苏经贸职业技术学院院长王兆明　　/ 36
坚持科学发展　实现新的跨越
　　——在江苏省高职院校新一轮人才培养工作评估推进会上的发言　　/ 40
坚持"三全"　加强创业教育　着力提升学生就业能力
　　——在2009年全省教育工作会议上的发言　　/ 45
高职创业教育的理性思考和科学实践　　/ 51

培养现代服务业的高素质人才
　　——访江苏经贸职业技术学院院长王兆明　　　　　　　　　　／58

发挥办学优势　走集团化之路
　　——江苏经贸职业技术学院创新发展研究　　　　　　　　　　／60

职教集团需要政府引导企业参与　　　　　　　　　　　　　　　／66

课程改革的探索与实践
　　——以江苏经贸职业技术学院为例　　　　　　　　　　　　　／68

为着江苏现代服务业的加速发展
　　——江苏经贸职业技术学院特色办学纪实　　　　　　　　　　／74

"高教强省"若干问题的思考　　　　　　　　　　　　　　　　／84

追求卓越　志在一流　　　　　　　　　　　　　　　　　　　　／90

五秩风华　与时俱进
　　——主编寄语　　　　　　　　　　　　　　　　　　　　　　／94

江苏职教创业教育再上新台阶　　　　　　　　　　　　　　　　／96

立足新起点　把握新要求　奋力开创"十五"江苏职教新局面　　／103

在终身教育思想指导下大力发展和改革职业教育　　　　　　　　／110

积极试行学分制和弹性学制　努力探索职业学校实施素质教育的新路子　／113

以专业现代化推进职教现代化　　　　　　　　　　　　　　　　／119

充分发挥普通中专的骨干示范作用　　　　　　　　　　　　　　／126

重点中专校升格为高职院应由职教部门管理　　　　　　　　　　／136

积极探索　大胆实践　提高质量　办出特色
　　——江苏省五年制高职教育试点初见成效　　　　　　　　　　／138

中专毕业生应该怎样选择职业　　　　　　　　　　　　　　　　／145

1998：江苏职教形势分析与改革思路
　　——访江苏省教委职教办公室主任王兆明　　　　　　　　　　／148

开展专业现代化建设试点工作　积极推进江苏职业教育现代化　　／153

把学校办成社会文明的窗口
　　——江苏省中专校狠抓规范管理创建文明校园　　　　　　　　／159

学习和借鉴德国职业教育经验

　　——国家教委职教中心所赴德考察团考察报告　/ 162

建立中专教育主动适应经济和社会发展需要有效机制的探讨　/ 169

服务·协调·指导

　　——常州市教育局管理中专教育有成效　/ 175

江苏省部分县属中专考察报告　/ 177

加强横向联系　促进中专发展　/ 187

大教育和教育行政部门的工作　/ 190

城市走读中专的特点及当前要解决的几个问题　/ 194

开展中等专业教育评估很有必要　/ 198

江苏省政府批转发展职教的报告　/ 201

端正思想　办好中专教育　/ 203

中专校要在发展职业技术教育中发挥骨干作用　/ 207

县办中专初探　/ 209

我省"七五"期间年招生数将增到九万人

　　——适应经济和社会发展需要　大力发展职业技术教育　/ 213

拓宽中等专业学校服务范围的初步尝试　/ 214

从实际出发调整中专教育　/ 219

南京走读中专受欢迎　/ 222

江苏省一些中专学校积极培训干部　/ 223

利用优势　发展中专　/ 225

立足和把握校情，推进高质量跨越式发展
——在江苏省职业学校校长领导力提升高级研修班的发言

王兆明

一、尽责任、勇担当，发挥学校管理者的作用

（一）要坚持并不断深化校企合作

新《中华人民共和国职业教育法》明确了职业教育作为类型教育的地位与定位，以及企业在职业教育中的重要主体作用，进一步指出了依靠行业、企业办学，实行校企合作、产教融合的职业教育的本质特征。职业教育发端于生产需求，传统形式为师傅带徒弟的学徒制。中华人民共和国成立后，建立了中专教育和技工学校教育制度，办学和管理主体是行业主管部门和企业。现在以政府为主，统筹建设大规模职业学校，鼓励行业企业参与合作办学，共建专业和实训基地等，校企共同承担人才培养任务。同时积极推行现代学徒制，培育产教融合型企业，使有条件的企业承担更多的技术技能人才培养责任。必须持续不动摇地遵循和坚持校企合作这一根本制度，把"双主体"育人落到实处。要把校企合作、产教融合的理念、原则渗透到学校各项工作、教师教学的全过程中，每一专业都应有校企合作的背景和来自企业的专职或兼职教师。企业是职业教育的办学主体和市场主体，校企合作是常态。校企合作应坚持合作共赢，共同发展。应发挥学校优势，尽可能帮助企业解决员工在继续教育素质提升、技术开发与更新等方面的问题。有条件的学校，还应发挥行业引领、发展策划等作用。

（二）须懂得和研究教育特别是职业教育的规律

职业教育不仅是教育事业的重要组成部分，还是科技事业和人力资源开发的重要组成部分，更是经济工作的重要组成部分。新《中华人民共和国职业教育法》第一条明确了"根据宪法，制定本法"，原《中华人民共和国职业教育法》中的表述是"根据教育法和劳动法，制定本法"。这是一个根本性的突破，是职业教育地位的大提升，表明它不再受教育法和劳动法的限制。学校管理者应持续关注科技发展，密切跟踪和了解行业企业、区域经济的发展现状和趋势及其对职业教育的新要求，以不断改进和规划学校人才培养与社会服务。应对科技发展、行业和区域发展有灵敏快速的反应，努力将最先进、最适用的技术传授给学生，使学校开设的专业有良好的发展前景，学生有较高质量的就业，这是对学校管理者的基本能力要求。

（三）要全面提高教学质量

职业教育是面向人人的普及化教育。高职教育的大发展更是高等教育大众化的产物。职业学校必须面向全体学生，对全体学生负责。要确立正确的人才观和质量观，全面提高教育质量，使所有学生都学有所得、学有所成，都有人生出彩的机会，这是制定教育政策、安排教育资源的一个基本出发点。要坚持因材施教，为学生提供和创造多样化的成长成才条件。广泛发动和鼓励学生参加各种社会与行业证书考证，参加各种创新创业和技能大赛，充分调动学生的学习积极性。同时更应紧盯全体学生学习质量的保障和提升。近年来受新冠肺炎疫情影响，职业学校不得不大幅增加线上教学，在准备尚不充足的特殊背景下进行数字化教学改革。教学目标怎样达成，教学质量如何保证，需要学校管理者密切关注。

（四）要有良好的精神状态

实践证明，职业学校管理者的基本素质、精神面貌和工作状态对学校的改革发展至关重要。职业学校工作难度大、头绪多，学生的思想道德教育、心理健康教育等任务更为艰巨。不断爬坡创业，开拓创新，需要有感情、有激情、敢担当的管理者。有感情，是要热爱职业教育和任职的学校，愿意吃苦受累，拼搏奉献。有激情，是要有魄力，有干劲，不墨守成规，不当"维持会长"。敢担当，这是党中央一再要求的，要敢于负责，要一身正气，敢于在全校教职工面前承诺，在学校不追求国家规定以外的任何利益，勇于承担可能的责任风险。学校管理者还应善于独立思考，敢于从实际出发，排除干扰，坚持原则，坚持实行适合学校的、经认真论证是可行的发展改革举措。江苏职业教育曾经顶住了来自方方面面的巨大压力，坚持进行五年制高职、创业教育、集团化办学、专接本等体系建设等方面的发展探索，促进了职业教育发展，也为全国职业教育改革贡献了江苏经验。

二、创特色、开新局，继续发扬创业创新精神

江苏职业教育需要继续爬坡创业，需要新的创业热潮和跨越发展。当然，今天讲跨越发展已经主要不是规模的扩张，而是以提高教育质量为核心的高质量内涵式发展，是教育质量、办学水平、办学特色、社会影响力和认可度（美誉度）、对行业和区域发展贡献度的综合提升，是江苏职业教育在全国领先地位的巩固和创新，是要创建世界职业教育新高地，为职业教育贡献更多江苏智慧、江苏经验。可以从四个方面探讨继续新的创业和跨越发展的必要性和紧迫性。

（一）从历史维度看，艰苦创业、超常规跨越发展是优良传统

改革开放40多年以来，江苏职业教育取得了令人瞩目的重要成就，实现了历史性的跨越发展。在各级党委、政府的领导和社会各界的支持下，广大职教工作者团结拼搏，艰苦创业，先行先试，开拓创新，大体经历了三次创业。第一次创业是在改革开放

初期，恢复发展职教，复办中专，改革中等教育结构，创办职业高中。那时的状况可以说是办学资源和教学资源匮乏，发展困难重重，但涌现出了一批创业型校长，他们白手起家，艰苦奋斗，培养了大批高素质劳动者，满足了经济发展对职业人才之急需。第二次创业是在20世纪90年代，大力加强骨干学校建设，推进"1122"工程。省政府在睢宁县等地召开推进现场会，动员社会各方面力量，出台多项支持政策，终于在20世纪末建成100所多功能、大规模的市县职业教育中心，实现了职业教育发展的跨越，也为21世纪初实施教育富民工程创造了条件。第三次创业是在21世纪初，随着教育的大发展，一批中专改办高职。各地建设职业教育园区，各类职业学校建设新校区，扩规模、上层次，创建高水平、示范性、现代化学校，职业教育的教育质量、社会服务能力、社会影响力达到新的高度。江苏职业教育历史，是艰苦创业的历史，是超常规跨越发展的历史，凝聚了广大职业教育工作者的智慧和心血。在新时代、新形势下，我们应继续发扬这种创业奋斗、勇于争先、追求卓越的精神，发扬光荣传统，努力实现新的跨越。

（二）从当前面临的形势任务看，职业教育迫切需要提档升级、转型发展

我国正在持续推进经济转型升级，新的技术革命和产业变革前景日益清晰，数字经济蓬勃发展，智改数转对职业教育提出了严峻挑战和紧迫要求。数字经济、数字技术、产业数字化、数字产业化、数字化、智能化、智慧农业、智慧交通、智慧城市……这些正在深度改变着人们的生产生活方式，2021年我国的数字经济规模已达7.1万亿美元。职业学校的传统专业需要进行数字化、智能化改造提升，需要在上一轮"互联网+"的基础上继续推进"人工智能+""数字技术+"，还要大力开发为战略性新兴产业服务的新专业，推进"数字化+教学"，深化教学改革。任务繁重而紧迫。

笔者从2017年开始关注和参与推进这方面工作，做了三件事，感慨颇多。第一件事是推进1所职业学院、1所五年制高职校与1家企业合作开发智能制造类五年制高职专业，建设实训基地和教学体系，并开展社会培训。当时的南京市教育局分管局长积极支持，选择并联系了2所机电、数控类专业很强的学校，但终因专业负责人等有畏难情绪、推进不积极未能办成。第二件事是2021年暑期现代职业教育研究院在苏州召开了第一届职业院校人工智能与智能制造教育论坛，围绕四大主题（人工智能、智能制造专业群建设；实训基地建设和人才培养体系构建；人工智能+专业建设；人工智能+教学体系建设）展开交流研讨，颇有成效，受到欢迎。第三件事是从2022年开始，笔者参与江苏省财经商贸职业教育行业指导委员会（秘书处设在江苏经贸职业技术学院）与企业合作项目，组织开发"数字技术与应用"公共课程，包括教材和数字教学资源建设。组织全省相关学校师资力量，召开多次研讨会，花了极大精力在推进。大家意见高度一致，认为结合专业应用加强数字技术教育非常必要，让学生提高数字技术认知并掌握应用工具使用技能，也是行业迫切需要的。在这一过程中，笔者深感能通俗易懂地将大数据等五大数字技术介绍给学生，能比较清楚地将数字技术在专业中的应用讲清楚是

多么困难，同时也体会到相关复合跨界的合格教师是那样紧缺。此外，各类专业、各个学校对数字化转型的紧迫性、必要性的认识和所施行的措施的效果也存在较大差异，应当引起足够重视。

（三）从整个职业教育及各职业学校自身发展的需要出发，应继续发扬创业创新精神，抓机遇、创特色、开新局

党和国家对职业教育寄予厚望，对其高质量发展提出了明确的要求，江苏省委、省政府也提出了贯彻措施，各学校肩负着落实责任。例如，新《中华人民共和国职业教育法》已明确职业教育的类型定位，明确要发展职业本科教育。高水平高职院校可根据需要改办本科职业院校或开设本科专业，这将是江苏职业教育实现新的跨越发展的重要标志。但这绝不仅仅是改一个校名、延长学习年限就能完成的，而是要重构人才培养体系和质量标准，开拓创新的任务艰巨。此外，社会对职业教育的认可度、满意度还不高，全面提高教育质量、办人民群众满意的职业教育任重而道远。

职业学校管理者要有清醒的认识，虽然江苏职教在全国有一定优势，基础较好，但近几年其他兄弟省市高度重视职业教育，在国家教育等部门的支持指导下，措施有力，屡受国家表扬。如，山东在推进智能制造专业建设、混合所有制改革等方面既有支持政策又有实际成效，值得关注和学习。再从学校个体看，学校管理者总希望自己的学校越办越好，在同类学校的排名能稳定前移。国内外高等教育、职业教育发展经验也表明，在一定条件下，个体学校超常规跨越发展是完全有可能的，关键是管理者要善抓机会，乘势而上。江苏还有一些非骨干职业学校、新办的职业学校，投入不足，办学条件差，管理不规范，教学质量难以保证，常常成为社会批评诟病职业教育的案例典型。虽然这些学校不能代表江苏职业教育的主流，但建设职业教育强省，推进教育现代化，必须提高江苏职业教育的整体水平，因校施策，制定规划，精准扶持，让这些学校尽快跟上教育现代化的步伐，同时这些学校的管理者更应积极面对压力，依靠教职工团结拼搏，紧抓机遇，艰苦创业，争取实现学校跨越发展。

三、抓机遇、占先机，整合学校发展资源

（一）立足校情，因校施策

除了所处地域不同、服务的行业不同外，各个学校的发展历史、学校文化、教学资源、特色优势等也差异较大。管理者必须全面了解和研究学校历史、区域特点、相关行业企业、学校优势弱项，制定切实可行的发展目标和主攻方向，强化现有的优势特色，创造新的优势特色。要善于整合各种资源，善于发现和挖掘地方的、行业的、企业的、校友的、校内的等可供利用的资源，使其为实现学校发展目标所用。这是学校管理者尤其是校长最主要的专业能力。例如，江苏经贸职业技术学院在建设新校区的同时，在老校区沿街空地上，自筹资金建成5万平方米的具有多种功能的师生实践基地，包括与苏

果超市有限公司合作建成大型超市，作为学生生产性实训基地，解决了学生多岗位轮岗实习实训的难题。这正是整合学校多方面资源，用好当时相关鼓励政策的成功案例。

（二）紧抓机遇，占得发展先机

党和国家高度重视发展职业教育，国家有关部门和各地还会有新的政策措施出台，学校理应抓住时机，乘势而上。

第一，发展数字经济的机遇。习近平总书记提出"互联网、大数据、云计算、人工智能、区块链等技术加速创新，日益融入经济社会发展各领域全过程，各国竞相制定数字经济发展战略、出台鼓励政策，数字经济发展速度之快、辐射范围之广、影响程度之深前所未有，正在成为重组全球要素资源、重塑全球经济结构、改变全球竞争格局的关键力量"。发展数字经济已上升为国家战略。在此背景下，职业学校的专业数字化改造任务紧迫，数字化教学改革任重道远。职业教育长期面向和服务的技术技能岗位，有的会大幅减少，甚至会逐步消失，而新的岗位也在不断涌现，挑战和机遇并存。教育部新版《职业教育专业目录》充分响应数字经济发展要求，专业目录中大量冠以或嵌入智能、数字化、人工智能、大数据、智慧等内容，仅机电类就更名、增加了数字化设计与制造技术、智能焊接技术、智能光电制造技术、智能制造装备技术、智能机电技术、智能控制技术、智能机器人技术等专业。因此，有条件、基础较好的职业学校应积极采取措施，克服困难，突破瓶颈制约，在专业数字化改造、数字化教改方面有所突破，抢得发展先机。

第二，混合所有制改革的机遇。近几年教育部着力推进职业院校混合所有制改革。混合所有制改革发端于国企改革，近三年成效显著。职业教育本来就是经济的一部分，可以借鉴国企改革经验。如：山东海事职业学院地处潍坊，比较偏僻，投入和资源不足，正是通过实行混合所有制，发挥地方政府和财政、企业等方面的积极性与资源优势，引进社会资本和社会力量共同发展职业教育，建成人工智能等前沿技术类专业和实训基地，取得令人瞩目的发展成就。混合所有制改革打破了非公即民、公、民分明的体制壁垒，引进企业运行机制和资源，是职业教育体制机制改革创新和深化校企合作的重要举措。新形势下各职业院校应该解放思想、勇于探索、敢于担当。抓住"混改"机会，深化校企合作，引进企业资源，加强专业师资、实训基地等方面的建设。

第三，发展本科高职，完善职业教育体系的机遇。建立完善的职业教育体系，打造职业人才培养的"立交桥"。部分高职院校和专业还可以申办职业本科。由此带来的江苏职业教育结构布局的调整优化，必然会给一些职业学校带来新的要求和发展机会。

第四，发展大职业教育，建立终身教育体系的机遇。新《中华人民共和国职业教育法》高度重视职业培训和终身学习，重视现代职业教育体系建设，把职业培训作为现代职教体系的重要组成部分，提出职业学校教育与职业培训并重。各级政府都加大了对各类职业培训的支持和投入力度。数字化教学改革更为继续教育、职业培训创造了新的教育模式和更广阔的舞台。面对任务要求和发展机遇,职业学校应更重视职业培训,并在这一领域形成自己的特色品牌。

第五,国际化办学的机遇。服务"一带一路"建设,输出我国职业教育的经验和标准,应当成为职业院校国际合作的新的主要任务。两年前,江苏省高等教育学会高职教育研究委员会和江苏现代职业教育研究院根据教育厅领导要求,花了半年时间,研讨起草了江苏职业院校组团出海、成立郑和学院、服务"一带一路"建设的"郑和计划",创新国际合作品牌,与天津创建的鲁班工坊相呼应。职业院校服务"一带一路"建设很有必要,也完全是可以大有作为的。

第六,服务乡村振兴的机遇。党的十八大以来,国家高度重视现代农业发展和乡村振兴。农业职业教育的服务面向也应相应得到拓展。江苏职业教育有一批"农"字头学校和设置有"农"字头专业的职业院校,这些学校和专业在相当长的时期内不被重视,办学更为艰难。在当前数字政府建设和城乡一体化建设背景下,农业职业教育面临两大任务:一是从原来注重农业技术教育向面向整个农村、服务乡村振兴转变,从专业开发和人才培养、社会培训和社会服务向乡村治理、乡村企业经营、乡村产业开发、乡村文化建设、乡村卫生健康教育和保障、乡村文明习惯养成促成、乡村养老模式改善等方面拓展。二是由专业的数字化改造向智慧农业、小农场建设和经营、农业技术迭代更新发力。

(三)办特色、创品牌,提升学校影响力

现在国家和企业都高度重视品牌效应,采取一系列措施扶持民族企业和产品品牌,扶持老字号企业和产品发展,支持和创建"专精特新"企业等。特色和品牌同样是学校的核心竞争力。学校的特色就是优势,包括专业的特色、教学质量和就业的特色、文化的特色、师资的特色、实训基地和技能证书的特色等。学校的特色是否明显,影响力是否大,在某种程度上决定了学校的兴衰。但是,学校特色与学校规模大小无关。规模小照样可以有特色,关键在内涵。学校的优势特色品牌要靠长期努力去创建和培养,更需要继承和发扬。

江苏已经制定了"十四五"职业教育发展规划,既鼓舞人心,又切实可行。在各位校长和广大职教工作者共同努力奋斗下,江苏职教一定会实现新的跨越!

(原载《江苏经贸职业技术学院学报》2022年第6期)

本科层次职业教育发展，起好步
——从南京工业职业技术学院改办本科职业院校说起

赵惠莉　王兆明

2020年，经教育部批准，南京工业职业技术学院改办本科职教，正式更名为南京工业职业技术大学。南京工业职业技术学院是一所百年知名一流高职院校，社会认可度和美誉度高。该校试点发展本科职教，成为公办高职院校改办本科职业院校的破冰之举，在高职教育发展史上具有重要意义，在职教界和社会上引起了强烈反响，使高职教育界看到了本科职教的发展曙光。

新时代，职业教育已站在了新的历史起点，进入大发展、大提升、大改革、大突破的关键时期。职业教育作为一种教育类型的地位已得到明确，发展本科职教已被提上国家议程。2020年4月3日，教育部职业教育与成人教育司发布《关于组织开展本科层次职业教育试点专业设置论证工作的通知》，对本科职教试点专业设置相关论证工作做了安排。教育部与山东省人民政府共建职业教育创新发展高地，将试办本科职教作为建设重点。这一系列举措顺应了社会对发展本科职教的需求。

一、聚共识，快起步，发展任务紧迫

中华人民共和国成立70多年以来，职业教育的发展历程就是职业教育不断满足经济社会发展需要、不断满足受教育者学习需求、不断提高办学层次和办学质量的过程。

改革开放前，我国的职业教育以初中等职业教育为主；改革开放初期，以中等职业教育为主。20世纪90年代，随着科教兴国战略的实施、经济增长方式的转变和科技的进步，处于工业化中期的经济发达地区和部分技术、资金密集的行业对技术技能人才的质量规格提出了更高要求，对发展高等职业教育的需求更加迫切。江苏等地克服重重困难，冲破重重阻力，积极发展初中后五年和其他形式的高等职业教育。进入21世纪，科技进步和工业化进程加快，对高职教育有了更大需求，我国抓住机遇加快发展高职教育，一大批条件较好的重点中职学校升格为高职院校，实现了高职院校在在校生规模上对中职学校的超越。

党的十八大以后，国家实施创新发展战略，企业和经济加快转型升级，先进制造业进一步向高端化发展，新一代信息技术和其他新兴产业都迫切需要更高层次的技术技能型人才。社会强烈呼吁发展本科职教，同时随着高等教育逐步向普及化发展和人民群众生活水平提高，高职院校学生强烈要求接受更高层次、更高水平的职业教育。为了满足

社会和学生两方需求，经济发达地区的高职院校在进行招生宣传时都会向社会告知学校会积极为学生转本、升本创造条件、提供服务，有的还公布转本、升本比例。在许多高职院校，30%以上的学生选择专转本，在生源较好的国家示范（骨干）高职院校，这一比例甚至达到50%。

近年来，很多省份积极进行构建现代职业教育体系的实践探索，搭建职业学校学生提升学历层次的"立交桥"，由"h"向"H"转变，探索纵向贯通、横向衔接沟通的人才成长渠道。在扩大高职对口招生、专转本规模的基础上，高水平高职院校的优势专业与普通本科院校合作开展"4+0""3+2"等项目，其中高职院校和本科院校配合得好的项目，也是发展本科职教的积极探索。但也存在合作试点项目数量少、专业覆盖面小、管理处于"真空"状态、高职院校与本科院校的人才培养理念和认识不一致、试点困难较大等问题。高职院校学生专转本的规模在扩大，但其学历和素质的提升不是在职业教育体系内实现，而是须借道嫁接到普通高等教育体系来实现，加之专转本选拔考试制度的局限，人才培养质量难以保证，难以形成高职教育的类型特色和制度体系。

当今世界，科技进步日新月异，人才竞争日趋激烈。世界上经济发达国家和职业教育先进国家普遍重视高层次技术技能人才培养，形成了职业教育整体规模不断扩大、层次重心逐步上移、学历学位不断提高、办学立体多元的趋势。

总之，随着向以创新驱动和智能引领为特征的经济发展方式的转变、产业结构的调整和技术的变革迭代，发展本科职教成为完善高职教育层次结构体系的战略选择，成为破解高职教育"边缘化"局面的重要抓手，是教育发展思想理念的"大解放"，是向确立以人民为中心的发展理念和办人民群众满意、经济社会需要的职业教育观念的"大转变"，是教育供给侧改革的"大突破"，是职业院校办学潜力的"大释放"，是职业教育办学质量、服务能力和地位作用的"大提升"。本科职教试点预示着高职教育改革发展的重大政策调整，一场高职教育变革正在悄然兴起，具有中国特色、世界水准的本科职教制度即将问世。

二、起好步，开好局，汲取历史经验

一般来说，新生事物的起步非常关键。本科职教作为一种新兴的本科教育类型，起好步非常重要也很有必要，历史经验值得借鉴和学习。

改革开放初期，我国教育结构单一，高中阶段教育基本上只有普通高中教育，生产一线所需的技术技能人才严重缺乏。20世纪80年代初，全国上下大力推动中等教育结构改革，各级政府高度重视，许多中学改办为职业中学，中职教育得以快速发展，改革成效显著。回头来看，不少改办为职业学校的中学，占地小、规模小、办学条件相对较差，这在无形之中助长了鄙薄职业教育的陈旧观念，对职业教育发展产生了一定的负面影响。

与中等教育结构改革差不多同时起步，高等教育领域的重大改革就是发展高等职业教育。地方职业大学诞生，是对原有的高等教育制度做出的具有前瞻性的重大改革和创新。职业大学兴起时，地市级党委和政府领导高度重视，亲自出面协调解决职业大学办学中遇到的困难与问题。如时任福州市委书记的习近平，兼任闽江职业大学校长时，提出"不求最大，但求最优，但求适应社会需求"的办学理念。职业大学以其强大的生命力、创新的活力和顽强的拼搏精神，由星星之火形成了燎原之势，如雨后春笋般得以快速发展。1985年，全国建立了126所职业大学，形成高等教育的一支强大生力军，逐步解决了高等教育规模小、层次结构单一的问题，培养了一大批地方急需的应用型技术技能人才。

职业大学的兴起是地方经济社会发展的必然选择。但在职业大学起步时，我们没有对整个高等教育的改革进行通盘考虑、系统设计和整体推进，这给职业大学的改革带来一定的负面影响。"走读、收费、不包分配、不转户口、短学制"，符合当时高等教育改革的方向。但是，刚起步的职业大学力量薄弱，却要独自承担冲破传统习惯的重任，其制度设计、办学模式与当时人民群众对高等教育的期望不一致，不符合家长对大学的认识，学生报考热情、社会认可度不高，影响力不足，在发展过程中遇到重重困难，导致了职业大学被误认为是非正规大学，是"三流教育""非主流教育"，也造成了后期发展中的"分流与合流之争"。

回顾历史，总结经验，吸取教训。在某一类教育兴起发展时，教育的重大改革和发展必须要做到系统设计、领导重视、政策鼓励，做好制度设计和建设。本科职教尚处于发展的起步阶段，社会上对于本科职教首先关心的是举办基础、资源配置、政府态度、制度设计、政策支撑和质量保证。因此，我们应当坚持围绕"高起点、有特色、高水平"起好步，在起步阶段就要对其进行顶层设计、科学规划、系统推进，明确其法律地位、发展方向、类型特征、功能定位、实现路径与制度保障。

三、起步难，寻突破，政府统筹推进

实行本科职教是完善现代职业教育制度体系、培养高层次技术技能型人才的有力举措，不仅要在概念和内涵理解上达成共识，还要提出行稳致远的实施策略。国家应拿出改革勇气、魄力和创新举措，加快发展本科职教，扩大本科职教的社会影响力，并提升其社会认可度。

本科职教已从"概念先行""先行先试""个案突破"阶段到了"大力发展""顶层设计""系统推进"阶段，加快发展本科职教已刻不容缓，国家和各级政府必须要有时不我待、机不可失的使命感和紧迫感，审时度势、一着不让地推进本科职教建设；以战略眼光、先进理念和国际视野，不失时机地推进高职教育重心适度上移，前瞻性地加强本科职教的制度建设和顶层设计，实现高职教育由"层次"到"类型"的重大战略转变；提升本科职教的类型多样性，多形式、多模式、多元化创办本科职教，健全本科职教的人才培养体系和质量保障体系，争取在"十四五"期间基本形成气候和一定规

模；加强政府统筹协调、统筹管理与政策扶持，变单纯的学校行为为政府统筹下的教育行为，推动本科职教良性发展。

充分促进国家及省级政府各部门之间的相互协调、统筹管理，破除管理体制机制障碍，依据国家及区域战略规划和产业结构调整，系统设计相关政策措施，在本科职教的经费投入、人力资源开发、重大项目建设、校企合作等方面形成高层次技术技能人才培养的政策合力。为彰显职业教育类型属性，本科职教应归口国家和地方职业教育管理部门管理。职业教育发展改革的主要责任在地方，省级政府应加强本科职教的统筹规划、资源整合、利益协调，教育部门要承担更多具体协调工作。

统筹协调本科教育发展，对不同类型的本科教育进行合理分类，明确本科职教的类型定位、人才培养目标、人才培养规格，科学界定本科职教与其他类型的本科教育在价值取向和人才培养方面的区别与联系，着重强调本科职教在深厚理论基础上的实践能力、应用能力和创新能力；统筹协调职业教育发展，在加快发展本科职教的同时，保持清醒头脑，巩固专科高职教育的主体地位，防止一哄而上、盲目跟风、陷入"升本"运动旋涡，以及偏离职业教育轨道，促进职业教育规模、层次、结构、质量、效益的协调发展。

本科职教既是高层次的职业教育，也是本科教育的一种重要类型，具有强烈的职业性和实践性，所需的资源更多，投入更大，办出特色难度更大。应探索办学成本与办学绩效相结合的拨款方式，完善本科职教生均拨款制度。对于改办为本科职教的学校，要给予其政策鼓励，生均拨款标准要高于其他类型本科院校；对于管理干部和教职员工，在待遇方面，应与其他类型本科一视同仁；通过专项激励政策，鼓励企业参与本科职教办学，激励社会资本投向本科职教，盘活教育资源存量，提高办学效益，调节政府、行业企业和学校之间的关系。本科职业院校没有赶上本科高校"双一流"建设的"动车"，也不一定能搭上专科高职"双高计划"的"快车"，因此，应设立本科职教发展专项，树立典型、打造示范，引领本科职教高质量发展。

四、高门槛，高起点，赢得社会认可

坚持高起点、高门槛遴选最有条件、最有基础的学校改办本科职业院校，学校领导班子、学校的创办者（地方政府或相关部门）要认可本科职教，有发展职业教育的情结和信心；制定本科职业院校设置标准，建立准入机制，高标准、严要求进行本科职教遴选、建设及管理，鼓励办学实力强、基础好、行业特色鲜明、产业急需、市场紧缺、教育资源积累丰厚的高职院校改办本科职业院校。

一是遴选一批高水平高职院校改办本科职业院校。"一花独放不是春"，进行个别试点难成气候。南京工业职业技术学院试办本科职业院校开了一个好头，接下来要坚持高起点，从行业和社会认可的高水平高职院校中遴选一批高职院校改办本科职业院校。这些学校有行业办学优势和长期的职业教育办学实践，为培养高层次技术技能人才积累

了宝贵经验，探索形成了工学结合的人才培养模式和校企合作的办学体制机制，有着高水平的"双师"队伍、大规模的实训基地和产教融合平台及校企合作的优质资源，改办后可以盘活高职教育资源，苦练内功，增强内驱力，发挥优质教育资源优势，提高优质资源利用率，发挥优质资源最大效能，较快地形成本科职教特色优势，确保本科职教在举办之初就有高起点、高水平、高质量，避免再次在社会上形成和助长本科职教是低水平、低层次本科教育的偏见。

二是高职院校与独立学院合并改办。高职院校与独立学院合办本科职业院校是最快捷、最顺畅的有效途径，高职院校的"双师"队伍、实训基地，以及工学结合、校企合作的人才培养优势，与独立学院比较强的人文教育、专业基础课程教学等相结合，可以较快形成高职教育特色。

三是区域高职院校整合改办。区域内办学条件好的几所高职院校通过整合办学资源，进行优势互补，整体升格为综合性本科职业院校，借鉴集团化办学模式，充分发挥各自优势与特色，优化教育资源配置，发挥资源的集聚效应和规模效应，有助于提高办学效率和效益，在较短时间内建成高水平的本科职业院校。

五、创特色，求创新，制度建设先行

本科职教处于初创阶段，迫切需要进一步研究和论证其类型特征、市场需求、人才培养规格、发展规划、学校设置标准、专业设置及管理、人才培养及专业教学标准、教育教学质量评价与管理等相关制度，为加快发展高质量、高水平的本科职教提供指导性意见，为推进本科职教发展提供法律法规与制度保障。

一是确立本科职教的法律地位。《中华人民共和国职业教育法修订草案（征求意见稿）》提出了"本科层次职业学校"这个概念，但并没有对其进行界定。新的《中华人民共和国职业教育法》应对本科职教的合法地位、功能定位、管理体制、办学体制、实现途径等加以界定，并出台相关实施细则，为本科职教科学发展提供法律保障和依据。

二是探索本科职教招考制度与学位制度。逐步完善本科职教考试招生制度，探索"文化知识+职业技能"、单独招生、综合评价招生、技术技能拔尖人才免试入学等招考制度，为学生提供多样化入学形式。专业硕士、博士学位为本科职教学位制度提供了发展思路。现有的专业硕士、专业博士具有深厚的职业背景和强烈的应用性特征。面向职业岗位及岗位群，突出专业性和实践性，设立专业学士学位，贯通专业学位体系，并将专业硕士、专业博士一并纳入现代职业教育学位体系进行统筹管理，不失为一种值得尝试的做法。

三是制定本科职业院校专业设置标准。尽快出台本科职业院校专业设置的指导意见和专业设置标准，突破现有本科专业目录、专业审批等专业设置制度的束缚，突出密切结合社会需求和类型特点，扩大学校办学自主权，增强专业设置的开放性和灵活性，围

绕高层次技术技能型人才培养质量提升的核心目标，以需求为导向制定专业设置条件，兼顾数量的增加与质量的提升，优化专业布局，发挥设置标准及管理办法的政策引导和资源配置优化的作用；统筹兼顾专科、本科、专业硕士、专业博士人才培养方案、人才培养规格、不同阶段专业教学标准之间的衔接与区分，以制度创新为保障，建立层次完整并相互衔接的职业教育类型体系。

本科职业院校的专业开发与设置要适应云计算、大数据、人工智能、物联网、区块链、工业互联网等新一代信息技术和新兴技术的迅猛发展，要大力开发和发展智能制造、人工智能和工业互联网等专业；落实"互联网+""人工智能+""智慧+"的要求，立足新行业、新领域、新业态、新模式、新岗位，升级改造优势专业，增设新专业，如开发智慧会计等专业，技术向前沿贴近、专业向高端提升，延长学习年限，提高学生素质能力。

随着"一带一路"倡议的推进和"人类命运共同体"的构建，大批中资企业"走出去"，探索"跨境+""国际+"的实施路径，如开发跨境电商、跨境物流等专业，培养掌握现代科技知识技能，熟悉国际贸易规则和"一带一路"等相关国家语言、法律、民俗、文化等的国际化、复合型、创新型高层次技术技能人才。

四是创新本科职教人才培养模式。尽快调研出台本科职教人才培养的指导意见，以规范本科职业院校和各种形式合作办学的专业建设与人才培养。本科职教应立足国家战略、市场需求、科技进步需求，紧贴经济社会迭代进程，对接新职业需求，重塑知识结构、技术结构、技能结构，强调职业岗位所需的理论知识、技能结构和职业素养，以能力为本位，突出实践能力训练，为产业链、技术链、岗位链培养高层次技术技能人才，服务高端高效的智能经济，构建工学结合、知行合一、能力本位、工作本位的人才培养模式，提高职业教育产教融合水平，发扬高职教育"工学结合、产教融合、校企合作、多元协同"的办学优势，坚守实践应用型与职业型的类型教育特色，凸显本科职教的独特优势和不可替代性。

五是探索多元参与的质量评价制度。创新质量治理模式，注重社会各方参与，健全社会监督机制，构建市场主体、行业自律、社会监督、政府监管的质量治理格局；坚持质量年报制度，不断完善职业院校教学工作诊断与制度改进，建立内部质量保证制度体系和运行机制，切实发挥学校质量责任主体作用；形成以就业质量、创业成效、企业社会满意度为主要指标的多元评价机制。

"十四五"时期，本科职教将成为推进职业教育变革与发展的最为迫切、最为重要的发展战略。职教工作者们应乘势而上，顺势而为，抢抓机遇，以改革创新精神和追求卓越的决心和毅力来办一流本科职教。我们相信，有良好的起步，有各级领导、职教工作者和社会各界的共同努力，在不久的将来，在高等教育领域，必将崛起一批具有职业教育类型鲜明特色的创新型现代化新兴大学。

（原载"中国职业技术教育网"，2020年9月9日发布）

职业教育：江苏现代化建设的重要支撑

王兆明

笔者是职业教育战线的一名老兵，至2019年从事职业教育工作已有42年，先是在江苏省教育行政部门从事职业教育管理工作25年，后又连续担任了3所公办、民办高职院校的院长，亲身经历和参与了我国改革开放后职业教育发展改革的全过程。

江苏是我国经济社会发展较快、改革开放最具活力的地区之一。江苏的职业教育发展也一直处于全国领先地位。在省委、省政府的领导与统筹下，在省教育、财政等部门的协调与指导下，在社会各界的关心支持和共同参与下，全省职业教育工作者艰苦创业，勇于探索，大胆实践和创造，积累了许多宝贵的经验，为我国职业教育发展，也为世界职业教育发展贡献了江苏经验、江苏智慧。江苏职业教育人在专业和专业群建设、实训基地建设、创业教育、集团化办学、产学研结合、人才培养模式、五年制高职、信息化建设、现代职业教育体系建设等方面率先尝试，开拓创新，勇于突破，在许多方面处于全国前列。党的十八大以来，在全国创新发展、企业加快转型升级的新形势下，江苏省的职业院校主动围绕"强富美高"新江苏建设，开始了转型发展、提档升级的新探索，使技术向前沿贴近，使专业开发向新兴产业拓展，深化校企合作、产教融合，在广泛应用和助推发展新一代信息技术、推进国际化办学等方面又有了新举措、新进展。不少职业院校走出国门，主动服务企业，开展多层次职业教育与培训，培养急需人才。更多的院校加大力度开展与"一带一路"国家和地区职业院校的合作交流，输出江苏职业教育经验，扩大了江苏职业教育的国际影响力。

70年来，江苏职业教育为不同时期的经济和社会发展培养了近千万职业技术人才，发挥了技术开发推广、技术培训和社会服务多种功能。职业教育为江苏现代农业和现代服务业的发展，为江苏制造业大省、建筑业大省、旅游大省等地位的确立和"大省"向"强省"的转变做出了重要贡献，成为江苏现代化建设的重要支撑。在职业教育服务经济取得巨大成就的同时，社会对职业教育的认识也不断深化。

一、全社会对职业教育地位、作用的认识不断提高，逐步到位

经过70年的发展，职业教育对经济社会发展的重要贡献和在现代化建设中的作用逐步被人们接受。

首先，职业教育是教育事业的重要组成部分，这一点得到社会认可很不容易。在改革开放前的相当长的一段时间里，在计划经济体制下，职业教育主要由行业和企业办

学,行业部门主管、教育部门的统筹规划管理和支持力度不够。为了得到各级政府和教育部门的支持,把发展职业教育纳入地方教育事业发展规划,职业教育工作者反复呼吁职业教育是整个教育事业的重要组成部分。现在,各级政府都能把发展职业教育纳入地方教育和社会事业规划。

其次,职业教育是经济工作的重要组成部分。由于职业中学的发展和管理体制的调整,职业教育主要由教育部门统筹管理,行业和企业举办与管理职业院校的功能弱化,呼吁政府重视和行业企业参与成了职业教育发展的重要任务。客观上,职业教育直接为经济服务,经过广大职教工作者的呼吁和职业教育作用、贡献的显现,特别是党的十九大报告对校企合作、产教融合的强调,职业教育与经济发展的关系有了定论。

最后,职业教育是科技创新和促进社会事业发展的重要力量。特别是在应用技术开发推广领域,职业教育完全可以有所作为。在一定区域和行业,职业院校发挥了重要的技术引领作用。

二、对职业教育规律性的认识不断深化,决策更科学,正推进有中国特色的现代职业教育持续健康发展

职业教育的发展速度和办学规模要与经济和社会发展相适应,要有必需的条件保障和质量保证。从江苏的情况看,职业教育的发展规模呈现阶段性特点。从中华人民共和国成立到1957年,江苏职业教育健康发展,适应了中华人民共和国成立后经济建设的需要,增设了一批工科类学校和专业,教育质量较高。1958年,教育部提出"大力举办农业中学、工业中学和手工业中学"。同年4月,江苏省办起了农业中学和各种职业中学6 568所,后经整顿保留了2 000所。同时市县和企业普遍创办中等专业学校,到1960年,全省中专学校发展到281所,在校生82 385人;农村职业中学发展到1 873所,在校学生25.39万人。江苏省还大规模改办、新办农业中学、职业中学,虽然出发点很好,但准备不足,质量难以得到保证。1964年,江苏省再一次大办半工半读的职业学校,到1965年,中专学校达到268所,在校生5.6万人;农村职业中学达4 503所,在校生26.46万人。1979年,江苏省开始进行中等教育结构改革,至1984年,全省开办了农村职业中学166所,另有627所普通中学附设了农业、职业班。此后的40年,职业教育总体上健康发展,没有出现大起大落,只在2000年前后,普通高校的扩招带来的普通高中热,对职业学校招生形成较大冲击,造成职业学校招生困难。这一时期高中阶段适龄学生较多,部分普通中专升格为高职院校招收高中毕业生,江苏省教育部门通过实施重点职业学校扩大招收五年制高职生、增加职业学校的吸引力等有力措施化解矛盾,使得职业教育发展没有受到太大影响。

职业教育作为一种教育类型,应当建立上下贯通衔接的现代教育体系。经过70年的探索实践,职业教育体系的建立取得突破性进展。改革开放前,我国主要发展初中等职业教育。改革开放初期,由于工业化进程加快,为适应经济发展需要,特别是乡镇企

业和多种所有制经济发展需求，我国重点发展中等职业教育。但由于受我国学制体系的束缚，中等职业教育成了"断头"教育。举个极端的例子，改革开放初期，许多高中毕业生考入中专学校，学制为 2—3 年（工科一般为 3 年）。中专生如果想取得大专学历，须工作 3 年后再读 3 年职工大学，这样，从初中毕业到取得大专文凭需要 11—12 年。随着经济发展和科技进步，发展更高层次的职业教育即大专层次的职业教育成为迫切需要，地方职业大学和其他形式的高职教育应运而生。有的接受完中等职业教育的学生也希望继续深造，接受更高层次教育。社会呼唤改变中等职业教育"断头"教育状况，搭建人才成长"立交桥"。经过试验，对口单独招生逐步成熟和扩大规模。

进入 21 世纪，随着经济转型升级、新兴产业发展和高技术产业所需的职业技术人才层次高移，全社会都呼吁发展本科层次的职业教育，发展应用型本科或高职本科成为职业教育的热点。江苏省在创办高职本科方面进行了多种模式探索，在示范骨干职业院校试行"3+4""3+2"衔接教育，进行高职院校和普通本科院校合作培养等。在国家促进部分本科高校向应用型本科转型发展的同时，全国少数高职学院终于打破坚冰，试点升格改办为高职本科。现在，工业互联网、人工智能、智能制造等新兴产业和高技术产业快速发展，随着新一代信息技术的迅速发展，以及其与各行各业的渗透加速，"互联网+""人工智能+"发展模式都要求培养更多复合型技术人才，都呼唤高层次职业教育的兴起和有效服务，都迫切需要增加对职业教育的投入和突破政策瓶颈，发展高职本科，完善现代职教体系。江苏省应当充分发挥高水平高职院校多的优势，发展高等职业教育，以呼应人民群众关心的教育热点问题，增强高等职业教育的吸引力。

三、职业教育的管理体制和布局结构要与地方经济社会发展的实际相结合，要以提高职业教育的质量和效益为基本出发点

江苏省已经在实践中较好地建立了具有江苏特点的职业教育管理体制和比较合理的布局结构。发展职业教育，必须从中国国情出发，不能照搬发达国家职业教育的办学管理体制。要妥善处理好政府和行业企业，教育部门和经济管理部门，举办者和学校的关系，处理好省和市县的分工关系，充分调动和发挥职业教育相关办学和管理主体的积极性。实践经验证明，江苏省较好地处理了这些关系，形成了江苏的优势，这是江苏职业教育整体办学水平较高的重要原因。江苏省已经建立了政府主导统筹，部门协调配合，行业、企业广泛参与，社会各界支持，职业院校面向社会和市场自主办学的管理体制。省和市县分工基本明确，省举办较高层次的示范骨干、行业性职业院校。在大规模举办高等职业技术学院之前，江苏省以举办行业性重点中等专业学校为主，市县和企业主要举办为地方和企业服务的中等职业技术学校。21 世纪以来，江苏省主要举办行业性高水平高职院校，在专业建设上发挥引领示范作用（现有省属高职院校 39 所，居全国各省市之首），市县举办为当地支柱产业服务的综合性高职和中职学校，办学和教学更接地气，与当地行业和企业的联系合作更密切。

在职业学校布局上，70年里也有许多经验值得总结。70年里，有几个阶段存在布点过多的问题，经过1958年、1964年的大发展，以及改革开放初期中等教育结构改革后，许多普通中学增设职业班，市县教育和业务部门纷纷创办各类职业学校，造成布点太多，师资、设备和经费投入分散，办学质量难以保证等问题。职业教育需要大家办，行业和企业要广泛参与，但这不是倡导大家都办独立设置的职业学校。针对职业学校点多分散、质量和效益不高的状况，江苏省不断强化骨干学校建设，不断优化职业学校布局，逐步将普通中学附设的职业高中班调整到骨干职业学校。江苏省人民政府于1995年提出"1122"工程建设，决定在2000年前集中力量建设100所市县职教中心。每个市县首先办好一所规模较大、办学条件较好、多功能的职业教育中心，有条件的市县可以多办一两所，并有一系列激励措施。由于省政府和省各有关部门高度重视，市县政府推进有力，市县职教中心建设成效显著，市县职业学校的布局调整进展顺利。骨干职业学校的综合实力显著增强，受到人民群众的普遍欢迎。

关于如何实现职业教育大家来办，行业企业多形式、多层次广泛参与，充分调动行业企业的积极性，落实行业企业的主体责任，职教战线的同志和全社会进行了长期的校企合作等实践探索：进行了委托培养、订单培养，共建专业和生产性实训基地，成立职业院校内的企业学院，企业参与制订人才培养方案，参与人才培养全过程。在新形势下，江苏省制定相关法律法规，大力推进产教融合，建设产教融合示范企业，制定落实企业的减免税收等鼓励政策，推进现代学徒制，促进校企合作不断深化。

四、职业教育必须始终把提高教育质量和服务经济社会发展放在首位

为了提高教育质量和服务能力，长期以来，江苏省的职业院校采取了一系列行之有效的措施，包括不断加强骨干学校建设、"双师"型教师队伍建设、实训基地建设，加强规范化管理，制定专业标准，实行学分制，不断加强创新创业教育，推进人才培养模式改革；推进集团化办学，促进校校合作、校企合作，实现资源共享。与此同时，职业院校主动进入经济建设主战场，不断增强服务意识和责任意识，把在学校融入地方和行业发展的大背景环境下研究行业企业发展的趋势和规划、远期与近期的需求，以及地方和行业企业的需要作为学校的着力点。在改革开放初期，乡镇企业发展迅猛，人才缺乏，职业教育采取委托培养、定向培养的方式，主动服务。江苏乡镇企业健康发展，职业教育功不可没。

70年职业教育发展取得了显著成绩，但我们必须看到，要更好地发挥职业教育在现代化建设中的作用，必须进一步完善职业教育相关政策制度和改善发展环境，提高职业教育的吸引力和社会满意度，必须改革相关的组织人事制度和分配制度，提高一线技术技能人才的待遇，落实企业参与创办职业教育的鼓励政策。

（原载《江苏教育》2019年第74期）

加快职教现代化建设　推动职教高质量发展

王兆明

2018年是我国改革开放40周年。习近平总书记前不久在博鳌亚洲论坛讲话中深刻阐述了40年改革开放的巨大成就和成功经验，并明确提出要总结经验，进一步改革开放。2018年也是我国职业教育恢复发展和中等教育结构改革40周年。40年里，我国职业教育取得了举世瞩目的发展成绩，在学习借鉴欧洲、北美、澳洲、亚洲职业教育先进国家经验的基础上，建立了比较完善的具有中国特色的现代职业教育制度。

作为教育的专门类型，我国职业教育肇始于清末的实业学堂制度，民国时期改为职业学校制度。中华人民共和国成立前，我国的职业教育非常薄弱落后。中华人民共和国成立后，学习苏联中等专业教育和技工教育制度，20世纪60年代初又大力兴办半工半读的职业学校。如今，经过40年的改革发展，我国已经建立起了以规模化社会化办学、深度校企合作的职业院校为主体，其他多形式职业学校并存的办学格局，以及以初中后、高中后两次分流，学制均为三年的职业教育为主体，初中后五年、高中后四年等学制并存的学制体系。特别是建设骨干职业院校，并使之规模化、集约化、社会化，加上规模化、综合性实训基地和深度校企合作建设，比较适合中国国情，也适合中国作为发展中国家的实际。40年来，我国职业教育事业快速发展，办学规模增长数十倍，基础能力、综合实力、服务经济能力显著增强。

一、职业教育要主动为现代化建设服务，要与经济和社会发展需求相适应

江苏的职业教育工作者有强烈的服务意识和责任意识，始终在地方与行业发展的大背景下谋划学校的发展改革，遵循教育规律和人才成长规律，及时调整专业和师资结构；密切与企业的联系，与企业家交朋友，尽力满足其对人才培养和技术服务的需求。为更好、更有效地服务经济，江苏职业教育不断调整层次和专业结构、规模与服务重点。改革开放之初的职业教育以发展中职为主，同时鼓励各地级市试办高等职业教育——职业大学。到了20世纪90年代，随着科教兴省战略的实施、经济增长方式的转变和科技的进步，处于工业化中期的经济较为发达地区和部分技术、资金密集的行业，对技术人才的规格质量提出了更高要求，对高等职业教育有迫切和旺盛的需求，江苏冲破重重困难和阻力，积极发展初中后五年和其他形式的高等职业教育。进入21世纪，随着科技进步和工业化进程加快，企业对高职教育有了更大需求，江苏抓住机遇加快发

展高等职业教育，实现了高职在校生规模超过中职生。党的十八大以后，国家实施创新发展战略，先进制造业进一步向高端化发展，新一代信息技术和其他新兴产业都迫切需要更高层次的高端技术技能型人才，江苏本科层次的高职教育应运而生，现代职业教育体系建设速度加快，受到广泛欢迎。

除了层次结构的主动适应外，江苏经过长期布局结构的规划调整，做到了省和市、县适当分工。行业性职业院校以省办为主，服务全省行业发展，其骨干专业在全省职业院校中发挥示范引领作用。区域性职业院校以市、县办为主，主要服务于地方支柱产业，其办学更接"地气"，功能发挥更全面。

江苏职业教育在省委、省政府和有关部门的领导指导下，适应经济和社会发展需求，各个发展阶段还有明确的服务重点。改革开放之初，社队工业、乡镇企业发展迅猛，人才需求旺盛，职业教育主动把乡镇企业作为服务重点。20世纪末，江苏职业教育又积极主动为农村劳动力转移服务，举全省职教之力，围绕农村剩余劳动力转移和技术、智力型劳务输出，大力开展职业教育和培训，为农民脱贫致富服务。江苏省有关部门共同出台了"5112"教育富民工程，受到省委和教育部的充分肯定，并在全国职教会议上介绍经验。在不同时期，省里还组织职业教育为发展先进制造业、软件产业、电子商务等新兴行业培养人才，各职业院校踊跃参与，工作有声有色，极大地提高了职业教育的影响力、贡献力和服务经济能力。

二、发展职业教育必须始终把提高教育质量摆在突出地位

一是大力加强骨干学校建设。职业教育恢复发展、中等教育结构改革之初，鼓励大家来办，职业教育遍地开花。为集中有限的教育资源，保证教育质量，江苏省加强骨干学校建设，并持续不停顿地创建重点、示范性、现代化职业学校。现有的近300所规模较大的高水平骨干学校是数十年长期创建的结果，凝聚了一代代职教人的心血。举个例子，从1995年开始，江苏省政府和有关部门规划布局市、县职教中心建设，协调出台配套鼓励支持政策，并多次召开专门会议。1997年，经省政府同意，省教委与省计经委正式印发《关于加强职教中心建设的意见》，推进"1122"工程，市、县政府将职教中心建设列入年度工作目标，加大投入，整合资源，至2000年，全省基本建成规模较大、功能多样的示范性职教中心100所。

二是抓规范化管理。从加强常规管理入手，制定职业学校教学管理规范，做到教学管理有章可循。江苏省教育部门先后于1992年和1999年颁发了中专学校和职业高中两个教学管理规范，并不断修订完善人才培养方案，加强评估检查和教学视导，促进学校自我诊断与改进，建立质量报告制度，以保证基本教学质量。

三是开展专业现代化建设和重点专业群建设。加强专业建设是提高教学质量的关键和基础，从专业建设入手，选取机电一体化、现代农业、商贸、旅游、建筑等规模较大、有代表性的专业，找准江苏省职业教育与先进国家和地区的差距，推进职业教育的

现代化。由于参照目标清晰，措施有力，有效地促进了专业建设和师资队伍、实训基地建设。应该说，江苏职教为制造业强省建设和现代服务业发展做出了重要贡献。进入新世纪，江苏省又创新专业群建设理念，在全国率先开展重点专业群建设，更好地发挥示范骨干专业的资源优势，提高学校专业的整体水平和教育质量。

四是因材施教，实行学分制，为学生成才发展提供多样化选择和服务。2000年，从学生不同的文化基础、兴趣爱好和多样化发展需求出发，江苏省在全国率先推进学分制改革，让学生有更多学习选择。特别是在专业课程教学后期，为学生提供更多的专门化课程选修模块，让学生有针对性地学习专门技术，强化专业技能。由于不断搭建职校生成长发展"立交桥"，不断推进现代职教体系建设，江苏省职校生发展的渠道在不断拓宽。现在，有的职业院校还在积极尝试个性化培养，定制人才培养方案，更有效地提高教育质量。

五是开展创业教育，培养学生的创业精神和能力。江苏省从20世纪90年代初开始试点创业教育，采取行政推动、课程支撑、实践落实三大推进策略。1998年，编写职业教育就业和创业指导教学大纲及教材。进入新世纪，江苏省教育厅又颁发了《江苏省职业教育创业行动计划》，通过召开全省职业学校创业教育现场推进会，实施创业教育"十个一"工程。江苏省在全国率先将创业教育引进职业教育的教学目标和课程体系，整体设计，系统推进，教学、学工系统协同配合，并逐步建成专业课程渗透、专门课程必修的教学体系，为江苏经济社会发展培养了一大批懂技术、懂管理、善经营的企业经营者。职业院校的创业教育先于、优于普通本科院校，成为江苏省职业院校的一大特色。

六是推进人才培养模式改革和课程改革。职业教育的课程体系和评价方式源于普通教育，受其影响和束缚很大，随着对职业教育规律把握的深化，江苏省职教工作者以极大的热情，倾注大量精力，从各类专业的不同特点出发，以学生学习为中心，对接用人单位和岗位对学生素质能力的要求，坚持不懈开展人才培养模式和课程改革，重构课程体系，重建职业教育的教学制度。

七是集团化办学。江苏省是全国职业教育集团化办学的先行区，从20世纪90年代开始不断探索，至今已建成一批在全国有影响力、不同层次职业院校和企业广泛参与的行业性、区域性职教集团，以校校合作、校企合作、资源共享为纽带，有效带动了江苏省职业教育办学水平的整体提升。对于职业教育的集团化办学，教育界曾有不同的声音和干扰，江苏省职教界排除了干扰，坚持在实践中完善自身。

八是推进职业教育信息化建设。江苏省职业教育坚持以应用信息化手段提高教学质量，从初期的多媒体教学开始不断探索，微课、慕课、翻转课堂、网上学习在职业学校成为热点，信息化校园、智慧校园建设稳步推进，教师参与教改的热情空前高涨，江苏职业院校师生在全国信息化教学和技能竞赛中连年获奖，成绩斐然，学生受益良多。

九是促进产学研结合。江苏省较早对骨干职业院校的产学研结合和专业教师参与产学研提出明确要求，要求学校发挥优势和潜力，直接融入经济建设、科技创新主战场，直接为现代化建设做贡献；把建设生产性、高水平、共享型实训基地作为产学研结合的重要载体，坚持"政府主导、行业指导、企业参与、学校主体"的原则，赋予大型实训基地教学、生产、技术开发、成果孵化、社会服务、技能鉴定等多种功能。经过长期努力，成效显著。一批优质院校在人才培养、社会效益和经济效益方面全面丰收，还产生了一批科技服务收入数百万甚至上千万元的职业院校。

江苏省职业教育紧抓教育质量及实施其他一些措施，包括不断加大对教学的投入、大力加强师资队伍和管理队伍建设、多层次广泛开展技能竞赛、推进现代学徒制试点等。提高教育质量是职业教育的永恒话题和责任，任重道远。由于相关政策的制约，职教体系、办学层次的适度高移，企业的深度参与面临许多困难和挑战，制约了职业学校教育质量和服务经济能力的提升。相信随着改革开放的深化和相关政策环境的改善，广大职教工作者办学创新的积极性会进一步迸发，江苏职业教育一定会有更高质量的发展！

（原载《江苏教育》2018年第52期）

《中华人民共和国民办教育促进法》修订背景下江苏民办高职院校的创新发展

王兆明　胡玮　陶德胜

2016 年 11 月 7 日，第十二届全国人民代表大会常务委员会审议通过了《关于修改〈中华人民共和国民办教育促进法〉的决定》；2016 年 12 月 29 日，国务院印发《关于鼓励社会力量兴办教育促进民办教育健康发展的若干意见》（国发〔2016〕81 号）。中央有关部门积极出台的政策措施，为深化教育领域综合改革、促进民办教育健康发展提供了法律保障，是民办教育改革发展新的里程碑。江苏正处于加快建设高教强省、率先实现高等教育现代化的关键时期，民办高等教育作为江苏高等教育事业的重要组成部分，是促进江苏高教体制机制改革创新的重要力量和生力军。截至 2017 年 12 月，江苏有高等职业院校 90 所，其中民办高职院校 23 所，所占比例及其规模均位于全国前列。因此，本文探索了江苏民办高职院校如何在《中华人民共和国民办教育促进法》（以下简称《民促法》）修订背景下，实现改革创新，以期为我国培养高素质技术技能型人才的同类高校提供参考和借鉴。

一、江苏民办高职院校的发展现状与特色优势举要

江苏民办高职院校经过"十五"时期至"十一五"时期的快速发展，现已逐渐进入稳定调整期。特别是注册入学招生制度实施以来，连续数年省内生源数量持续下降，新成立的民办高职院校越来越少，现有的民办高职院校总体发展面临挑战，都在强化专业特色、师资特色、品牌特色和办学特色，大力加强内涵建设，努力在新一轮创新发展中抢占先机。在《民促法》修订背景下，江苏民办高职院校的发展成就和办学优势主要体现在以下四个方面：

第一，江苏民办高职院校的兴起有效扩大了高等教育的办学规模。在《民促法》的积极影响下，在高等教育大发展时期，在学费设定、用地政策等方面的财政和政策支持下，江苏民办高职院校较快实现了教育规模的扩大，为江苏高等教育大众化做出了重要贡献。2005 年前后，江苏高中毕业生迎来了升学高峰期，江苏民办高等教育同期在社会化办学、民间资本参与办学、产教融合深度推进等诸多方面取得了重大进展，充实了江苏现有高等教育多元化的发展格局，为学生提供了更多的发展选择。

第二，江苏民办高职院校引进和利用了境外优质的教育、产业、企业资源和民间资本，为江苏高职教育的发展注入了新动力，为江苏高职院校的整体发展提供了优质的紧

缺资源。部分民办高职院校充分利用举办者和国际优质教育资源的显著优势，大力推进与全球500强名企合作办学，引进国际先进教育理念，密切跟踪和精准把握世界前沿科学技术发展方向，创新民办高等教育办学模式、人才培养模式和产教深度融合模式，开发了一批市场急需的新兴专业，优化了江苏原有高职院校的专业布局，形成了一批竞争性较强的特色专业群，有力地推动了江苏高等教育国际化办学和人才培养模式改革创新。例如，苏州高博软件技术职业学院自创建以来，充分利用举办者有全球IT高管职业生涯的背景，大力发展软件技术专业群，与微软、思科、迅达、埃森哲等全球500强名企开展深度合作，并为其他本科高校大学生开展新一代信息技术岗前培训。在国际交流合作方面，苏州高博软件技术职业学院坚持"引进来、走出去"战略，积极引进英、法、美等国外高校资源，多形式合作办学，在江苏高职院校中最早开始招收留学生，"十二五"期间接收外国留学生达1 500余人，居全省高职院校之首，现在是全省23所"留学江苏目标学校"之一。此外，昆山登云科技职业学院充分利用举办者有台湾台资企业高管的背景，对推动产教融合办学进行创新型尝试与实践；钟山职业技术学院拥有世界一流的康复训练设备和国内领先的老年服务设施，在大健康产业的服务类专业优势特色明显；江南影视艺术职业学院根据国家文化事业大发展大繁荣的战略部署，专门培养文化艺术人才，重点面向影视业、航空高铁旅游业、文化创意产业培养高技能专业人才。

第三，江苏民办高职院校的积极探索和成功实践，有效促进了江苏高等教育办学管理体制机制创新。灵活、多形式的人员聘任制，精练高效的人事分配制度，多元化办学，产教融合、工学结合的人才培养模式等，为高等教育改革提供了鲜活案例和有效经验。江苏民办高职院校教育体制机制的改革创新实践，也为我国高职教育的高质量发展提供了制度创新层面的政策建议。部分世界名企更愿意与民办高校合作，他们赞赏的就是民办高校办学机制灵活、工作效率高、举办者和管理者比较稳定等显著优势。

第四，江苏民办高职院校的教学管理和学生教育管理的改革尝试，为高等教育大众化下的管理改革创造了许多成功经验。民办高职院校往往被放到最后一批计划录取，使得民办高职院校招收的部分学生文化素质较低，学习习惯较差，给民办高职院校的教学管理和学生教育管理带来了严峻挑战。江苏民办高职院校面对生源现状，在创新教学管理、课堂教学实践和加强学生管理等方面进行了大胆探索，创造了各具特色、行之有效的管理模式。苏州高博软件技术职业学院等院校积极试行了学分制和弹性学制，坚持以学生为中心，面向全体学生因材施教、进行个性化培养，积极开展分层教学和项目化教学，充分激发和调动学生的学习积极性。学生管理工作深入细致、分工明确，积极推行导师制与辅导员制相结合的管理模式，将辅导员办公室和住所均安排在学生宿舍区，有效加强了对在校大学生的教育管理，努力使学生学有所得、个个成才，学院每年的大学生年终就业率均保持在较高水平。

二、江苏民办高职院校的现有困境、挑战与机遇分析

"十二五"以来,江苏民办高职院校的发展处于稳定调整期,在加强内涵建设、着力特色化发展、专业建设和新兴专业开发、师资力量培养与引进、实训基地建设,以及深化与名企合作、国际化合作办学等方面取得了重大进展。"十三五"时期,在新修订的《民促法》的有力保障下,江苏民办高职院校将迎来新一轮创新发展实践,这些新的举措必将有效缓解江苏民办高职院校存在的突出问题。目前,这些问题主要表现在以下三个方面:

第一,招生工作困难,生源素质较低。"十二五"以来,江苏的高中毕业生逐年减少,2017年进入最低谷,在生源总量下降的同时,本科和专科招生计划并没有同比例下降,导致江苏高职院校特别是民办高职院校招生困难。目前,江苏本科和公办高职院校的招生规模相对稳定,但位列最后一批录取的民办高职院校,由于处于招生链的最末端,生源几近枯竭,生源质量更无从保障。2012年,江苏高职教育研究会曾组织专题调研,建议调整在高等教育大发展时期也就是高中毕业生升学高峰期制定的相关政策。例如,科学规划和控制"本三"的扩张和招生规模,成人高校和本科高校的继续教育学院不应再招收应届高中毕业生等,给民办高职院校腾出必要的生源空间。而实际情况是,"十二五"以来,江苏民办高职院校的招生问题一直没有得到有效解决。在深入贯彻实施修订后的《民促法》过程中,上级主管部门应当采取必要措施,有效缓解民办高职院校的招生困难。例如,拓展中职生的升学渠道,允许高职院校招收一定规模的(初中后)五年制高职生,调整公办高校的财政拨款制度,鼓励内涵式发展,提高教育质量等。当前,江苏部分地区初中毕业生数量已走出低谷,有的地区初中毕业生规模大幅增加,相信民办高职院校招生难的问题会逐步得到改善。

第二,财政支持不足,资金投入偏低。江苏公共财政对民办高职院校的支持很少,随着生源逐年减少,江苏现有民办高职院校的办学收入减少、投入不足、办学艰难,严重影响了学校的师资队伍稳定和实训基地建设,导致学生难以获得高质量教育,这也成为制约江苏高职教育发展的又一大瓶颈。调查显示,江苏只有几所民办高职院校凭借自身努力,获批省级重点专业和实训基地等扶持项目,且仅能获得公办院校同类项目 $1/10 \sim 1/5$ 的奖励资金,缺乏财政资金的有效支持。我国各级各类财政收入均来源于税收,民办高职院校教职工和学生家长也都是中华人民共和国纳税人,从法理和学理层面来讲,民办高职院校的学生和教职工也都理应受到国家税收政策的有效覆盖与财政政策的有力支持。新通过的《民促法》修订案以法律条文的形式有效地为民办高职院校保驾护航,如删除了原法中关于取得合理回报的规定,新增了关于实施民办学校分类管理、分类扶持的条款;明确了民办学校的举办者可以自主选择设立非营利性或者营利性民办学校;选择举办不同类型的学校在税收优惠方面可得到不同程度的财政支持;民办高职院校也能够从退出补偿机制和办学奖励两个方面来寻求更多的外界融资,即民办高

职院校可以采用现代企业管理制度展开内部控制管理，学校能够寻求更多的外界资金帮助，资金来源渠道更为丰富。

第三，缺少社会认可，亟待规范管理。当前社会各界和各级政府部门还不同程度地歧视、鄙薄民办高职教育，往往过分聚焦于民办高职院校的营利性，认为民办高职院校是私人办学，投资、拨款给民办高职院校即意味着政府财政资金落入私人办学者手中，是国有资产流失。但实际情况是，江苏民办高职院校的举办者大多把投资办学、培养人才作为投身于公益事业的善举，不要求取得合理回报，不以营利为目的。近几年，江苏教育厅和财政厅拨给民办高职院校的一些专项补助资金也全部用于学生补贴和教育管理。江苏民办高职院校发展有效分担了政府的教育职责，在一定程度上维护了社会稳定，节约了政府公共财政支出，是在为政府排忧解难。由于现行办学的种种制约，近年来江苏民办高职院校在办学管理中出现了一些不规范现象，给社会带来一些负面影响，导致一些民办高职院校的举办者对继续兴办民办高等职业教育事业丧失信心。新修订的《民促法》可以从两个方面来解决困境：一是让全社会对民办高职院校有新的认知；二是给予民办高职院校管理者崭新的思维方式和管理模式，探索新型民办高职院校的董事会（理事会）、党委会、院务会等之间的多维关系，大力加强党建工作，发挥党委的政治核心作用，进而从根本上改变社会对民办高职院校的负面看法。

三、《民促法》修订背景下江苏民办高职院校创新发展路径

针对江苏民办高职院校的发展现状、初步成效及面临的主要问题，在《民促法》修订背景下实现江苏民办高职院校的发展创新，必须尽快界定办学性质，充分发挥举办者自身优势，整合社会资源，以多元化投资为切入口，紧紧围绕我国区域新兴产业发展需求，吸引更多有识之士投资兴办职业教育，主要考量如下：

第一，以明确办学性质为先导，因校制宜，合理选择新政策下民办高职院校的非营利性或营利性。在《民促法》修订背景下，全国性"民办学校分类管理"改革拉开了序幕，各地的实施意见陆续出台，江苏民办高职院校的举办者则面临着办学性质的抉择：选择"非营利性民办学校"，虽然可以享受到政府补贴、基金奖励、捐资激励等扶持措施，但也面临着学校办学自主权受限、投资利益无法实现、产权丧失等现实影响；选择"营利性民办学校"，虽然可以获得充分的办学自主权，实现投资利益，保障产权，但也存在承担隐形的税费负担、优秀教师流失、办学成本提高、社会压力加大的风险。当前，根据民办高职院校的自身发展定位，举办者选择适合的办学性质，应参考以下因素：一是根据学校现有的资产和规模来确定，如果学校已通过投资和发展积累形成了庞大的资产，已具有了较雄厚的办学实力和较强的抗风险能力，建议选择"营利性"方向；如果学校资产不多，有些还是租赁办学，在学费收入受限的情况下，学校后续发展压力较大，建议选择"非营利性"方向。二是根据举办者的办学诉求来确定，如果举办者把投资办学、培养人才作为投身于公益事业的善举，不以营利为目的，希望能产

生较大的社会影响力和品牌效应，建议选择"非营利性"方向；如果举办者的目的是通过投资办学来获取经济效益，建议选择"营利性"方向。三是根据民办院校对于其他产业的支撑需求来确定，如果民办院校的举办者还拥有非教育类产业，需要民办院校给予资金方面的支持，建议优先选择"营利性"方向；如果举办者自身拥有的其他产业规模较大，对学校没有资金需求，仅仅需要其提供品牌和社会效益的支撑，建议选择"非营利性"方向。

第二，以加强特色专业建设为抓手，切实提高民办高职院校的品牌效应。当前，大多数民办高职院校的发展资源与资金投入相对不足，学生生源素质相对偏低，如何提高民办高职院校的专业建设水平，提升专业适应能力，提高办学的社会效应，是民办高职院校举办者和管理者应重点关注的问题之一。在《民促法》修订背景下，民办高职院校的工作重心应转移到专业建设和核心竞争力提升上来，不求全、不求精，不求大、不求特，技术向前沿贴近，专业向高端提升，专业开发向新兴产业拓展，进一步发挥民办高职院校的特色优势，坚持多样化办学，服务学生个性化发展，探索推行"个性化培养""私人订制"等教育教学培养模式，力争在办学模式方面有所创新和突破。民办高职院校应继续适应区域经济社会发展需求，紧密围绕国家"十三五"战略性新兴产业开设新兴朝阳专业，在培养模式中大胆探索新思路和新方法，提高技术技能型人才培养质量；在学校管理方面力求办特色、创品牌，节约运营成本，提高办学效率。

第三，以协同创新办学为方向，筹备成立江苏民办高职院校联盟。在教育主管部门的指导下，省内民办高职院校自愿组建行业性协作组织，以"协作、研究、建言、自律"为宗旨，坚持"开放、创新、合作"的精神，为江苏民办高职教育科学、稳健、可持续发展发挥积极作用。联盟的主要任务如下：一是监管督导，制定联盟内高职院校自律守则，规范办学行为，共同提升社会满意度和认可度，为政府和教育主管部门加强对民办高职院校的教育督导提供平台。二是宣传引导，高举公益性旗帜，大力宣传联盟院校办学理念，广泛争取政府部门和社会各界对民办高职院校的关心与支持，为联盟院校改革发展营造良好的社会环境和氛围。三是交流合作，联盟积极开展和保持联盟院校之间的密切联系、沟通，促进联盟院校在治校管理、人才培养、教改研究、社会服务等方面的交流与合作。四是调查研究，积极围绕联盟院校的办学治理、管理创新、人才培养质量提升等重大问题，开展相关调查研究，为联盟院校办学发展出主意、想办法，助力其提高办学水平。五是协同服务，发挥好联盟的平台中介功能，积极完成省教育厅等有关方面委托的任务，做好上级教育主管部门、地方政府与联盟院校的信息和任务传递服务工作。2017年12月27日，江苏省民办教育研究中心在扬州大学正式成立，为联盟的各项工作开展奠定了坚实的理论研究与实践基础。

第四，以法治、改革、自主原则为核心，修订完善民办高校章程规范。江苏现有民办高职院校应从实际出发，依据新修订的《民促法》，修订现行章程，对有关学校的办学宗旨及其管理体制、议事规则、专业开发、校企合作关系、师生权益、资产来源、财务活动等重大事项做出前瞻性、原则性、基础性规定，同时加强章程的内部审核与执行监管，以确保章程有效实施；进一步理顺董事会（理事会）、院务会、党委会、教代会之间的关系，建立主体明确、要素齐全、责权对等、程序公正的议事规则和规范程序；妥善处理好举办者与办学者、决策机构与党权组织、学校与师生等各类权利主体关系；深度挖掘与彰显办学理念、校园文化，塑造章程的个性化特征；加强民办高校的党组织建设和党委的政治核心地位，提高民办高校的教师福利待遇，完善民办高校的教职工代表大会制度等。民办高职院校只有依靠自身的自觉性，坚持自主原则，才能形成自己的个性风格和办学特色，真正实现"一校一章程，一校一规划"，引领民办高职院校走上个性化、差异化发展之路，实现内涵式发展。

[参考文献]

[1] 胡天佑. 新形势下民办高职院校发展的困境及求解[J]. 高教探索，2014（3）：138-142.

[2] 巩丽霞. 民办高校章程建设研究[J]. 高校教育管理，2013，7（3）：41-47.

[3] 李连宁. 对《中华人民共和国民办教育促进法》修改决定的重要思考[J]. 教育与职业，2017（5）：5-8.

[4] 董鲁皖龙. 从法律层面破解民办教育发展难题：教育部有关负责人就《民办教育促进法》修改情况答记者问[N]. 中国教育报，2016-11-08（01）.

（原载《教育与职业》2018年第5期）

立足"三创" 着力提升学生创业与就业能力

王兆明

近10年来，江苏经贸职业技术学院秉承优良传统，系统地进行"三创"（创新、创意、创业）教育的探索与实践，将"创业"教育融入人才培养全过程，大力加强创业教育课程建设、师资队伍建设和实践基地建设，有力地提升了学校的人才培养质量、学生的创业与就业能力。2008年，被确定为江苏省首批大学生创业教育示范校。

一、现代服务业的迅猛发展，呼唤一大批高素质创业型人才，学院构建了科学合理、运转有效的组织管理体系，出台了系列管理制度，形成了全院参与创业教育的良好局面

我国服务业，特别是现代服务业发展相对滞后，突出表现为占比偏低、层次不高。随着经济和社会的发展，服务业新的需求、新的行业、新的职业和新的岗位不断涌现。即使在全球金融危机的背景下，仍有大量投资机会和就业机会，服务业领域需求旺盛。现代服务业的迅猛发展，呼唤一大批高素质创业型人才。学院从行业特点和学生就业实际出发，大力加强创业教育，取得了显著成效。

学院成立了由主要领导挂帅的大学生创业教育指导委员会，构建了科学合理、运转有效的组织管理体系，出台了系列管理制度，并设立了年额度10万元的大学生创业教育专项经费。教务处、学工处、团委、科技产业处、招生就业办、校友会等部门及各院系，建立了"三全"（全员、全程、全方位）工作机制。

学院明确要求所有教师，必须在教育教学中渗透创业教育理念，培养学生的创业兴趣、创业精神和创业技能，进行创业相关政策法规宣讲、职业道德教育和心理健康教育等，从而形成了全院参与创业教育的良好局面。

团委、学生会先后成立了大学生科协、大学生创业协会、大学生职业生涯创意协会等学生社团，开展了丰富多彩的校园创业文化活动。通过组织创业计划大赛、职业生涯规划竞赛等一系列活动，帮助学生提高创业热情，锻炼团队协作能力，增强创业能力和素质。院团委荣获2008年度江苏省"五四红旗团委标兵"称号，院"大学生创业协会"被共青团江苏省委授予省级"青年文明号"称号。

学院还广泛利用社会资源，邀请创业成功人士和优秀毕业生开设创新创业讲座，现身说教，开展创业对话，传授经验技巧，教育和启迪广大学生。学院还调研编印了三本《路在脚下——江苏经贸职业技术学院毕业生创业事迹选》，为学生提供有益的借鉴。

二、学院努力将创业教育贯穿专业教育、素质教育和就业教育全过程，加强政策导向，以能力培养为本位，依托专业建设、课程改革、素质拓展、就业指导等多种渠道，形成了较为完备的人才培养体系

以专业能力培养为基础，培养创业精神和意识。学院准确定位，大力调整专业结构，加强专业建设，构建涵盖现代服务业十大重点发展领域的专业群，建成一批适应市场需求、具有鲜明行业特点的优势和特色专业，使得学院的创业教育与行业发展高度契合。

以创业为导向，构建创业教育课程体系。学院遵循普惠型和专业型创业教育并举的培养思路，积极探索建立创业教育课程体系。普惠型课程体系，实现全员覆盖。学院围绕办出高职特色的目标，已进行了两轮重大的课程改革，不断强化创业教育。起初，在新生入学教育和毕业教育中，提供就业指导，帮助学生进行职业生涯规划，转变就业观念，做好创业准备。2002年开始，在全院所有学生中，开设职业指导必修课。一年级设有"职业生涯规划"课程，三年级设有"就业创业实务"课程，同时，开设一系列创业教育选修课程（如"商务精读"），所使用的教材均为学院编撰，经多轮修改，内容针对性强、实战性强。《职业生涯规划与就业创业实务》在2006年被评为省级精品教材，2007年荣获江苏省教育科研成果一等奖。

打造创业"特区"，是学院的重要举措。2008年10月，学院专门开设"小企业家创业班"，使有一定创业兴趣、愿望和基础的在校生，在学好本专业的基础上，深入系统地学习创业系列课程，全面进行实体创业和虚拟创业训练，成为创业教育的新型"试验田"。

充分发挥实训基地和大学生创业园的优势，使实习、实训、创业实践深度融合。发挥"流通现代化工程实训基地""食品安全与营养实训基地""数字媒体与现代商务实训基地"三大国家级、省级实训基地的作用，加强实践教学，着力培养学生的职业能力。还与大企业合作，建立校外实训基地，先后与苏果超市有限公司等100多家大中型企业及行业协会建立了紧密型合作关系，通过"顶岗实习"，使学生"经历风雨"，增强创业能力。

学院始终把加强创业教育和发展校园创意产业作为推进创新教育、培养创新型人才的两大抓手。一是全面提高学生的创意素质，培养学生的创意意识与能力，并把创意与专业实践结合，提高学生的综合素质和专业能力；二是大力开发艺术设计类、文化创意类专业，培养创意专业人才。与企业合作，成立文化艺术学院，涉足文化产业，培养懂艺术的商人，大力建设创意产业园。

创意催生创新，创意孕育创业。学院引进超市，由学生经营。学生在经营中萌发了"YounGo（雅购）校园全国连锁便利店"的创意方案，并在新加坡国际市场营销大赛中获得优胜奖，成为我国首例高职院校学生在英语环境的国际营销大赛中获奖的案例。

2005年，学院建成了大学生创业园，有22间学生门店，小门店，低门槛，便于创业孵化。学院设立创业种子基金，开展创业项目遴选。几年来，已有1 000多名学生在那里从事过创业活动。

2007年，学院有7项学生创业训练项目被江苏省大学生实践创新训练计划立项；2008年，学生创业团队荣获第五届江苏省大学生创业计划大赛一等奖。

为提高学生网上创业的生产性实战能力，省级特色专业电子商务教学团队与高新技术企业合作，共同合作开发、建设了网络真实交易实战平台，并注册一级域名"热淘网"。"创业导向型"核心课程与企业实际经营项目实现一体化，学生以真实的企业岗位工作职员角色，进行多岗轮训，团队创业。目前，已有逾千名学生在"热淘网"开店，在进行商品交易和网络营销实战的生产性实训中，实现了"网上创业"。2006年，在第二届中国电子商务大赛江苏赛区的比赛中，学院学生囊括前9名，参加全国总决赛获得银奖2个和优秀奖1个，同时获得"江苏省劳动技术能手"荣誉称号和电子商务师国家职业资格。

2万平方米的江宁大学城"180大学生创业广场"，目前已经正式运营，重点发展设计、策划、咨询、中介等创意产业和商务服务业，直接面向江宁大学城学生，面向江宁开发区和江宁科学园企业，成为大型的、共享的大学生创业实践基地和项目成果孵化基地，成为江宁现代服务业集聚区的重要组成部分，并努力创建省级创业孵化基地。

要培养一流的学生，必须有一流的教师。近年来，学院着力打造一支具备创新、创意、创业"三创"能力的师资队伍，锻造出一批"三创型"教师。他们为企业产品开发和地方经济转型发展提供智慧支持。学院有关院系和教师参与的秦淮河历史文化资源开发利用系列项目、南京宝船遗址开发策划、大报恩寺重建策划等一大批创意项目，引起各方关注。

三、随着创业教育的深入开展，学院自主创业的学生逐年增多，涌现出一大批成功的校园创业明星，形成了高层次的创业团队，经实践证明，高职学生在校园成功创业是极有可能的

信息技术系2004级的李晓明同学，是一位来自苏北农村的普通农家子弟，依托校内大学生创业园，怀揣700元开店，带着70万元资产毕业。在南京义乌小商品城、东山镇和邻近高校开设了多家连锁门店。2008年，获得共青团江苏团省委评选的"江苏创业百名风云人物"和"江苏百名青年学子之星"荣誉称号。

信息技术与商务管理专业2003级的学生李海艳，电子商务专业2004级的学生徐继平、韩伟，参加全国网络营销决赛，在全国一万多家参赛网店中，取得销售额和总成绩位列全国第十二名、第十三名、第十四名的好成绩。

2008年10月，由多专业学生自主组合的"安布雷拉安全防护用品"创业团队，在新加坡国际市场营销大赛上，以新颖的创意、良好的市场前景、高素质的展示和流利的

英语，力克来自英国、印度、泰国、新加坡等国的代表队，获得金奖，同时也取得海外组和新加坡本地组的全场总冠军。这是中国高校首次获此殊荣，也是学院在此项大赛上第三次获奖。目前，该创业项目已经投入批量生产，产生了良好的经济效益。

创业教育不仅增强了学生的职业意识和能力，还促进了学生综合素质的全面提高，促进了学院内涵建设和教学质量的提升。近几年来，学生在全国、省级各类竞赛中屡获殊荣。创业教育有力地带动了就业，近4年学院平均就业率为99.7%，居全省高职院校的前列。创业教育还促进了学生的可持续发展。有些学生在校园创业后，直接进入社会，成为社会创业者，还有更多的毕业生"先打工后当老板"，逐步走上自主创业之路。

"加强创业教育，培养大批创业型人才是经济、社会发展的客观要求，尤其是在服务业，中小企业居多，要提高服务质量和管理水平、创建品牌特色，需要大批高素质经营人才，职业院校要乐于培养这样高素质的'小老板'，这也是职业院校对社会的一大贡献。"江苏经贸职业技术学院领导如是说。

（原载《中国教育报》2010年11月16日第010版）

破解难题，助推校企共赢发展

王兆明

我国高职教育起步较晚，但发展很快。绝大多数高职院校都在进行校企合作的实践，虽然取得了不少成效，但也面临着诸多障碍。在新形势下，校企合作还面临着一些深层次的问题。例如，校企如何由"一头热一头冷"变为"两头热"，校企双方都能积极主动地参与，共同受益？工学如何由"两张皮"变为"一张皮"，校企合作如何向纵深迈进？学校如何创新合作模式，由"走形式、松散型"变为"一体化、紧密型"？等等。江苏经贸职业技术学院清醒地认识到，校企合作是高职教育和企业发展的战略引擎，谁攀上了校企合作的制高点，谁就可以把握市场脉动，赢得发展主动权。

江苏经贸职业技术学院已有近60年的办学历史，行业办学特色鲜明，校企合作起步较早，起点较高，在多年的办学过程中，走出了一条有着鲜明特色的校企合作新路。

一、推进校企合作，需要化解一系列合作的瓶颈

只有建立完善的长效机制，才能使校企合作健康、规范、有序，才能促进校企合作的可持续发展。江苏经贸职业技术学院紧紧围绕现代服务业的发展，大力加强三大机制建设。

一是建立校内运行机制。统一全院思想，全面提高对校企合作的认识，建立一系列制度：明确每个专业都要有校企合作背景，确保企业参与，重点专业必须有产学研项目支撑，每一个合作项目都必须有合作协议，有固化成果；校企合作由院、系两级实施，分层次合作，并进行统一管理，学院主要与大型行业企业全面合作；建立对合作项目和院系的监控与考核机制，院系领导定期深入企业，组织活动，了解企业的新需求，并对合作成效进行考核。

二是建立校企合作的动力机制。通过学院的快速发展，激发企业参与的积极性。学院通过提高办学水平，加强优势资源建设，增强核心竞争力，打造高水平师资、专业、基地和产学研项目，增强学校的吸引力；提升学院的社会形象、社会地位和社会影响，提高"江苏商界的黄埔军校"美誉度，增强学校的向心力；通过有效组织活动，如成立现代服务业职教集团、举办现代服务业发展高层论坛、流通现代化高层论坛等，增强学校的感召力；通过校友促进、行业引导，与大批成功校友进行情感交流，增强学校的凝聚力。校企形成合力，使校企合作向纵深推进。

三是积极争取政府支持，建立激励机制。在校企合作中，学院的大学生创业园得到

了江苏省教育厅和地方政府的政策扶持，入驻企业享受优惠政策。学院与行业企业共建专业，在实训基地建设等方面得到了政府的财政支持。

二、让企业从"幕后"走向"前台"，秉承"企业需要什么人才我们就培养什么人才"的理念，做到合作办学、合作育人、合作就业三位一体，真正使校企合作成为资源共享、利益共担的联合体

目前，高职院校培养的人才与企业的实际需求仍有一定距离，校企合作很多流于形式。江苏经贸职业技术学院全方位地与企业接轨，让企业从"幕后"走向"前台"，做到合作办学、合作育人、合作就业三位一体，真正使校企合作成为资源共享、利益共担的联合体。学院目前已构建起三种校企合作模式。

一是专项合作型。学院校企合作涉及校企共同培养人才、提升水平、发展产业三大领域，涵盖学生培养、人员培训、实习实训和毕业就业、产学研结合和科技服务等专项。如与金盛集团合作，共建"金盛学院"，培训集团员工。

二是紧密合作型。学院与200多家大中型企业、行业协会和政府部门合作，建立了长期稳定的伙伴关系。其中，与50多家大型及特大型企业和行业组织，如苏宁电器集团有限公司、江苏五星电器有限公司、宏图三胞高科技有限公司、南京金陵饭店集团有限公司、苏果超市有限公司、江苏海外旅游有限公司、阿里巴巴集团、日本三菱重工业株式会社等，建立了全面紧密、深度融合的战略合作关系。

三是校企一体型。引企入校，资源共享，风险共担，利益共享。由学院筹资建设，提供场地，引进企业的品牌、技术和经营管理经验，在校内建设生产性实训基地（现代服务业集聚区）。目前，已建成3万平方米的光华校区实训综合楼，与跻身中国连锁业10强、中国企业500强的苏果超市有限公司合作，共建连锁经营生产性实训基地，这也是华润苏果连锁经营示范旗舰店，计划每年安排学生顶岗实习10万人，实行365天轮班、轮岗实训，校企共同安排专业人员组成实习指导教师团队，较好地解决了学生落实实习单位困难、轮岗换岗实习困难、落实合格实习指导教师困难的三大难题；共建流通现代化实训中心；共建华润苏果发展战略研究所，研究发展战略；共建连锁经营培训学院，面向全国连锁经营企业培训高级职业经理人、职业店长；共建"华润苏果班"，实施订单培养；共建"双师型"教学团队，学院聘请华润苏果骨干担任专家和教师，学院每年委派教师去华润苏果带职工作。

在江宁校区，按照"学生主体，教师主导，校企合作，政策扶持"方针建成的校内生产性实训基地——2万平方米的"180大学生创业广场"，是学生大型创业实战基地。除学生自主创业项目，积极引进品牌企业和"高轻新"项目。学院提供场地和智力资源，企业提供品牌、资金和市场，由学生创业经营。

三、不断突破传统观念和体制束缚，破解难题，充分激发企业参与的积极性，推进学校发展，不仅要使学校、学生受益，更要使企业、行业受益，真正使企业、学校和学生共赢

校企合作的关键，是让企业、学校和学生共赢。

一方面，江苏经贸职业技术学院的校企合作促进了行业产业发展和企业转型升级。基于社会老龄化趋势，学院与中国老龄事业发展基金会等行业组织，共建"老年产业管理学院"，开设涉老专业5个，行业设立专项奖、助学金，共同培养老龄事业人才。江苏省教育厅、美国OOPSystems软件公司和学院三方合作，建立了江苏欧普高校软件人才培训基地。该软件人才培养项目现已"嵌入式"培训了5万多名软件服务外包技术人才。学院与南京农副产品物流中心（众彩物流）合作，参与建成南京市政府重点工程——华东地区最大的农副产品集散地（第一期已建成40万平方米，3年后建成160万平方米）。在众彩物流建立农副产品检测中心，实现"从农田到餐桌"全过程的食品监控，为服务地方的"民心工程"做出了贡献。

学院按照江苏省大力推进发展物联网技术产业的方向，引企入校，共建采用全息虚拟现实技术的"三维数字商场"、具备企业职场管理机制的"呼叫中心"、基于RFID（射频识别）技术的"物联网感应科技实训中心"三大产学研基地。重新开发集成上述技术的"热淘网"创业网站，形成以集成化的流通领域项目链为核心的、一站式"做学教一体化"的"Living Mall"实践平台。其中，"呼叫中心"旅游业服务外包、"RFID智能试衣"、"养殖场无线智能数据采集"等成果转化，促进了企业的转型升级。

另一方面，校企合作也促进了学院的跨越式发展。校政企合作，在校内建成了六大实训基地。政府支持，企业参与，共建国家级流通现代化工程实训基地和食品安全与营养实训基地、省级数字媒体与现代商务实训基地和老年产业人才培养实训基地；以企业为主，建成三菱空调产业人才培训实训基地和汽车技术与服务实训基地。

校企合作，在校内建成行业特色鲜明的人才培养基地。与中国社会音乐研究会等合作共建文化艺术学院，培养懂艺术的商人；与江苏报关协会合作，成立江苏省报关协会教育培训基地；与中国食品工业协会共建公共营养师培训基地；等等。

引企入校，建成两大现代服务业生产性实训基地。光华校区实训综合楼和"180大学生创业广场"的建成，标志着学院校企合作翻开了新的篇章。同时，还在企业建成一大批实习实训基地。

校企合作，促进了学院内涵建设，提升了学院办学水平，使人才培养质量不断提升。连续5年，毕业生就业率达到99%，2009年初次协议就业率高达94.5%。

（原载《中国教育报》2010年11月9日第012版）

《走进创意世界》前言

王兆明

党的十七大报告明确提出,优先发展教育,建设人力资源强国,教育是民族振兴的基石;提高自主创新能力,建设创新型国家,这是国家发展战略的核心;实施扩大就业的发展战略,促进以创业带动就业,就业是民生之本。高等教育的发展正处于"民族振兴基石""国家发展战略核心""百姓民生之本"的聚焦点上。在新形势下,在大学生中全面开展创新、创业教育非常必要。

作为高等教育的重要组成部分,高职高专院校应该如何有效落实科学发展观,推进"三创"教育,为建设创新型国家这一重要任务出一份力?笔者所在的江苏经贸职业技术学院从学院的专业特点和办学实际出发,确定将创意教育和创业教育作为推进创新教育的两大抓手,要求学生能与专业结合,形成"三创"的意识和能力。创意产业是现代服务业发展的重点领域之一,作为一所面向现代服务业的高职院校,江苏经贸职业技术学院一方面大力发展艺术设计类、文化产业类、数字技术类等新兴创意专业,培养创意专门人才(包括与企业合作成立文化艺术学院,涉足文化创意产业,培养懂艺术的商人),同时大力发展校园创意产业,鼓励师生服务于企业和地方,为企业的产品开发、品牌推广、管理革新,以及地方经济转型发展的产业规划和资源开发提供咨询、策划服务,完成了众多的区域性现代服务业发展规划项目的咨询、策划任务。学院要求教师特别是专业教师努力成为"三创"型教师,拥有从事创意产业和创业的实际经历与经验;也要求学生全面提升创意素质,增强创意意识和能力,并将创意与专业实践相结合,提升自己的专业素质和专业能力。江苏经贸职业技术学院还与我国台湾的龙华科技大学交流合作,共同加强学生的"三创"教育,邀请龙华科技大学的专家教授到江苏经贸职业技术学院做"三创"讲座和答疑,并组织学生赴台湾进行"三创"课程研修,有效加深其对创意教育的认识。

创意无处不在。对于好的创意,功效、作用和意义小的可以发展成一个产品、一个项目,大的可以发展成为一个产业。"三创"教育在许多国家已实施多年。笔者数次随团去往欧、美、日、韩考察,亲眼看见创意产业在国外有极高的经济效益和社会效益,富于创意的景观前往往人头攒动,人们摩肩接踵。创意与创意产业在我国被人们关注和熟悉的时间并不长,创意教育的发展与社会发展的实际需求还相差甚远。《走进创意世界》旨在促进院校师生和社会各界重视创意在日常生活和生产实践中的应用,从理论高度去重新认识它,促进创意知识的普及,有利于提高工作效率,提升服务水平,更好地完成工作任务，切实增加经济效益。

《走进创意世界》主要分为两大部分。上篇为创意的基本概念和作用，阐明创意与创意产业，创意、创新、创业的概念和三者的关系，以及创意的技术和基本方法等；下篇重点将创意与专业实践相结合，围绕如何将创意运用到专业实践中，就市场营销、企业管理、休闲旅游、信息技术、艺术文化、投资理财等六个工作领域展开论述，由案例导入相关的概念、理论，针对性强，兼顾知识性和趣味性。

《走进创意世界》是面向社会的通俗读物，既可作为职业院校学生的选修教材，也可向社会读者推荐。我们编写此书的目的是想认真总结江苏经贸职业技术学院的创意教育实践，面向各行业的从业人员，让他们了解创意的基本知识，了解创意在生产和生活中的价值，增强创新的意识和能力，立足本职工作，主动利用创意理论和创意思考的系统方法解决在生产和生活中遇到的实际问题。

（原载《走进创意世界》，王兆明等编著，高等教育出版社 2011 年出版）

让创新、创意、创业成为现代大学的精气神
——访江苏经贸职业技术学院院长王兆明

陈　阁　张映祥　陈兰剑　沈虞婷

从怀揣700元入学到带着70万元资产毕业，李晓明这位苏北农家子弟，在江苏经贸职业技术学院完成了从"大学生"到"小老板"的华丽转身。"整个校园就是一座创意产业园，所有师生把创新融入工作、学习、生活的每个细胞，让创新、创意、创业成为现代大学的精气神"，江苏经贸职业技术学院院长王兆明日前在接受记者专访时语气淡定而极富感染力。

一、整个校园就是一座创意产业园

行走在江苏经贸职业技术学院江宁校区是一件很惬意的事。碧绿的果木，怒放的梅花，无处不在的草坪，使人宛如置身于一幅浑然天成的山水画中。一年四季，你任何时候来学院，都有鲜花迎接你；你打开校舍的每一扇窗户，看到、闻到的必是满眼的绿和扑鼻的香。

而这极富诗意的设计不是哪位国际大师的杰作，而是出自该院环境艺术专业的师生之手。"创意无所不有，无处不在"，王兆明说，"当前创意产业日渐兴起，创意经济将成为本世纪的黄金产业，发展创意产业对于我国走新型工业化道路、建设创新型国家、发展创新型经济都有着深远意义。因此，学院始终把加强创业教育和发展校园创意产业作为推进创新教育、培养创新型人才的两大抓手。学院主要围绕两方面展开创意教育：一是全面提高学生的创意素质，培养学生的创意意识与能力，并把创意与专业实践结合，提高学生的综合素质和专业能力；二是大力开发艺术设计类、文化创意类专业，培养创意专业人才。与企业合作，成立文化艺术学院，涉足文化产业，培养懂艺术的商人。加强艺术系专业建设。建设创意产业园。"

创意催生创新，创意孕育创业。从在大学一年级开设"职业生涯规划"课程到在大学三年级开设"就业创业实务"课程，学院对学生进行系统的创业理论教学和创业实务指导，同时注重在实训中培养学生的创新意识和能力。学校引进超市，由学生经营。学生在经营中萌发了"YounGo（雅购）校园全国连锁便利店"的创意方案，并在新加坡市场营销大赛中获得优胜奖，成为我国首例高职院校学生在英语环境的国际营销大赛中获奖的案例。

2005年，学院建成了大学生创业园，有22间学生门店，通过小门店，低门槛进行

创业孵化。学院设立创业种子基金,开展创业项目遴选。几年来,已有 1 000 多名学生在此从事过创业活动。依托创业园平台,学院积极组织学生参加创业、创意活动。2007年,学院有 7 项学生创业训练项目被江苏省大学生实践创新训练计划立项;2008 年,学生创业团队荣获第五届江苏省大学生创业计划大赛一等奖。

要培养一流的学生,必须有一流的教师。近年来,学院着力打造一支具备创新、创意、创业"三创"能力的师资队伍,锻造出一批"三创型"教师。他们为企业产品开发和地方经济转型发展,提供金点子和智慧支持。学院有关院系和教师参与的秦淮河历史文化资源开发利用系列项目、南京宝船遗址开发策划、大报恩寺重建策划等一大批创意项目,引起各方关注。创意产业正在学院风生水起。

二、创新融入学院发展的每个细胞

比尔·盖茨说过,微软离倒闭永远只有 18 个月,这揭示了创新的极端重要性。"创新是一个民族进步的灵魂,创新是一个人进步的不竭动力,创新是学院永续发展,永保'江苏商界黄埔军校'荣誉的唯一选择",王兆明深思后说。半个世纪,几易校名,数迁其址,然而学院不变的是对职业教育的孜孜追求,是因势因时而变的一种永恒的创新。当今时代,瞬息万变,高职教育必须紧跟时代前沿,只有具备全球视野,只有把创新作为生存发展的根本之道,才有未来。

创新专业亮点,办出现代服务业特色,成为学院新时期的办学理念。传统商业也在向现代服务业转变。新的发展需求、新的行业、新的职业和服务岗位不断涌现,学院提出了面向现代服务业,全面构建现代服务业类专业群,大力培养现代服务业领域高技能人才的办学方略,完善和增设了一批新兴优势专业。

面对大超市、大卖场等新型业态和大型市场建设的兴起,面对服务业的连锁化,学院先后在江苏省高校率先开设了连锁经营管理、现代物流管理、市场建设与管理等新兴专业;学院着眼于我国逐渐迈入人口老龄化时代的趋势,在江苏高校率先开设老年服务与管理、老年休闲旅游等涉老专业,创建江苏省老年产业人才培养基地;学院紧抓江苏大力发展软件业的机遇,强化软件技术专业建设——一系列着眼于经济发展的新要求进行的专业设置的创新,使学院现设的 60 个专业基本涵盖江苏现代服务业十大重点发展领域,提升了学院服务江苏经济发展的能力。在培养适应经济发展和企业需求的应用型人才的同时,学院专业建设也取得了丰硕成果,有一批专业相继进入全国和江苏省专业建设先进行列。

创新已融入学院发展的每一个细胞。2005 年,江苏经贸职业技术学院牵头成立了江苏现代服务职教集团,目前云集了 39 所高校、71 家国内商界巨头等 100 多家成员单位。集团成立以来,以推进校院合作、校企合作和产学研结合为主要形式,朝着"抱团"办学的方向发展。

学院坚持"校企合作,产学结合"的办学模式和"工学结合,教学做合一"的教学模式，努力做到每一个专业都要有合作的企业，并签有协议，进行实质合作；每一个重点专业，都要有产学研结合基地（项目）。通过订单培养、定向培养（2+1）、顶岗实习，引进企业参与人才培养过程，学院也为企业培养实用人才。学院先后与江苏五星电器有限公司、南京天加空调设备有限公司、苏果超市有限公司、南京桂花鸭（集团）有限公司、金盛置业投资集团有限公司、众彩物流等企业，以及江苏省注册税务师协会等一批省行业协会深度合作，共同为企业培养讲诚信、善沟通、懂经营、会创业的实用人才。

当前，经济全球化、区域经济一体化已成为世界经济发展的潮流。高职教育要面向世界，为企业参与世界范围内经济竞争与合作培养国际化人才。2004年，学院经省教育厅批准，将国际合作办学专业纳入国家统一招生计划，实现了办学史上的又一次飞跃，于2005年成立了国际教育学院。目前学院已与加拿大、澳大利亚、荷兰等5个国家的有关院校建立了稳定的合作办学关系，在校学生1 300多人，居全省同类院校之首。学院几年来共有150多名教师先后出国接受专业培训，近百名外籍教师先后来学院任教，学院的国际化办学之路越走越宽。

"创新使学校实现了跨越发展。"王兆明深有感触地说，"学院的实践证明，一所学校是可以实现跨越发展的，人才培养水平也是可以得到跨越式提升的。"2002年前，学院仅占地80余亩（1亩≈666.67平方米），建筑面积近5万平方米，在校生近3 000人，短短几年，学院现已建成占地近千亩、建筑面积35万平方米、在校生15 000余人的高职院校。同时，学院在2005年的"全国高职高专院校人才培养工作水平评估"中，取得了"优秀"等级，于2007年被评为首批江苏省示范性高职院校。多年来，毕业生就业率均在95%以上。

当然，学院的跨越发展必须有特殊有效、超常规的措施保障。在党委的领导下，学院抢抓机遇、艰苦创业、开拓创新，大力加强实训基地建设；大规模开展校企合作，引企入校；大力加强中外合作办学，借鉴和引进国外优质教育资源和先进高职教育理念；着力加强质量内涵建设，大力提高教育质量，综合实力和办学水平不断迈上新的台阶。

三、让创业成为一种职业，成为一种潮流

"创业本身就是一种职业，替别人打工不如替自己打工"，这是刘小青，这位江苏经贸职业技术学院2009届女大学生的人生信条。

从大二摆地摊起步，到现在成为每月纯收入为五位数的十字绣店的老板，刘小青收获了创业的硕果和成功的喜悦，并光荣地成为首届全国高等教育毕业生百名就业创业之星。

"以创业带动就业，加强创业教育是党和国家的重大决策，让创业成为一种职业、成为一种潮流，这是学院办学的终极目标，"王兆明深有感慨地说，"当前大学生就业困难，创业教育更为紧迫，但更重要的是，经济社会发展要求大力加强创业教育，培养

大批创业型人才。尤其是服务业，要提高服务质量和管理水平，创建品牌特色，需要大批高素质经营人才，职业院校也要乐于培养这样的高素质'小老板'，这也是职业教育对社会的一大贡献。"近年来，学院以创业意识和创业能力培养为核心，以创业基地和创业教育实践平台为支撑，创新高职教育工学结合人才培养模式，积极进行创业教育的探索实践。

学院成立了由主要领导挂帅的大学生创业教育指导委员会，设立了年额度10万元的大学生创业教育专项经费，开展"小企业家创业班"系统创业培训，成立了大学生创业协会、大学生职业生涯创意协会等学生社团，开展了丰富多彩的校园创业文化活动。学院将创业教育贯穿专业教育、素质教育和就业教育全过程。

学院以实践能力培养为核心，着力打造创业教育基地。学院发挥"流通现代化工程实训基地""数字媒体与现代商务实训基地""食品安全与营养实训基地""老年产业人才培养实训基地"四大国家级、省级实训基地的作用，强化实践教学，着力培养学生的职业能力。学院与大企业合作，建立校外实训基地。近年来，先后与苏果超市有限公司、中国平安保险（集团）股份有限公司、苏宁电器集团有限公司、江苏五星电器有限公司等100多家大中型企业，建立了紧密型合作关系，通过"顶岗实习"，使学生"经历风雨"，增强创业能力。

学院还瞄准高技术产业，建立网上创业平台。学院与企业合作建设的一级域名的"热淘网"，成为大学生"网上创业园"，目前已有逾千名学生在"热淘网"上开店。蒋正韬和赵垒是学院计算机专业的在校学生，他们去年以"技术入股"形式，成立了一家科技公司，并出任公司总经理和副总经理，现在已吸纳10余名学生参与创业。公司制作网页的业务已拓展到美国、澳大利亚等外资企业。

目前，学院在江宁新校区投资兴建的建筑面积达23 000平方米的大学生创业园，即将正式开园。"目前已有100多个学生创业项目报名，有望带动300多名学生参与创业"，学工处副处长彭友告诉记者。学院将这里打造成大型的大学生创业实践基地和项目成果孵化基地，可望将它创建成省级企业孵化基地。

入校时你是学生，出校时你或许已成为"老板"，或者是立志成为企业家的创业者。江苏经贸职业技术学院就是这样告诉你，高职教育是一个足以产生任何奇迹的事业。

（原载《江苏经济报》2010年3月12日第A01版）

坚持科学发展 实现新的跨越
——在江苏省高职院校新一轮人才培养工作评估推进会上的发言

王兆明

贯彻落实科学发展观,为建设创新型江苏培养具有创新精神的高技能人才,是新时期高等职业院校面临的新任务。创新高职人才培养工作,必须"以就业为导向,以服务为宗旨,走产学研结合之路",必须以每一位学生的全面发展、每一位学生的高质量就业为核心。近年来,江苏经贸职业技术学院以人才培养工作水平评估为契机,坚持科学发展,提高内涵质量,加强管理创新,不断实现跨越发展。

一、第一轮评估的成效和体会——从"创优迎评"到"跨越发展"

评估是挑战,更是难得的机遇;评估是压力,更是前进的动力。要实现规模的快速扩张、发展的跨越,归根结底必须全面提升办学水平。只有及时地转向内涵质量建设,才能实现办学水平的跨越。这就要求以超常规的规划,以强有力的措施,保证评估的成效。

在第一轮评估中,江苏经贸职业技术学院首先将通常的"迎评创优"升华为"创优迎评",突出了"创优"的目标。围绕"创优",全院上下凝心聚力,面对2002年改建高职院校后的发展态势,抢抓机遇,科学决策;全面总结,深入剖析;发现问题,寻找差距;科学定位,强化特色。在2005年第一轮人才培养工作评估中,江苏经贸职业技术学院获得优秀等级。

(一)在"创优"引领下取得的四大成效

一是面向现代服务业,明确办学定位。现代服务业正成为我国的主导产业,大力发展现代服务业是江苏省的重大战略决策。随着经济社会的发展,服务业领域新的需求、新的行业、新的岗位不断涌现。为此,江苏经贸职业技术学院抓住评估机遇,在"做大、做强、办出特色"目标的引领下,及时调整办学定位,将过去主要面向商贸流通业调整为面向商贸和现代服务业,竭尽全力加强专业建设和基础能力建设,着力培养高素质技能型人才。

二是适应市场需求,优化专业结构。面对加快流通现代化进程和大力发展现代服务业的需要,江苏经贸职业技术学院在改造优化传统优势专业的基础上,积极发展新兴专业,精心打造品牌专业和特色专业,不断优化专业结构,促进现代服务业的发展。为适应老龄化社会的需要，江苏经贸职业技术学院创办江苏省老年产业人才培养基地，率先开发了"老年食品与保健""老龄社会与老年产业管理""老年旅游"等新专业；在省内率先开发了"连锁经营管理""物流管理""电子商务""市场建设与管理""汽车技术服务与营销""景区开发与管理"等新兴专业；还在传统的食品检验专业的基础上，依托江苏省食品安全工程技术研究开发中心，开发了"食品营养与安全"等专业。江苏经贸职业技术学院还多方引进社会资金，建立合作伙伴关系，成立文化艺术学院，率先开发了"文化产业管理""影视动漫"等专业。目前江苏经贸职业技术学院已构建了涵盖现代服务业十大重点发展领域的专业群。

三是紧扣职业岗位，创新课程体系。加强课程建设，优化课程内涵，是我们第一轮评估的工作重点。江苏经贸职业技术学院全面实施"素质教育系统化、核心课程精品化、职业标准课程化、创业教育体系化、课改视野国际化"的"五化"战略，深化课程改革，加强课程建设目标管理，规范课程开发与建设标准，不断提升人才培养质量。现已构建了国家级、省级和院级三级立体化的精品课程体系。江苏经贸职业技术学院的课程改革获得了2009年江苏省高等教育教学成果奖。

四是服务社会发展，强化办学特色。在创优迎评过程中，江苏经贸职业技术学院紧扣"推进创业教育、建设职教集团和推进国际合作"三大亮点，创新办学模式，提升办学实力。江苏经贸职业技术学院是最早开展创业教育并取得显著成绩的高职院校之一。作为现代服务业类高职院校，江苏经贸职业技术学院开展创业教育有着得天独厚的条件。江苏经贸职业技术学院充分发挥办学优势，加强创业教育的课程建设、师资队伍建设和创业实践基地建设，有力地提升了学校的人才培养质量和学生的就业能力，涌现出一批校园创业明星。江苏经贸职业技术学院还于2004年牵头成立江苏现代服务业职业教育集团，联合苏宁电器集团有限公司、江苏五星电器有限公司、苏果超市有限公司等上百家明星企业和三十余所职业院校，实施集团化办学，深层次实现了校企融合。江苏经贸职业技术学院还抓住国际合作办学的机遇，吸纳国外现代服务业办学理念，引进国外优质教学资源，全方位深化教学改革。同时，江苏经贸职业技术学院高度重视科研工作和社会服务能力建设，相继成立了学习型组织研究所等八大研究机构，不断加大科研投入，发挥专业、技术、人才优势，拓展服务功能，不断为企业提供科技力量和科技成果，为企业开展"切脉诊断"、营销策划、CIS设计、管理咨询、员工培训、设计施工等服务。

（二）在"创优"引领下采取的四项特殊措施

一是加强实训基地建设。学校加大投入，建设了"流通现代化工程实训基地""食品安全与营养实训基地""数字媒体与现代商务实训基地""老年产业人才培养基地"等四大国家级省级校内实训基地，大大改善了实训教学条件。

二是加强校企深度融合。在评估前的两三年内，江苏经贸职业技术学院与300多家大中型企业建立了合作办学关系，引企入校，使企业优质资源为我所用，彼此开展订单培养和定向培养，合作建设实习就业基地。

三是加强中外合作办学。江苏经贸职业技术学院与加拿大、澳大利亚等5国高校合作办学，引进德国、日本、美国等国家的培训项目，引进优质教育资源，借鉴国外高职先进的办学理念、教学模式、课程体系和教学方法。同时，选派150多名专业教师赴国外高校系统培训。

四是加强评估宣传发动。从2002年建设新校区到"创优迎评"，再到争创示范，全院教学骨干与管理骨干主动放弃双休日、节假日和寒暑假，全力以赴，全神贯注，投入教学改革，投入"创优迎评"。正是依靠全体教职员工的团结拼搏、艰苦创业和奋发努力，学校才实现了超常规、跨越式发展，取得了令人瞩目的成果。

二、新一轮评估的思考和打算——从"科学发展"到"新的跨越"

过去一轮的评估，是在我国高职教育大建设、大发展的高潮中进行的，普遍深化了对我国高职教育的认识，全面推动了高职院校基础办学条件的建设，极大促进了学校的教育教学改革，有效规范了高职院校的管理，积极推进了高职院校办学特色创新。

但是，第一轮评估毕竟是在评估的理论准备与设计准备不够充分的情况下仓促上马的。新一轮评估，则是在全面总结第一轮评估的基础上，在高职教育进一步融入经济社会发展的中心、高职院校学习落实科学发展观、推动高职教育持续健康发展的背景下展开的。评估的理论准备比较充分，评估的制度设计更加科学。新一轮评估必将有力地促进江苏经贸职业技术学院乃至全省高职教育进一步开拓创新，再上新台阶。

（一）学习新评估方案，不断提高和深化认识

新评估方案的指导思想更加明确。新评估方案引导和推动高职院校与社会及行业深度融合，注重内涵建设，强化特色，进一步提高人才培养质量，逐步形成以学校为核心、以教育行政部门为引导、社会参与的教学质量保障体系。

新评估方案对内涵建设更加重视。新评估方案着重考察领导作用等7个板块，以分析诊断、促进改革与发展为主要目标，激发学校参与评估的内在需求，从而形成可持续良性发展态势。

新评估方案的评价指标更加科学。新评估方案涵盖学校人才培养工作状态数据采集平台和评估指标两个附件。"硬件变软，软件变硬"，许多观测点都用具体的数字来衡量，使之操作性更强。

新评估方案的过程方法更加灵活。新评估方案强调评与被评双方平等交流，共同发现问题、分析问题，共同探讨问题的解决办法；减少了专家人数，缩短了评估时间，简化了评估项目，侧重于研究探讨、特色专业剖析、教师说课及深度访谈等。

新评估方案更加重视评估的绩效。新评估方案变以前的"水平评估"为"工作评

估",淡化结论等次,不与评优、创示范挂钩,侧重于实际成效,引导学校把工作重心放到内涵建设上来。这更有利于客观反映学校的办学水平,更有利于促进校际交流,更有利于鼓励改革创新,充分体现了"淡化鉴定、深化诊断、强调互动、旨在发展"的以内涵建设为本的评估思路。

(二)"正在做的"和"将要做的"重点工作

以全面提高干部队伍素质为抓手,进一步优化管理运行机制。加强管理干部培训,成立干部素质培训学院,进一步提高学院的管理水平。今后要按照建设现代大学制度的要求,突出管理的精细化、科学化,进一步加强制度建设,特别重视人才培养质量监控和规范管理工作,形成一系列监测管理制度,努力构建具有高职教育特色的新型管理机制。

以全面推进新一轮课程改革为基础,进一步优化人才培养模式。2008 年,江苏经贸职业技术学院启动了全员参与的"重塑工学结合新课程,重构人才培养新方案,再造教师职教新能力"的"两重一再"工程。坚持"行业导向、校企一体、虚实结合、课证融通、突出两创",强化现代服务业高职教育特点和专业特色,深化工学结合人才培养模式改革。以能力培养为核心,建立基于工作过程的课程体系。着力提高教师素质和职业能力,280 名教师的课程重塑培训已经结束,2010 年上半年将完成所有教师包括兼课教师的培训。不断从行业企业引进实践经验丰富的专业人才,造就适应新形势要求的高素质"双师型"教师队伍。

以全面建设创业型高校为载体,进一步推进学生就业创业教育。充分发挥江苏省大学生创业教育示范校的辐射作用,从江苏经贸职业技术学院的专业特点出发,开发"创新、创意、创业"的"三创型"课程群,着力培养学生的创新精神、创意意识和创业能力。构建大学生创业生态系统,在已经建成的 22 000 平方米大学生创业园的基础上,全面实施科学有效的创业园运行方案,使之既具有大学生就业创业的指导服务功能,又具备服务区域高新技术发展的研发功能,成为开放共享的江苏省示范性大学生创业园,成为江宁大学城共享的生产经营性实训基地和创业实战基地,也成为江宁区高新技术研发的创意产业园。

以全面深化校企融合为契机,进一步拓展产学研结合的渠道。深化校企合作,引企入校,建设好现代服务业生产经营性实训基地。江苏经贸职业技术学院光华校区的 50 000 平方米实训综合楼即将建成投入使用。在完善 4 个国家级、省级实训基地的基础上,把实训综合楼建成学生顶岗实训、轮岗实训及培训企业员工的基地。同时,进一步创新高职院校实训基地的运行机制和管理模式,深入探索高职院校之间、校企之间优质资源实质性共享的科学机制。

以打造学校知名品牌为动力,进一步增强服务区域行业的能力。进一步创新办学特色,精心打造现代服务业高职教育品牌。从过去的美化、净化校园,到更加重视校园文化建设,进一步优化育人环境。在全面提升学院核心竞争力的同时,积极拓展社会服务项目和渠道,力争服务社会,多做贡献,不断扩大学院的社会影响。

三、结束语

新一轮评估即将全面推进,我们将以科学发展观为指导,进一步强化发展意识、创新意识,更加注重质量的提高、内涵的充实和管理的优化,在 2007 年被确定为江苏首批省示范性高职院校、2008 年被评为江苏省大学生创业教育示范校的基础上,在创业教育、人才培养模式和校企合作模式创新、"双师型"教师队伍建设、集团化办学等方面积极探索,争取实现新突破、新跨越,为推动高职教育再上新台阶,形成江苏高职的新优势和新特色做出贡献。

(原载《江苏经贸职业技术学院学报》2010 年第 1 期)

坚持"三全" 加强创业教育 着力提升学生就业能力
——在2009年全省教育工作会议上的发言

王兆明

江苏经贸职业技术学院是一所主要面向商贸和现代服务业的高职院校。其半个多世纪以来培养的6万多名毕业生活跃在大江南北的服务业领域，成为专业技术和经营管理骨干。其中，一大批已经成为成功的创业者和企业家。

近十年来，江苏经贸职业技术学院秉承优良传统，坚持"三全"，系统地进行创业教育的探索与实践，将创业教育融入人才培养全过程，大力加强创业教育课程建设、师资队伍建设和创业实践基地建设，有力地提升了学校的人才培养质量、学生的就业能力，培养出一批在校生创业明星，提高了就业率和就业质量。2008年，被确定为江苏省首批大学生创业教育示范校。

一、统一思想，加强领导，健全创业教育机制

加强创业教育，以创业带动就业，是党和国家的重大发展战略，是学生就业和终身发展的必然要求，是造就"创新、创业、创优"人才、建设创新型江苏、实现"两个率先"的迫切需要。从江苏经贸职业技术学院的行业特点和学生就业实际出发，创业教育更具有紧迫性。我国服务业，特别是现代服务业发展相对滞后，突出表现为占比偏低、层次不高。随着经济和社会的发展，服务业新的需求、新的行业、新的职业和新的岗位不断涌现。即使在当前全球金融危机的背景下，仍有大量投资机会和就业机会，服务业领域需求旺盛。现代服务业的迅猛发展，呼唤一大批高素质创业型人才。为此，江苏经贸职业技术学院把加强创业教育和发展校园创意产业，作为推进创新教育、培养创新型人才的两大抓手，以专业能力和创新精神的培养为基础，以创业意识和创业能力的培养为核心，以多形式、多渠道、多层次的创业基地和创业教育实践平台为支撑，创新高职教育工学结合人才培养模式，关于创业教育的探索与实践取得了显著成效。

江苏经贸职业技术学院成立了由主要领导挂帅的大学生创业教育指导委员会，构建了科学合理、运转有效的组织管理体系；出台了一系列管理制度，并设立年额度10万元的大学生创业教育专项经费。教务处、学工处、团委、科技产业处、招生就业办、校友会等部门及各院系，建立了"三全"工作机制。

学院明确要求所有教师，必须在素质教育、专业课程教学和实践教学中，渗透创业教育理念，培养学生的创业兴趣、创业精神和创业技能，进行创业相关政策法规教育、

职业道德教育和心理健康教育等，从而形成了全院参与创业教育的良好局面。

团委、学生会先后成立了大学生科协、大学生创业协会、大学生职业生涯创意协会等学生社团，开展丰富多彩的校园创业文化活动。院团委通过组织创业计划大赛、职业生涯规划竞赛等一系列活动，帮助学生提高创业热情，锻炼团队协作能力，增强学生的创业能力和素质。院团委荣获2008年度江苏省"五四红旗团委标兵"，大学生创业协会被共青团江苏省委授予省级"青年文明号"称号。

江苏经贸职业技术学院还广泛利用社会资源，邀请创业成功人士和优秀毕业生开设创新创业讲座、举办专题报告，现身说教，开展创业对话，讲述艰苦创业的经历和业绩，传授经验技巧，教育和启迪广大学生。学院还调研编印了三本《路在脚下——江苏经贸职业技术学院毕业生创业事迹选》，为学生提供有益的借鉴。

二、深化改革，措施得力，创业教育贯穿培养全过程

江苏经贸职业技术学院努力将创业教育贯穿专业教育、素质教育和就业教育全过程。加强政策导向，以能力培养为本位，依托专业建设、课程改革、素质拓展和就业指导等多种渠道，形成了较为完备的人才培养体系，有力地推进了创业教育的开展。

（一）以专业能力培养为基础，培养创业精神和意识

加强专业建设，增强专业能力，提高教学质量，是夯实创业教育的坚实基础。江苏经贸职业技术学院准确定位，大力调整专业结构，加强专业建设，取得了显著成效，构建了涵盖现代服务业十大重点发展领域的专业群，建成了一批适应市场需求、具有鲜明行业特点的优势和特色专业，使得江苏经贸职业技术学院的创业教育与行业发展高度契合。

（二）以创业为导向，构建创业教育课程体系

江苏经贸职业技术学院遵循"普惠型"和"专业型"创业教育并举的培养思路，大力进行课程改革，积极探索建立创业教育课程体系。

1. 普惠型课程体系，实现全员覆盖

多年来，江苏经贸职业技术学院围绕办出高职特色，已进行了两轮重大的课程改革，不断强化创业教育。起初，在新生入学教育和毕业教育中，进行就业指导，帮助学生进行职业生涯规划，转变就业观念，做好创业准备。2002年开始，在全院所有学生中，开设职业指导必修课。在一年级设有"职业生涯规划"课程，在三年级设有"就业创业实务"课程，对学生进行比较系统的创业理论教学和创业实务指导。同时，开设一系列创业教育选修课程（如"商务精读"），所使用的教材均由江苏经贸职业技术学院编撰，经多轮修改，内容针对性强、实战性强，《职业生涯规划与就业创业实务》在2006年被评为省级精品教材，2007年荣获江苏省教育科研成果一等奖。以生为本，实施"人文素质教育系统化"工程，增强了学生的多向适应能力和自主选择能力。

2. 专业型课程体系，实现创业提升

打造创业"特区"是江苏经贸职业技术学院的重要举措。2008年10月，专门开设"小企业家创业班"，使有一定创业兴趣、愿望和基础的在校生（首期140名，业余性质，学制两年）在学好本专业的基础上，深入系统地学习创业系列课程，全面进行实体创业和虚拟创业训练，成为创业教育的新型"试验田"。

（三）以实践能力培养为核心，着力打造创业教育基地

江苏经贸职业技术学院把握新校区建设、学院规模扩张和创建高水平示范性高职院校的契机，大胆探索，构建了多形式、多渠道、多层次的创业教育实践平台。

1. 校内基地，专项能力和综合能力培养并重

充分发挥江苏经贸职业技术学院实训基地和大学生创业园的优势，将实习、实训、创业实践深度融合。

利用三大国家级、省级实训基地，培养学生的专项能力。江苏经贸职业技术学院大力加强"流通现代化工程实训基地""食品安全与营养实训基地""数字媒体与现代商务实训基地"三大国家级、省级实训基地建设，加强实践教学，着力培养学生的职业能力，提高教学质量，使学生系统地接受不同创业背景下的多种技能训练。江苏经贸职业技术学院还发挥行业优势，拓展学生创业渠道，建成中国商业联合会授权的职业经理人（店长）培训考核基地，适应服务业连锁化发展趋势，着力培养加盟店、品牌产品专营店、品牌企业地区代理等店长、经理，这大大缩短了学生的自主创业适应期。

利用校园超市，培养学生的实战经营能力。校园超市由学生经营，兼具创业实体和实习基地双重功能，目前经销商品已达3 500多种。该店同时也承担教学功能，大批学生员工得到了实战训练。2006年10月，该店学生员工拟定的"YounGo（雅购）校园全国连锁便利店"参赛方案，在新加坡市场营销大赛获优胜奖，成为我国高职院校学生在英语环境的国际营销大赛中获奖之首例，受到中外媒体的广泛关注和好评，《中国教育报》进行了全程跟踪报道。学院还在光华校区建设连锁经营管理生产经营性实训基地、职业店长示范性培训基地，并使之成为大型品牌连锁超市旗舰店。

利用大学生创业园，培养学生的综合经营能力。2005年，江苏经贸职业技术学院建成营业总面积1 200平方米、拥有22间学生门店的大学生创业园。小门店、低门槛，便于创业孵化。设立创业种子基金，开展创业项目竞选，完善指导管理机制。3年来，已有1 000多名学生在此从事过创业活动，涌现出一批学生创业明星和优秀团队。依托创业园平台，江苏经贸职业技术学院积极组织学生参加创业创意活动。2007年，包括创业园策划项目，江苏经贸职业技术学院有7项学生创新创业训练项目被江苏省大学生实践创新训练计划立项。2008年，学生创业团队荣获第五届江苏省大学生创业计划大赛一等奖、三等奖各1项。

2. 校外基地，在全真环境下增强创业技能

江苏经贸职业技术学院与相邻的南京义乌小商品城签订战略合作协议，建立全真的校外创业基地，企业高度重视，并提供一系列优惠政策，已有一批学生创业项目进驻。此外，先后与苏果超市有限公司、江苏五星电器有限公司、宏图三胞高科技有限公司、江苏省报关协会等100多家大中型企业及行业协会，建立了紧密型合作关系。通过顶岗实习，学生现场感受创业氛围，体验创业岗位，增长创业能力，提升创业综合素质。

3. 网络创业平台，进行高技术创业实战

为提高学生网上创业的生产性实战能力，省级特色专业电子商务教学团队与高技术企业合作，共同合作开发、建设了网络真实交易实战平台，并注册一级域名"热淘网"。创业导向型核心课程与企业实际经营项目一体化，学生以真实的企业岗位工作职员角色进行多岗轮训、团队创业，力图将网上创业平台打造为立足江宁大学城，辐射全国的"大学生网上创业园"。目前，已有逾千名学生在"热淘网"开店，店主既有在校生，也有已毕业学生，来自全国各地，在进行商品交易和网络营销实战的生产性实训中，实现了网上创业。2006年，在第二届中国电子商务大赛江苏赛区，江苏经贸职业技术学院学生囊括前9名，参加全国总决赛获得银奖2个和优秀奖1个，有学生同时获得"江苏省劳动技术能手"荣誉称号和电子商务师国家职业资格。

（四）践行"管教管导"，造就了一支"三创型"师资队伍

江苏经贸职业技术学院组织一批具备创业和企业实践经验的优秀骨干专业教师、就业指导教师和学生管理工作骨干，一人多岗，管教管导，专兼结合，承担创业教育任务。江苏经贸职业技术学院有一批具有很强的创新创意能力的教师，积极为企业提供智力援助，为政府决策提供咨询服务。他们深入行业、企业、工程等第一线，开展"切脉诊断"、创意策划等各种社会服务活动，如秦淮河历史文化资源开发利用系列项目、南京宝船遗址开发策划、大报恩寺重建策划等一大批创意项目，效益显著。创意产业成为江苏经贸职业技术学院科技服务的亮点和特色，这批教师也成为创业教育的骨干。一支具有创新、创意、创业能力的"三创型"骨干教师队伍正在形成。

三、夯实基础，强化示范，创业教育成效显著

（一）增强了学生的创业意识，涌现出一批校园创业明星

随着创业教育的深入开展，江苏经贸职业技术学院自主创业的学生逐年增多，涌现出一大批成功的校园创业明星，并带动大批同学参与创业，同学们团结协作，互帮互学，形成了高层次的"创业团队"：从事数码产品经营的李晓明团队、月纯收入超2万元的十字绣连锁经营刘小青团队、广告公司吴福贵团队……

信息技术系2004级的李晓明同学，一位来自苏北农村的普通农家子弟，依托校内

大学生创业园，怀揣 700 元开店，带着 70 万元资产毕业，现在的事业又有了新的发展，在江宁义乌小商品城、东山镇和邻近高校开设了多家连锁门店。2008 年，李晓明获得团省委评选的"江苏创业百名风云人物"和"江苏百名青年学子之星"荣誉称号。信息技术与商务管理专业 2003 级学生李海艳、电子商务专业 2004 级学生徐继平和韩伟，参加全国网络营销决赛，在全国一万多家参赛网店中，取得销售额和总成绩全国排名第十二名、第十三名、第十四名的好成绩。《现代快报》《扬子晚报》等媒体密切关注，并为江苏经贸职业技术学院学生开辟了讨论专版。

2008 年 10 月，由多专业学生自主组合的"安布雷拉安全防护用品"创业团队，在新加坡国际市场营销大赛上，以新颖的创意、良好的市场前景、高素质的展示和流利的英语，力克来自英国、印度、泰国、新加坡等国的代表队，获得金奖，同时也取得海外组和新加坡本地组的全场总冠军。这是中国高校首次获此殊荣，也是江苏经贸职业技术学院在此项大赛上第三次获奖。《中国教育报》以《高职生获国际市场营销赛冠军》为题，做了专题报道。目前，该创业项目中涉及的安全防护用品已经投入批量生产，产生了良好的经济效益。

（二）提升了学生的综合素质，带动了就业质量的提高

创业教育不仅增强了学生的职业意识和能力，还促进了学生综合素质的全面提高。近几年，江苏经贸职业技术学院学生在全国、省级各类竞赛中屡获殊荣。创业教育有力地带动了就业，毕业生就业质量同步提升。近四年平均就业率为 99.7%。2007 年协议就业率达到 87.34%，2008 年达到 94%，居全省高职院校的前列。

创业教育还促进了学生的可持续发展。学生在校园创业后，直接进入社会，成为社会创业者。同时，更多的毕业生"先打工后当老板"，逐步走上自主创业之路。

（三）强化了内涵建设，提升了综合办学实力

创业教育不仅促进了学生较高质量的就业，还有力地促进了江苏经贸职业技术学院的内涵建设，促进了工学结合人才培养模式的创新，促进了教学质量和综合办学水平的提升，学院现为江苏省首批示范性高职院校建设单位，正努力创建国内一流、国际知名的高水平高职院校。

四、面向未来，全面推进，开创创业教育新局面

作为江苏省首批大学生创业教育示范校，我们将全面推进创业教育，进一步加强以下五个方面的工作：

（一）强化特色，完善以创业为导向的课程体系

建设一系列创业教育核心课程，根据实际，有针对性地编撰适应学生多样化创业需求的创业教育校本教材，开发建设教学资源库。

(二) 固本强基,实现创业教育的全覆盖

切实把创业教育贯穿人才培养的全过程,渗透到学校教育教学的各环节,注重面向全体学生,真正实现全员覆盖。注重项目带动,并辐射相关院校。

(三) 促进孵化,大力建设大学生创业基地

正在兴建的大学生创业街,主体工程已经封顶,面积达 23 000 平方米,为现有创业园的 20 倍,地处江宁科学园、江宁开发区和江宁大学城的中心,交通便利,重点发展设计、策划、咨询、中介等创意产业和商务服务业,直接面向江宁大学城学生,面向江宁开发区和江宁科学园企业,将成为大型共享的大学生创业实践基地和项目成果孵化基地,成为江宁现代服务业集聚区的重要组成部分,并努力创建省级创业孵化基地。

(四) 实时介入,健全全程跟踪服务制度

为参与创业实践的个人和团队,提供更加及时有效的业务指导、情报服务、心理咨询服务等,加强创业教育的外部智力支撑。

(五) 不断创新,发挥科研助推力作用

成立大学生创业教育研究所,积极开展理论和实证研究,加强大学生创业实践信息数据库和创业典型案例库建设。

新的一年,我们将在江苏省教育厅的领导下,认真学习兄弟院校的先进经验,进一步解放思想,努力开创创业教育和学院发展建设的新局面。

(原载《江苏经贸职业技术学院学报》2009 年第 1 期)

高职创业教育的理性思考和科学实践

刘凤云　王兆明

20 世纪 80 年代末,联合国教科文组织在"面向 21 世纪教育国际研讨会"上提出了"创业教育"(Enterprise Education)这一新的教育概念,并要求高等学校必须将创业技能和创业精神作为高等教育的基本目标,21 世纪的青年除了接受传统意义上的学术教育和职业教育外,还应当拥有第三本教育护照——创业教育。在大学生中开展创业教育,培养具有开创性的个人,实际上是大学生素质教育、创新教育的一部分,是适应知识经济发展、拓宽学生就业门路、提升学生的市场竞争力和建设创新型国家的长远大计,也是高等教育改革和发展的必然选择。

一、高职院校开展创业教育的现实意义

胡锦涛同志在十七大报告中指出,"实施扩大就业的发展战略,促进以创业带动就业",强调"完善支持自主创业、自谋职业政策,加强就业观念教育,使更多劳动者成为创业者"。高等学校作为高素质人才的培养基地,理应以培养创新、创业型人才为第一要务,积极开展创业教育,带动全社会创业氛围的形成,使大学成为创造性人才成长的摇篮和创业者的熔炉,使大学生成为社会经济发展、科技创新的有生力量。

(一) 开展创业教育是建设创新型国家、促进社会经济发展的必然趋势

在经济全球化迅速发展的 21 世纪,我国迫切需要建设创新型国家,从更高层次上参与国际分工,形成国家竞争优势。建设创新型国家的首要问题是激发全民族创新精神,关键环节是使企业成为自主创新主体,根本要求是培养大量创新型人才,增强自主创新能力。而创新精神的激发、企业创新主体地位的确立、创新人才的培养,在很大程度上都依赖于创业教育。大学生作为国家发展的宝贵财富和后备力量,接受过系统的专业教育和训练,他们是劳动力市场的优势群体,有责任也有能力担负起创业的社会责任。同时,大学生具有较高综合素质,通过创业教育,能够激发他们的创业主动性,提高他们的创业能力,为国家创造更多的财富,促进经济高速增长。

不同层次、不同类型的高校在自主创新体系中的位置和任务不同,高职教育是教育事业中与社会经济发展联系最为直接、最为紧密的一种教育形式,在培养创业型人才方面肩负着特殊的使命。创业型人才的落脚点——"应用型人才"与高职教育的培养目标相吻合,高职学生技术应用能力强,对高科技具有敏锐的触觉,具有一定的实践经

验，经过创新意识的培养、创业实践活动的锤炼，可以成为"吸收、消化科技成果为企业、社会解决实际问题"的中坚力量。在西方国家，职业学校学生已经成为创新创业者的主要队伍，大学生创业造就了微软、雅虎、惠普等高科技企业，也制造了硅谷神话。大批"学生"企业的创立有力地刺激和推动了美国经济的发展，美国的新一代创业者彻底改变了世界的经济格局。

（二）开展创业教育是缓解就业压力、构建和谐社会的迫切需要

大众化的高等教育，既培养了大量高素质专业人才，又给就业市场带来了巨大压力，占大学生半数以上的高职毕业生就业形势更不乐观，进入效益好的企业的概率越来越小。鼓励高职学生自主创业，以创业带动就业，是缓解就业压力和提高就业质量的有效方法。创业具有就业倍增效应，因为创业不仅仅是解决了一个人的就业问题，而是通过一个人的创业，创造若干就业岗位，带动一群人就业，其积极引领作用是明显的。创业行为之所以能够在带动就业方面起到巨大作用，主要是因为大多数创业企业设立的门槛低、成本小，而且具有普适性。从规模来看，中小企业往往是创业型企业的起点，高职毕业生可在参与企业（特别是中小企业）的创新、创业活动中显现其与本科生、研究生的差别优势，即职业性和实践性。因此，职业教育是创业教育的重要源头，高职创业型人才的培养既可以造就有创业精神和创业能力的小型企业家，增强国家经济活力，促进社会经济发展，又能优化人力资源配置，缓解社会就业压力，构建和谐社会。创业是高职毕业生就业的一种新趋势，国际职业教育大会曾明确提出，21世纪全世界将有50%的大中专学生走上自主创业道路，年轻人将成为未来创业的主体。

（三）开展创业教育是深化高职教育改革，实现高职教育可持续发展的客观要求

长期以来，高职教育是一种引导学生适应社会岗位需求的就业教育或择业教育，这实际上是一种被动的适应。从高职毕业生的就业现状看，这种就业服务指导方式已不能适应当前的客观需求，学生就业难将成为高职院校生存和发展的潜在阻力。调整人才培养目标，以创业教育的新理念指导教育教学改革，把就业指导与创业教育紧密结合起来，提倡和鼓励学生自主创业，实现以创业带动就业，是缓解就业难问题的重要突破口，势在必行。"出口"畅才能"进口"旺，以创造性就业和创造新的就业岗位为目的的创业教育，是大众化背景下深化高职教育改革，实现高职教育可持续发展的客观要求。

就业教育与创业教育是两种不同的教育质量观，其教育理念和人才培养模式各具特色，现行教育体制不利于大学生的自主意识与创新意识的养成，导致学生缺乏创业精神与竞争意识。深化高职教育改革就是要改变传统的就业教育的思维模式，使之拓展、升华到以创造、创新、创业为主题的创业教育，着力培养学生的创业精神和创业能力，以满足知识经济时代对劳动者创新精神、创新能力等方面的需求，使毕业生不仅是求职者，还是工作岗位的创造者。

（四）开展创业教育是促进大学生自主发展，增强其竞争能力的重要途径

当代大学生更加关注个性化发展和自身价值的实现。面对激烈的就业竞争，不少学生迫切希望在夯实理论知识、掌握基本技能的同时，学习一定的创业知识和创业技能，为自身赢得更广的生存和发展空间，这也要求高校在进行传统的就业教育的同时，开展创业教育。在高职教育中培养学生的创业素质既与高职培养高技能专门人才的目标一致，又对学生的自主就业和职业生涯的后续发展十分有利。创业素质养成的过程可以培养学生吃苦耐劳的精神、良好的创新意识、合作与交流的能力及注重细节的习惯，增强其竞争能力和生存能力，让学生既可以去寻找合适的岗位就业，又能够在为了寻求更好的自我发展机会时走向自主创业的道路。因此，开展创业教育可以满足学生谋求生存、促进自我发展和实现自身价值的需要。在较为严峻的经济形势下，大学生进行自主创业无疑是为自己的就业和人生发展赢得主动权。

二、高职院校创业教育的有效实施

从本质上说，创业教育是指激发创业意识、培养创业品质、丰富创业知识和增强创业能力的教育活动。创业教育是大学生开启创业成功之门的钥匙，高职院校要做好创业教育的顶层设计和系统设计，将创业教育贯穿人才培养的全过程，渗透到教育教学的各方面。

（一）更新教育观念，确立创业教育的重要地位

从择业到创业是就业观念的重大转变。开展大学生创业教育，首先要求更新教育观念，转变办学指导思想，由完全的就业教育向就业教育与创业教育并举、就业教育与创业教育有机结合转变。要将创业教育融合到人才培养的整体设计中，将培养能够担当社会责任的优秀创业人才纳入学校办学指导方针，并作为学校的策略重心及竞争优势，用积极的创业教育思想改造既往消极的就业教育思想，把创业教育摆在日益突出的重要位置。

要树立正确的创业教育理念。创业教育不是只关注少数人的"创业活动"，以"企业家速成"为目标，而是面向全体学生，以培养创新、创业型人才为目标。要从帮助学生树立正确的世界观、人生观、价值观的高度，有针对性地帮助学生转变择业观念，激发学生的创业意识，这是大学生创业教育的逻辑起点。要增强学生自主创业的信心，使其认识到自主创业不是就业压力下的被动选择，而是挑战自我，为自己的人生发展赢得主动权的规划与设计，是个人价值和社会价值达到有机统一的最好体现，也是大学毕业生的一种重要选择、优先选择和就业途径。

（二）建立健全创业教育工作机制，提供创业教育保障

创业教育是一项系统工程，学校要组建专门机构，对创业教育活动进行系统研究、科学规划、有效组织和管理，最大限度地调动和整合学校办学资源，推进创业教育。如江苏经贸职业技术学院成立了院创业工作领导小组，整合教学、科产、共青团等方力量，依托其下属专门机构，定期研究、规划全校创业教育，加强创业教育的管理，组织创业教育活动和创业实践。其规划涉及创业教育的全过程，管理涵盖创业教育各方面，保证活动全方位展开。

有序、高效的创业教育还需要完善的制度保障。要建立健全包括学生创业扶持制度、创业园运行管理制度、大学生创新创业基金管理办法、大学生创新创业基地建设与管理办法、创业导师制、创新创业奖励学分制等在内的制度体系，以使全校各部门形成合力，推进和保障创业教育工作的顺利开展。

（三）优化创业教育师资队伍，加强创业教育指导

创业需要引导和指导，创业教育的有效开展必须有一支校内外专职和兼职结合、互补的多元化的优秀师资做保障。专职教师是创业教育的中坚力量，对全校创业教育活动进行规划、组织管理和绩效考评，从事创业教育的基础教学、实践活动管理等工作。但专职教师大多缺乏创业实战经验，甚至没有在企业的就业经历，上课难免"纸上谈兵"，缺乏实战中的真知灼见。而创业教育又偏偏特别注重实践和实务。为加强创业教育的实践性和针对性，学校一方面要鼓励教师创业，获取实际经营和管理经验，亲身感悟、把握创业的精髓和实质，另一方面还必须聘请成功的企业家、政府经济部门的专家、风险投资家等各类专家做兼职教师，从事专业性强的专题教学和创业实战指导，同时为学生拓展社会关系提供平台。江苏经贸职业技术学院的创业教育师资队伍主要由两部分组成：一是创业教育相关课程和活动的教师；二是由经济类、管理类、就业指导中心的教师和成功的企业家、政府经济部门的专家等校内外人士组成的创业导师。创业教育教师教授创业知识和技能；企业家对进行创业实战的学生进行指导，使创业学生在残酷的商业竞争中少走弯路；政府相关经济部门的专家则帮助学生掌握政府在产业发展中制定的政策、扶植措施、计划、规划等，把握其将带来的变化。依靠结构优化、高水平的师资队伍的创业教育与指导，江苏经贸职业技术学院切实有效地开展创业教育，并以创业指导保证和提高了学生的创业成功率。

（四）完善创业教育体系，丰富创业教育内容，构建创业教育大平台

创业教育担负着创业意识的培养、创业知识的传授、创业技能的训练这三大重任。为实现创业教育目标必须建立多样化、综合化的创业教育课程体系和实践环节，系统整合创业教育知识，灵活采用不同的教学手段和方式，创造条件开展创业体验活动，加强创业教育的层次性、系统性和实践性。

1. 加强创业教育向第一课堂的渗透

创业教育离不开课堂教学这一传授知识的有效途径和基础环节。大学生的创业意识激发、创业品质培养、职业生涯设计、创业知识获得、创业能力锻炼、创业方法指导、政策法规教育等，都需要通过开设创业教育课程来完成。创业教育课程可分为必修课和

选修课、主修课和辅修课，提高学生的选择性。要结合学校特点和学科优势，实现跨学科、跨专业课程资源共享，努力形成创业课程的特色和优势。如江苏经贸职业技术学院不仅面向全院学生开设了"职业生涯规划""就业创业实务""商务通识"等公共必修课，还根据学生需要开设了"创业管理""中小企业创建经营""创业常识"等公共选修课，围绕"如何创办你的小企业"开设了"小企业家"辅修课程模块，充分发挥学院经济、管理学科的优势。学院还要求在各专业课程教学中渗透、融合创业教育，面向全体学生开展以创业为导向的职业生涯规划指导，对学生的职业素质和创业品质培养贯穿全程。

创业能力直接影响创业的现实可行性，培养创业能力是创业教育的基础和核心。创业教育要通过有利于创业能力培养的多样化的教学方式和有效的实践活动提升学生的创业品质与创业能力。在课堂讲授外，还应当采取活动开展、案例研究讨论、模拟创业和校内创业实践体验等多种实践方式，通过开放的大课堂形式和教、学、做一体化方式，帮助学生锻炼创业所需的综合实践能力，提高学生的创业技能、技巧。还要改革创新教学评价方式，突出对创业能力和素质的评价。

2. 实行创业教育向第二课堂的拓展

举办创业教育活动，巩固创业知识，模拟创业实践，交流创业经验，深化创业教育成果。创业教育活动主要包括五个方面：一是组织创业教育讲座或报告。邀请专家、企业家和创业杰出校友做兼职创业导师，定期或不定期用讲座、报告等方式讲述创业案例、企业家的亲身经历、创业学生的亲身体验等，普及创业理论和实践知识，激发学生的创业热情，增强学生开拓创业事业的信心，同时使学生在创业过程中吸取教训，少走弯路。二是举办创业论坛、创业沙龙。风险投资家、企业家（成功创业的校友）、创业教育专家、校园创业先锋等共同参与，为准备创业者和已经创业者提供"面对面"学习、交流和沟通的平台，丰富并加深学生对创业知识、创业方法、创业经验的理解，提高学生的创业技能，并为学校和学生联系企业家、风险投资机构、大学科技园及政府有关部门争取支持与合作提供便利，放大学校的创业教育功能。三是组织创业计划大赛等活动，为大学生进行创业模拟提供有效途径。江苏经贸职业技术学院的大学生创业协会每年定期举办创业计划大赛，受到学生广泛欢迎，在校园里通过参赛选手交流、公开答辩演示、比赛成果展示等方式多层次营造创业气氛，鼓励在校学生特别是毕业生亲历现场，近距离接触创业，极大地激发了学生的创业意识，培养了学生的团队意识和创业思维，有效地促进了创业学习、交流与合作，并以赛事为龙头，带动创业普及教育。四是建立创业模拟公司。在模拟公司实际运作的基础上，按照创业实践程序和要求组织学生将所学知识技能运用于实践。学生通过模拟公司，边干边学、学以致用、以用促学，获得一定的创业体验和经验。五是建立学生创业团体。支持和鼓励有创业志向的学生自愿组成创业协会和合作组织，如各类创业经营小组、创业者俱乐部，让有志于创业的学生共同探讨，自我组织创业活动。

3. 发挥创业文化环境的隐性教育功能

良好的文化环境是创业人才培养过程中不可或缺的。高职院校要努力营造良好的创业文化环境，对大学生进行全方位的创业教育，让学生耳濡目染、潜移默化，有效提升学生的创业素养。如积极开展各类创业教育活动，通过橱窗展示、广播等大力宣传学生创业先锋的典型事迹，扩建大学生创业园支持学生的创业实践，引入创新创业学分鼓励学生创业等，激发大学生的创业激情和智慧，用成功榜样激励学生，用实践经验教育学生，为学生创业品质和创业能力的提升提供整体引导。

利用寒暑假组织开展第三课堂社会实践活动，让学生深入社会、企业参加调研和实际市场运作项目，了解市场和创业环境，体验求职创业过程，增强学生的社会责任感，让学生的创业活动与企业之间形成良性互动，同时让学生在实战中积累经验和阅历。

4. 创建创业人才培养特区——"创业学院"

采用辅修、无形学院（部分学生的"第二学院"）的方式，在新生入学后选拔有创业意向和创业潜质的同学（约占5%），根据学校办学优势和学生创业主要集中在小企业的实际，组成"小企业家班"，进行大学三年全面、系统的创业教育，主要传授小企业的生存、发展、壮大之道。通过"创业学院"，实现创业意向学生、创业导师团、风险投资家等群体的有效集聚，推动更多有潜力的大学生成为未来企业家，以及更多大学生创业项目变成现实企业。同时，以"创业学院"为中心，向全校学生强辐射，在全校进一步构建全面、系统的创业教育、训练孵化链。

（五）拓展创业实践，促进创业教育成果转化

创业实践是创业教育的最高层次，也是创业教育的重要环节和载体，是创业理论与创业实务的具体应用。江苏经贸职业技术学院建立了创业教育实践基地——大学生创业园、创业街，为学生提供体验创业经过、培养和检验创业能力的创业实战演习场所，让学生在校期间就有机会进行创业实践，积累创业经验，并为以后的校外创业打下坚实的基础。创业园提供"创业孵化全程服务"，从工商注册、税务登记，到专家辅导、品牌营销策划等，给创业大学生提供最实际、最细致的帮扶。鼓励学生利用业余时间开展创业实践，围绕地区经济发展热点创立一些投资少、见效快、风险小、实用性强的实体项目，并尽可能将创业与专业结合起来，如在创意、策划等行业寻找突破。创业园（街）有一排排商铺，"学生老板"一拨接一拨，就像是学生创业的一个"孵化器"，学生们在"做中学、学中做"，实现了创业教学、创业模拟和创业实践三位一体。江苏经贸职业技术学院信息技术系2004级学生李晓明从怀揣700元在创业园开办"E族"数码店起步，在短短两年内，先后又在江宁义乌小商品城、东山镇开办了江宁数码港等企业，由校内创业成功过渡到社会创业，则是其中的典型。

通过这种系统、优化的创业教育整体设计，集聚第一课堂教学、第二课堂活动、第三课堂社会实践各方面效力，形成合力和共振，既丰富了创业教育的内容，又有效保证

了创业教育目标的实现。近两年，江苏经贸职业技术学院创业教育成绩卓著，学校被评为江苏省首批创业教育示范校，学生李晓明、刘小青入选"全国百名创业明星"。

培养创新创业型人才是知识经济时代建设创新型国家对高职教育提出的新要求。创新创业教育是一项系统工程，高职院校要不断研究、探索和完善创业人才培养模式，让创业教育活动更理性和科学，并通过与社会各方的联动与互动，引导更多的大学生成功创业。

[参考文献]

[1] 章金萍，王琦. 高职创业型人才培养模式的研究与探索 [J]. 黑龙江高教研究，2007（8）：87-89.

[2] 王彩华，李福杰. 美国高校创业教育的经验及其启示 [J]. 理工高教研究，2008（5）：92-96.

[3] 杰弗里·蒂蒙斯，小斯蒂芬·斯皮内利. 创业学 [M]. 6版. 周伟民，吕长春，译. 北京：人民邮电出版社，2005.

[4] 李俊. 基于美国经验的中国大学创业教育思考 [J]. 外国教育研究，2008，35（11）：35-37.

[5] 朱月玲. 美国高校企业家精神的培养对我国职教的启示 [J]. 世界教育信息，2007（7）：17-19.

[6] 宗存元. 以就业为导向 培养创业型人才：高职院校实施创业教育的思考 [J]. 成人教育，2008（7）：73-74.

[7] 董晓红. 论职业院校创业教育模式的构建 [J]. 中国职业技术教育，2009（24）：67-68.

[8] 赵红路，于潇. 对高校创新创业教育的若干思考 [J]. 现代教育科学，2009（4）：154-155.

（原载《江苏社会科学》2009年第S1期）

培养现代服务业的高素质人才
——访江苏经贸职业技术学院院长王兆明

黄　播　建　阳　王兆明

　　江苏经贸职业技术学院是一所面向商贸和现代服务业培养应用型、复合型、创业技术和经营管理人才的全日制普通高校。成立半个多世纪以来，学院以"立足商贸，面向社会，适应市场，服务经济"为宗旨，成为商贸流通领域人才最重要的培养基地之一，被誉为"江苏现代服务业人才的摇篮"。

　　江苏经贸职业技术学院何以取得那么优秀的办学成果，学院在创建全国示范性高职学院的征程中，其办学理念、课程设置、专业培养及就业导向方面有哪些突出的特点？日前，记者就这些方面采访了江苏经贸学院院长王兆明。

　　记者： 学院成立50多年来，在省内乃至全国都获得了众多美誉，面向未来，学院有什么新的构思和发展蓝图？

　　王院长： 学院发展至今，为江苏商贸流通领域培养了5万多名高素质的技术人才和经营管理干部，有"江苏商界的黄埔军校"和"江苏现代服务业人才的摇篮"之称。

　　但我们学院要在此基础上更上一层楼。目前，我们正在积极创建省级和国家级示范性高职学院，这是我们学院"十一五"期间建设的总目标和努力的方向。这就要求学院在改革、发展、管理、教学等方方面面都要走在同类院校的前列。因此，学院将更加注重内涵建设，包括课程设置和改革、专业建设能力、人才培养模式等，这些都是学院正在下功夫建设和发展的。学院提出了保证与提高教学质量的十项措施：推进课程改革，实行教考分离，实施分层教学，加大教学投入，督导保证，从严管理，导师尽责，校企合作，中外合作，全员参与。最终的目标是为江苏商贸领域和现代服务业输送更优秀、更高级的人才。

　　记者： 您刚才提到的十项措施中，推进课程改革是第一位的，在面向服务业的课程改革方面，能否具体谈谈您的看法？

　　王院长： 是的。因为专业的培养目标需要课程教学实现，教学内容需要课程去有效组织，教学方法、教学模式的改革需要课程去实施，课程改革和建设是整个教学改革和人才培养的中心任务。我们学院在推进课程改革的探索和实践中，力求做到人文素质教育系统化、核心课程精品化、职业资格标准课程化、实践教学与创业教育体系化、课程改革视野全球化。学院开设的主要是服务业类的课程，毕业生在工作岗位上都要与人打交道，服务的对象也是人。他们工作岗位的特点是工作对象和工作环境的多变性，也要求学生具有较高的综合素质，包括较强的语言和文字表达能力，人际沟通、团队精神与合作能力，较强的敬业精神和责任感，以及质量、竞争和创新意识，尤其是要有较强的学习能力和企业家称之为"悟性"的发展潜力。因此，我们力图加强学生素质教育，做到素质教育课程化、体系化。只有将核心课程按照精品课程建设的标准实施管理，抓住课程建设与专业发展的关键，才能更好、更快地提高课程质量，积极培育省级、国家级精品课程，切实推进教育创新，深化教育改革。学院制定了《江苏经贸职业技术学院精品课程建设实施管理办法》。精品课程重点体现"精"字，体现重点扶植。

记者：上面谈到的课程改革让我们看到学院在现代服务业人才培养上先进的办学理念，那么，在专业培训和技术实践方面，您认为怎样才能更好地为商贸流通领域的人才发展铺平道路呢？

王院长：在专业设置上，学院以现代服务业类专业为主，对学生进行生产、服务和经营管理一线就业岗位所需要的知识、能力和素质的培养。在实践方面，我觉得要培养高素质的服务业人才，值得一提的是校企合作机制，校企合作为培养高素质技能型高职特色人才，特别是现代服务业人才提供了重要途径。根据行业需求、企业订单，与行业企业合作，我们建立了教学内容遴选工作机制，推行产学合作教学，其中的一个重要内容就是要求各专业与企业建立紧密合作关系，企业参与专业的增设与专业的调整、课程计划的修订、实践教学的实施、专业技能考核等教学管理的全过程。在校企合作的机制下，学生身在校园，却更贴近企业，这对于他们今后职业发展起了举足轻重的作用。此外，我比较倡导的是理论教学与实践教学的融合，大力加强实践教学和创业教育，大力加强实训基地、实训课程和教材建设，着力进行体系构建。因为只有在实践教学过程中，才能摸索出如何适应企业和行业的需求，培养出既对现代商贸业有完整认识，又具备良好实践能力的商贸经营骨干人才，比如，积极采用模拟、仿真、实战、现场、情景教学等多种教学手段，将理论与实践紧密结合，把实践作为教学的手段和起点；进行实践教学、社会适应、创业教育三位一体的实训创业体系构建。因此，我们学院的毕业生综合素质强、应用能力强、实践创新性强，符合现代服务业的复合型人才需求。

记者：在学校的学习和磨炼是为了以后的就业，您对现代服务业未来的发展和学院毕业生的就业前景是怎么看的呢？

王院长：随着人们生活质量的不断提高，毫无疑问，现代化服务产业已经成为当代经济发展的巨大动力。江苏省更是把加快重点领域服务业发展放在了"十一五"发展规划中的凸显位置。现代服务业的大力发展必将需要越来越多的专业的高素质人才。目前，学院已在300多家企业建立了稳定的毕业生就业基地，定期举办毕业生供需洽谈会，向每位毕业生推荐3个以上的就业岗位以供选择，确保毕业生人人有岗位，人人能就业。我们学院的毕业生基本功扎实，综合素质比较高，创新进取劲头足，因此很受用人单位的欢迎，也得到用人单位的好评。我想，在未来服务业蓬勃发展的形势下，我们的毕业生会在这一领域充分展示出他们的才能，成为现代服务业的优秀人才和先进骨干。

（原载《扬子晚报》2007年7月18日第B27版）

发挥办学优势 走集团化之路
——江苏经贸职业技术学院创新发展研究

项目课题组[*]

　　江苏经贸职业技术学院在50多年的职业教育办学传统和20多年的成人高等教育办学历史中，走出了一条独具特色的创新发展之路。2002年改建高职学院后，以依靠企业、服务企业为办学宗旨，创新教学模式和发展道路，坚持特色办学，适应市场需求，率先牵头组建江苏现代服务业职业教育集团（以下简称"服务业职教集团"），坚定不移地走产学研结合之路，不断增强办学活力，争创职教品牌，努力提高服务经济建设工作的能力和水平。

　　服务业职教集团是新形势下实现职教资源共享，促进中高职院校和企业优势互补的新模式，它的产生和发展是职业教育发展过程中优胜劣汰的必然结果。服务业职教集团依照产业规律，将企业集团化经营模式引入高职教育，旨在依托行业、联合企业，加强校际与校企之间的联系，整合教育资源，实现资源共享，推动集团内中、高职院校做大、做强、做优、做特。

　　由江苏经贸职业技术学院领军的职业教育集团，于2005年4月28日在南京正式成立。这是一个成员单位较多、活动层次较高、影响辐射较大的省级行业性职教集团，有着职教"超级航母"之称，成为创新发展的一大亮点。目前共有110个成员单位，其中有江苏财经职业技术学院等39所办学成绩显著、办学水平较高的高职学院和省级以上重点职业学校；有71家社会信誉好、有实力、有代表性的知名企业和行业组织加盟，如江苏五星电器有限公司、江苏苏宁电器有限公司、苏果超市有限公司、南京中央商场（集团）股份有限公司、江苏省丝绸总公司、宏图三胞高科技股份有限公司、江苏省报关协会、南通市工商联纺织品商会等。

　　服务业职教集团坚持以推进现代服务业快速发展为目标，以校际合作、校企合作和产学研结合为主要形式，以"合作交流、共享资源、同闯市场、共赢发展"为基本原则，以"引领、协调、沟通、共享、服务"为工作重心，以"依靠政府、依托企业、社会参与、市场运作"为工作思路，以诚信为本，以高职教育为龙头，以中职教育为主体，以行业为支撑，以企业为依托，以服务为宗旨，以契约为保证，以项目为纽带，以

---

[*] 此文是根据"全国高职高专院校人才培养工作水平评估"中的特色创新项目报告的部分内容而重新改写，由江苏经贸职业技术学院项目课题组具体承担。

教学、培训、科研和社会服务为主要内容，集中和整合现有资源，构建跨区域、跨行业、多层次、多元化、立体式的办学体系，共同联手培养江苏现代服务业急需人才。

经过两年来的建设和发展，服务业职教集团在探索集团化办学方面积累了初步经验，取得了可喜成绩。目前，服务业职教集团不仅成为江苏省高职教育的品牌，而且在职教集团的建设与发展中起到了引领作用，在全国也具有一定的知名度和影响力。

一、背景：服务业职教集团顺应了江苏现代服务业加快发展的需要

现代服务业是现代社会经济发展的新动力，是一个地区提高产业竞争力的决定性因素。它是随着经济和社会的发展，依托电子信息等高科技手段及现代管理理念而发展起来的新兴服务业和用先进理念、先进技术改造提高后的传统服务业。

现代社会，商贸流通业与其他服务业之间正在不断整合资源，渗透融通。有的企业把商贸、旅游、休闲、信息服务、健身服务融为一体，社会上旅游、汽车、房产、信息、投资等新兴消费热点不断升温，新的需求、新的行业、新的职业和新的岗位不断涌现。一方面，现代服务业对江苏省经济的发展将发挥重要作用，它迫切需要职业院校为其加速发展培养大批紧缺的高技能人才；另一方面，目前的职业院校在办学体制、专业结构、师资结构、实训设备等方面都难以适应现代服务业的快速发展。如何解决这一矛盾？就是要在职业院校之间、学校与企业之间架设一座桥梁，使之成为校际合作、校企合作的平台，而这座桥梁或平台就是服务业职教集团。

因此，江苏经贸职业技术学院在原有办学实践的基础上创新性地提出：坚持"立足江苏，辐射全国，面向现代服务业，全面构建服务业类专业群，大力培养现代服务业领域高技能人才，坚持助推服务业腾飞"的办学方略，经过未来几年的艰苦奋斗，努力建设一所规模适度、结构合理、特色鲜明、引领现代服务业类专业发展的高水平示范性高职学院。

二、优势：服务业职教集团是深化职业院校教育教学改革的产物

（一）行业和区域优势明显

江苏经贸职业技术学院历史积淀深厚，经过半个多世纪的艰苦奋斗、锐意进取、严谨求实，长期实行行业办学，与江苏工商企业界保持着广泛而密切的联系，有着良好的产学研合作基础，在商贸流通领域影响较大。学校位于省会南京，地处商贸发达的东南沿海地区，区域优势突出，辐射影响面广。这一优越的地理位置，为学校的快速发展平添了地利之势，使得办学效益逐年提高。

（二）专业和师资优势显著

在专业建设上，江苏经贸职业技术学院积极面向现代服务业，构建服务类专业群，寻求专业发展点，增设和完善了一批在省内乃至国内都属于较早开发和兴办的急需专

业,形成了与现代服务业产业链环环相扣的新兴专业链,与江苏省"十一五"发展规划中重点发展的十大现代服务业行业达到了高度契合。目前已建成了基本涵盖现代服务业领域的九大专业群。此外,江苏经贸职业技术学院师资力量雄厚,被省教育厅授予了"江苏省师资队伍建设先进高校"荣誉称号。在现有专任教师中,有研究生学历的占62%,副教授超过100人,教授10余人,"双师型"教师占教师总数的70%以上。

(三) 人才和科技优势突出

江苏经贸职业技术学院十分重视发挥专业、技术、人才优势,为企业提供市场策划和各种咨询服务,向社会提供科技力量和科技成果,相继成立了财税金融研究所、现代物流研究所、现代商务研究所、注意力经济研究所、学习型组织研究所、高教研究所、营销顾问公司、艺术设计公司、会计师事务所、公关协会等各类研究服务机构,深入行业、企业、工程等第一线,开展"切脉诊断"、营销策划、CIS 设计、管理咨询、员工培训、设计施工等多项服务。近几年来,校企合作开发项目和科研成果显著,获得多项国家、省、市级科研课题。

(四) 实训和实习优势独特

江苏经贸职业技术学院投资 1 400 万在江宁校区建成了示范性流通现代化工程实训基地,这是一个基于校园网络管理系统,集创新性、开放性、共享性、实践性、产学研相结合于一体,达到仿真和全真结合、实训和实用并举、实地与远程共用,适用于较大规模和较大批量学生同时实习的现代化、多功能的实训基地,其下设物流管理、电子商务、连锁经营、财务与投资、市场营销、现代商务策划、旅游与会展等七个实训中心。2004 年被省教育厅、省财政厅确定为省级示范性实训基地;2005 年被教育部、财政部确定为国家级示范性实训基地。

(五) 就业和创业优势被看好

江苏经贸职业技术学院坚持以就业为导向,以改革创新为动力,以校企合作、产学研结合为抓手,以学生能力为本位设计学生的知识、能力和素质结构,以"实践"和"应用"为主线构建课程和教学内容。因此,毕业生综合素质较高,受到用人单位的欢迎和青睐。近四年毕业生就业率保持在 99.47% 以上。由于毕业生较抢手,拉动了招生的"进口",报考生源火爆,录取分数逐年提高,稳居全省高职院校前三名。

三、实践:服务业职教集团是探索产学研结合的必由之路

(一) 开展联合办学,实现办学质量和效益双赢

江苏经贸职业技术学院先后与集团内的职业学校进行了合作办学,探索"分段衔接培养":在培养目标、教学管理、教育质量的监控检查、招生和学籍管理、境外合作与国际交流等方面逐步实行"五个统一";在专业设置、教学计划、基本建设、教师及教学设备的调剂、毕业生就业推荐等方面逐步实行"五个统筹";在理论教学与实践教

学、实训教学与专业技术应用、学历文凭与职业资格、素质培养与企业用人、中职人才与高职人才等方面逐步做到"五个对接",有效地发挥了龙头院校的辐射作用。

(二)开展校企合作,建立紧密型实训就业基地

在产学研结合的办学过程中,江苏经贸职业技术学院初步尝试了四种形式:其一,与大国企联合。特别是与中国家电零售10强、中国连锁30强、江苏省商业零售和连锁经营5强的江苏五星电器有限公司建立了校企合作的新模式。双方共建"五星实训基地"和"五星人力培训基地",以"工学结合"的方式,定向培养,开办"五星班",举办"百名店长培训班"。其二,江苏经贸职业技术学院与大民企嫁接。与国内民企巨头江苏苏宁电器集团有限公司及江苏雨润农产品集团有限公司、红星家具集团有限公司合作办学,为其培养经营人才和基层员工,总结提炼企业精神,推广企业文化,组织编写培训教材,帮助进行市场策划、营销策划、形象策划、产品策划等。其三,与大外企合作。2006年11月,与省重点外贸集团江苏开元股份有限公司、世界500强企业日本三菱重工业株式会社达成三方合作,成立"三菱空调产业人才培训基地",为三菱重工培养保证中国区代理商体制正常有效运行的经营管理、市场营销和技术服务专业技术人才提供了快捷适用的途径。其四,与职教集团内的企业、学校合作。在集团化运作下,基本实现了物流管理、电子商务、连锁经营、财务与投资、市场营销、现代商务策划、旅游与会展等专业资源在服务业职教集团内部的中、高职院校内的共享,通过成立由行业、企业专家与学校专业负责人组成的专业指导委员会来推进全省职业院校现代服务业类的专业建设。

(三)进行模式创新,实施"订单式"培养

江苏经贸职业技术学院先后与集团成员单位江苏五星电器有限公司、上海双鹿空调器制造有限公司、宏图三胞高科技术股份有限公司等企业紧密合作,将招生纳入省统招计划,企业全过程参与。这样便可有效克服学校在专业设置方面的盲目性及与市场需求脱节的问题,避免毕业生找不到专业对口的岗位和企业招不到实用人才的现象出现。

(四)开展实践教学,强化学生动手能力

学校投资数百万元建设校内创业园,为学生提供创业实践机会。目前,创业园已成为学生毕业前实战创业的基地。江苏经贸职业技术学院还建有YounGo(雅购)校园超市,它是由教师融资,按市场化、企业化运作方式建立的,教师组成董事会进行指导,学生自主经营。可以说,这是真正意义上的学生实验超市,是一个完全实战的经营平台,也是学校创新人才培养模式的重要体现,越来越多的学生在创业园和雅购超市锻炼后走向社会,受到企业好评。

(五)开展国际合作,探索培养服务业类人才新路径

江苏经贸职业技术学院牵头,联合全省28所高职院校在全国率先构建了大规模的

国际合作平台。2005年12月，江苏经贸职业技术学院与江苏省教育厅、美国OOPSystems软件公司三方合作，成立了江苏欧普高校软件人才培训管理中心，使江苏经贸职业技术学院成为江苏省软件人才培训基地之一，其培养目标、规格、课程、证书都与国际接轨，目前已建立了6个现代化的计算机实验室，开设了"网络高级管理""WEB设计开发"等10多门课程，并成功举办了第一届欧普软件师资培训班，对全省高职院校的200多名教师进行了专业培训。截至2007年，江苏经贸职业技术学院在国际合作办学方面已分别与5个国家的5所院校联合创建了8个前沿热门专业，全部被列为国家统一招生计划，招收学生1 000余人，居同类院校之首。

（六）开展"连锁超市"培训，提高职业竞争能力

江苏经贸职业技术学院充分利用中国商业联合会授权的中国国际商业资格认证培训单位和培训基地资源，对集团内的职业院校和社会从业人员在国际人力资源管理、国际采购与物流管理、国际会展管理、国际市场营销管理和国际商务管理等方面进行培训，并积极引进院外的专业培训项目，如报关员、报检员、单证员、内审员培训等，与国家职业资格证书和行业职业证书相衔接，提出统一的培训标准和考核要求，加强对学生和社会人员的职业资格培训。

（七）开展技能鉴定，努力为社会服务

2005年经江苏省劳动和社会保障厅批准，江苏经贸职业技术学院设立了国家职业技能鉴定所，共开设了家用电子产品维修工、维修电工、食品检验工、制冷工、室内装饰设计员、广告设计师等7个职业（工种）的国家级职业资格技能鉴定项目，鉴定等级从初、中级直至高级。江苏经贸职业技术学院本着为集团成员院校服务的思想，积极为职业院校的学生和全社会进行技能鉴定。

（八）开展交流活动，举办高层论坛

江苏经贸职业技术学院连续举办了四次流通现代化和发展现代服务业高层论坛。2005年11月举办的"江苏现代服务业发展论坛"，有来自集团内的职业院校和企业的高层领导100多人参会；2006年6月举办的"流通现代化工程实训基地资源共享研讨会"，集团内36所中、高职院校有近百人参加，共同探讨在职教集团内部实行资源共享，加强校际的深度合作问题；与此同时，还具体承办了省教育厅召开的全省职教集团建设座谈会；7月举办了江苏现代服务业类专业第一期师资培训班，并被纳入省教育厅职教师资"四新"培训计划，有20多所中职学校的30多名教师参加了培训；11月又举办了"流通现代化高层论坛"，南京市副市长陈刚做了主题发言。

（九）开展理论研究，进行科研协作攻关

近年来，围绕着集团化发展的主题，江苏经贸职业技术学院相继牵头承担了教育部高等教育司委托课题"集团化发展职业教育的研究与实践"、江苏省教育科学"十一

五"规划课题"江苏高等职业教育集团化发展模式的研究"、江苏省教育厅哲学社会科学基金课题"高等职业技术教育集团化的研究""江苏高职教育改革与发展的研究"等多项政府课题,承担了中国高等教育学会"十一五"规划课题"职教集团运行机制与成长模式的研究"、中国高等职业技术教育研究会"十一五"立项课题"职业教育集团发展研究"、中国职业技术教育学会 2007 年科研规划课题"职业教育集团发展模式的研究——以江苏省为例"、江苏省职业教育学会 2006 年度研究课题"职业院校集约化办学模式的研究与实践"、江苏省高等教育学会"十一五"重点课题"省级政府对区域内高等职业教育统筹管理的研究"等若干项学会课题,形成了强大的研究阵容和科研实力,居于同行前列,已取得的初步系列成果,受到上级重视和同行好评。

(十) 开展资源共享,搭建信息平台

江苏现代服务业职教集团网站已于 2005 年 11 月正式开通,这是国内首家注册的"服务业网站"。网站的建立是集团对外交流与宣传的窗口,也是集团内校际和校企联系,互相学习,寻求共同发展的阵地。江苏经贸职业技术学院充分利用集团网站,介绍现代服务业发展的最新动态,诠释就业的最新政策,提供企业人才需求的有关信息,为集团成员学校的毕业生提供网上个人简历空间和与用人单位进行初次面试的视频服务,构建了信息化宣传的平台。

(原载《江苏经贸职业技术学院学报》2007 年第 3 期)

职教集团需要政府引导企业参与

王兆明

随着经济发展对人才需求的变化和职业教育自身改革的深化,职教集团化办学已得到充分肯定。但是,我们还要认识到,职教集团的建立绝不是成员的简单叠加,而是从资源、组织结构到制度的集成创新,它是职业教育增长方式的一个根本性转变。

从职教集团发展的实践看,以一两所高职院校为龙头,以相关院校和合作企业为主体,以行政区域或行业领域为边界,以促进职教资源优化配置为原则,以促进地方经济发展、实现集团成员"共赢"为目的,以专业和课程为纽带,已逐步成为职教集团的基本框架。

从职教集团的内涵看,职教集团由职业院校、行业企业及其他社会力量等既自主独立又互相联系的要素构成,形成院校之间、校企之间互补型的横向联结和人才培养链上的纵向链接。

职教集团是一个新的组织形态,它通过"专业+产业""教学+研发""培养+就业"等链条,把学校、企业等市场主体和人才培养的各个环节有机地联结,动态地加以组合,形成单个成员的"小"与"专"和整个集团的"大"与"全"的综合优势,实现资源优化和功能整合,促进专门人才、技术和设备的社会化、产业化,以及教育效益、经济效益、人才效益的最优化,形成"共建、共享、共赢、共长"的新机制。

当前,要解决职教资源重组中的问题,实现职教集团可持续发展,把职教集团做优、做强,需要把握两个核心问题:

第一,建立有效的政府引导机制。就一个职教集团而言,总是存在一定的局限。对整体和长远利益的把握,会受到自身地位、目标和直接利益的限制,如果缺乏正确的导向,职教集团就会处于一种较为茫然的状态。职教集团的调控能力、办学自主权、资金等均很有限,如果缺少政府支持,将直接影响集团的运行和成效、生存和发展。另外,由于集团的参与单位的多元利益需求和集团面临的众多制约因素,政府需要予以指导和协调。现在,职能转变后,政府的社会管理职能更加突出,可以参与协调集团的全局和局部利益,如集团内参与者各方特别是企业和学校之间的利益、集团外社会组织与集团之间的利益。为职教集团提供有力的政策支持和创造良好的发展环境,是政府和有关部门应尽的责任,也是职教集团健康发展的基本保证。

政府和教育行政部门及经济主管部门应该主动参与制定职教集团的宏观规划和发展政策,研究职业教育规划与区域经济发展的整合方案,研究职教集团的发展规模、运作方式；制定教育资源的市场配置法规和教育人才的引进流动政策；制定鼓励企业参与制定发展职业教育的政策，调动和发挥集团核心院校的积极性，建立集团运行的有效动力机制，适当扩大集团的办学自主权；构建宽松有序的融资环境；等等。

政府和教育行政部门在财政投入上应对职教集团进行重点倾斜，在集团建设实训基地、推动产学研一体化进程、搭建信息平台等方面提供较大力度的财政支持；协助职教集团开辟或拓展自筹资金的渠道。

第二，校企合作、产学研结合是做强、做优职教集团的必由之路。长期以来，我国职业教育在发展中遇到许多困难和问题，造成这些困难和问题的原因固然很多，但最重要的原因是企业没有积极参与职业教育或者企业参与度较低。解决问题的途径之一，就是要大力提高企业的参与度，实行校际合作、校企合作，走集团化办学的道路。实践证明，校企合作、产学研结合，不仅是职教集团做强、做优的必由之路，也是每个成员学校的强校之路。

集团内的校企合作，可以分三个层次推进，逐步向深度合作、高度融合发展。一是积极推进"订单式"培养和"菜单式"培训模式，职业院校应成为企业实用人才培养和在职员工培训的重要基地；企业应成为师生实践和毕业生就业基地，并参与职业院校教育、教学的全过程。二是校企资源共享，职业院校的实训基地、师资和专业优势与企业的行业技术优势、产品品牌优势、专业技术人员优势相互全面开放，有力地促进职业院校的专业与课程建设，提高企业的素质、效益和竞争力。三是项目合作，校企可以联合开发项目，合作向深度拓展，实行人员互聘，对校企资源进行深度开发，盘活并充分利用资源，做到校企共赢共发展。

随着职业教育布局调整和办学体制改革的深化，在政府的支持下，企业可以参与职业院校的资源重组，有的职业院校可以进行股份制改造，集团内企业参与办学和管理，也可以由企业与高水平职业院校联手兼并和托管集团内部的其他职业院校。

总之，职业教育集团化是实现校企合作的新途径，也是实现职业教育资源共享、优势互补、谋求共赢的有益探索，对职业教育的改革和发展具有积极的促进作用。

(原载《中国教育报》2007年9月25日第9版)

课程改革的探索与实践
——以江苏经贸职业技术学院为例

王兆明　吴洪贵　刘凤云

"十五"以来,我国高等职业技术教育顺应社会主义现代化建设对高素质技术应用型专业人才的迫切要求,在高等教育领域异军突起,呈现出快速发展的良好态势。江苏经贸职业技术学院抢抓历史机遇,实现了又好又快的跨越式发展,教育规模迅速扩大,在校生人数由两三千人猛增至一万多人,办学水平稳步提高。作为江苏现代服务业职教集团的理事长单位,江苏经贸职业技术学校如何在国家和地区大力发展现代服务业的背景下,发挥其面向商贸和现代服务业培养高素质、高技能人才的领军作用?如何防止教育资源的稀释,保证教学质量,对学生成才发展负责,贴近市场,服务企业,与时俱进,办出令社会、企业、家长、学生满意的特色鲜明的高职教育?江苏经贸职业技术学院在如下五个方面进行了课程改革的实践与探索,成效显著。

一、人文素质教育系统化

用人单位对毕业生首要的要求是要有较高的素质,在学生在校学习阶段,学校应给予其全面的知识与能力教育。而从生源情况看,由于职业院校学生大部分都是独生子女,又长期受升学教育的影响,其身心素质、道德素质、人文素质、业务素质的提高都面临考验。江苏经贸职业技术学校开设的主要是服务业类的专业,毕业生在工作岗位上都要与人打交道,服务的对象也是人。他们工作岗位的特点是工作对象和工作环境的多变性,这也要求学生有较高的综合素质,包括较强的语言和文字表达能力,人际沟通能力与团队合作精神,敬业精神和责任感,质量、竞争和创新意识,尤其是要有较强的学习能力和企业家称之为"悟性"的发展潜力。为此,江苏经贸职业技术学校大力加强学生素质教育,做到素质教育课程化、体系化,坚持有形课程与无形课程结合、校园文化与课程教学结合,以及社团活动、党团活动、学术报告形式多样生动活泼,重视素质教育课程开设与质量的提高,在素质教育课程建设过程中,逐步增设素质教育课程,使必修课程与选修课程相结合。除了按国家要求开设的"思想道德修养与法律基础""军事理论课""毛泽东思想、邓小平理论和'三个代表'重要思想概论""形势与政策"外,还先后开设了"大学生心理健康"、"职业指导"(一年级为"职业生涯规划设计"或"就业创业指导")、"商务精读"等课程,并在一些专业开设"公关礼仪""职业行为优化"课程。从2007年开始,江苏经贸职业技术学校对政治思想理论课与人文素质教育课进行整合与提升，进行整体设计，精选教学内容，防止重复教学；适当压缩课时，均将其作为必修课程开设；成立思想政治理论课教研室、人文素质教研室，教师专兼结合，建设骨干队伍；在精品课程建设中，始终把素质教育课程作为建设重点，高度重视人文素质教育的实效。

二、核心课程精品化

精品课程建设是教育部高等学校教学质量与教学改革工程的重要组成部分，同时也是江苏经贸职业技术学院课程建设的重要内容和主要目标。而对核心课程按照精品课程建设的标准实施管理，就能抓住课程建设与专业发展的关键，更好更快地提高课程质量，积极培育国家级、省级精品课程，切实推进教育创新，深化教学改革。为此，江苏经贸职业技术学校制定了《江苏经贸职业技术学院精品课程建设实施管理办法》。精品课程重点体现"精"字，体现重点扶植，逐步建立了涵盖如下三个方面的精品课程体系。

（一）专业核心课程

建设基础较好，能较好体现现代教育思想，符合国内外同类课程改革趋势和建设方向，将传授知识、培养能力、提高素质相结合，将具有明显特色的专业核心课程作为精品课程立项。

（二）新兴专业课程

适应江苏现代服务业加速发展的需要，针对社会新的发展需求、新的行业、新的职业和服务岗位不断涌现的实际情况，江苏经贸职业技术学院的专业建设积极面向区域社会经济的发展，面向现代服务业，构建服务类专业群，寻求专业发展点和增长点，完善和建设了一批新兴专业课程。"十一五"期间，江苏将加快发展现代服务业、软件业、金融业、商务和科技服务业、信息服务业、文化产业、旅游业、房地产业、现代商贸业、居民服务业等十大重点现代服务产业。江苏经贸职业技术学院增设、加强和拓展了连锁经营管理、汽车营销与服务、旅行社经营、旅游景点和会展、现代物流管理、文化市场管理、国际会计、注册税务师、家居设计、房地产营销和社会管理、计算机软件建设等专业，在精品课程建设中优先开发建设新兴专业课程。

（三）重点素质教育课程

严格按照国家精品课程标准着力建设，重点在精选教学内容，改革课程教学模式，突出教学内容的先进性、实用性，以及在教学手段的现代化方面发力。以会计专业为例，我国自2004年开始到2006年修订完成会计准则和审计准则，于2007年1月1日开始实施，准则的修改达到90%，基本上是推倒重来，使得新型的会计和审计准则适应加入世界织贸易组的要求，实现我国政府承诺，真正与国际准则趋同，为经济全球化背景下企业参与国际竞争和合作创造条件。江苏经贸职业技术学院财务会计类专业课程和教材的建设必须与新准则相衔接，与行业考证相衔接和同步。

同时，江苏经贸职业技术学院国际贸易实务专业利用校园网，以进出口流程课程为试点，将模拟实训内容挂到服务器上，每个学生可以在任意时间、校园内任意地点通过任何一台终端访问服务器，进行自主学习。

学校对院级精品课程的投入是每门课 2 万元，分两次核拨：第一次为通过方案审批时，第二次为结题验收合格时。江苏经贸职业技术学校已分两批建设 63 门院级精品课程，第一批 31 门于 2004 年开始建设，已经完成建设并在结题上网中的有 2 门（"会计基础""物流原理"）被评为省级精品课程，其他课程建设也取得了明显成效。第二批 32 门课程已经立项，正在建设中。

三、职业资格标准课程化

以"双证书"制度为框架，"嵌入式"设置课程，将职业资格标准课程化，硬化人才培养标准。职业教育具有职业定向性特征，其首要目标在于使学生获得职业，并且在职业中能够得到发展。这决定了职教课程必须为学生的未来职业生涯提供某一工作岗位或岗位群所要求的知识、技能和情感态度等培训，给予受教育者就职的"护照"——职业资格证书，打通教育就业的通道。为此，我们积极引入国家劳动等部门颁发的行业职业标准，根据职业岗位要求将认证教育课程"嵌入"相关专业学历教育课程体系，使其课程化。

（一）"课证结合"改革进程

江苏经贸职业技术学院电子商务专业将助理电子商务师资格考试中的"计算机与网络基础知识"内容嵌入"计算机网络技术"课程，将"网络营销基础知识"嵌入"网络营销"课程，将"电子邮件、BBS、CA 认证"操作和电子商务法律法规嵌入"电子商务概论"和"电子商务实务"课程，将电子交易模块的相关知识嵌入"物流管理"和"电子商务概论"课程。国际贸易实务专业根据自身的人才培养定位，通过市场调研，会同专业教学指导委员会专家，对职业岗位群能力进行分析，分解提炼出从事具体职业岗位工作所需的核心职业能力，根据能力要求来设计具体的理论课程和实践课程。引进了含金量高、社会认可度高、需求旺盛的报关员、单证员、报检员、货代员权威职业资格证书，对应这些证书设了报关实务、商品归类基础、外贸单证实务、报检实务、货代实务等证书课程，制定了融课程教学与职业资格认证于一体的国际贸易实务课程体系。

（二）课程标准与职业资格证书考核标准对接

将职业资格证书考试大纲与课程标准相融合，使教学内容与岗位核心能力的要求吻合，依据企业对电子商务师、物流师、报关员、报检员、单证员、货代员等岗位的要求，本着"实用、够用、能用"的原则，调整相关专业核心课程的内容，使核心课程的内容同岗位核心能力的具体要求相对应，同职业技能的要求有机融合起来，确保教学内容与资格证书考核内容全面接轨，构建职业资格证书"直通车"。

（三）证书课程考核与职业资格证书考核接轨

证书课程考核以职业资格证书考核作为评价方式，学生通过社会考核取得职业资格证书，可免修职业资格证书课程，实现证书课程与职业资格证书考核接轨，激励学生参与社会评价，取得"双证"或"多证"，增强就业竞争力。同时，江苏经贸职业技术学院的江苏流通现代化工程实训基地与相关专业的职业技能资格考试系统进行了无缝对接，除了上述的电子商务师等考试系统外，还有物流师职业资格考试系统、会计电算化培训系统等，使得老师和学生在实训基地可以自主学习，既可以掌握专业的相关业务知识和技能，及时把握行业发展的新动向，又能大大方便学生参加主管部门统一组织的职业技能资格考试。

（四）证书课程项目化

对澳大利亚职业教育进行考察，与澳大利亚的学校进行合作办学，如博士山学院（Box Hill Institute）在主要课程里嵌入五门课程、四个等级认证，思科、微软等企业设置的包括开源系列的认证都使职业学院的课程体系与澳大利亚本科院校有很大的区别。开展合作办学后，我们进行了职业资格证书课程项目化教育。

四、实践教学与创业教育体系化

在课程改革和建设中，我们注重理论教学与实践教学的融合，大力加强实践教学和创业教育，大力加强实训基地、实训课程和教材建设，着力体系构建。在实践教学过程中，如何适应企业和行业的需求，培养出既对现代商贸业有完整认识，又具备良好实践能力的商贸经营骨干人才，是江苏经贸职业技术学院课程改革中加强实践性教学的又一出发点。江苏经贸职业技术学院积极采用模拟、仿真、实战、现场、情景教学等多种手段，将理论与实践紧密结合，构建实践教学、社会适应、创业教育三位一体的实训创业体系。实践性教学是高等职业教育的重要环节，也是一直以来尚未很好解决的课题，商贸类专业的实践性教学特别是校内实训更是一个难题。对于如何构建有效的校内实训平台，特别是针对商贸类专业学生属于服务业的特点，如何培养学生的社会适应性，提高经营能力、沟通和团队协作能力、创造与创业能力的问题，近年来江苏经贸职业技术学院在这些方面做了一些探索，取得了一些成果，现以市场营销专业、电子商务专业为例，解析商贸流通类专业实训与创业体系的建设。

（一）注重校内实训

1. 以专项能力培养为特征

学院投入1 400万建设全国一流的示范性流通现代化工程实训基地。它是一个基于校园网实验管理系统，集创新性、开放性、实践性、共享性于一体，产学研结合的多功能实训工程，形成了以专项能力培养为特征的连锁经营、物流、电子商务、市场营销、商务策划、会计与投资、旅游与会展等7个实训中心。其中，电子商务专业构建了创业型实践教学体系，打造了真实的大学生网上创业实训平台。"热淘网"相关项目的开发及成功后平台的运行，均依托电子商务实训中心，相关前台、后台服务器与"电子商务实训室""网上创业实训室"融为一体，进一步拓展其实验实训课程范围和实践深度。目前，已经有相关专业的2003级、2004级、2005级学生在网上创业实训室进行创业实训、网上开店，并进行前台、后台管理实训。其中信息技术与商务管理专业2003级学生李海艳、电子商务专业2004级学生徐继平和韩伟通过网上创业实训，在2006年中国电子商务大赛中取得了江苏赛区第一名至第三名的成绩，在全国总决赛获得两个银奖、一个优秀奖，这是江苏经贸职业技术学院史无前例的优异成绩。他们开设的网店参加全国网络营销决赛，取得了销售额和总成绩全国第十二名、第十三名、第十四名的好成绩。

2. 以综合经营能力培养为特征

在实训与创业体系方面不仅有网上创业园，江苏经贸职业技术学院还投入120万元，建成了以综合经营能力培养为特征的拥有22间学生门店、1 000平方米经营面积的实践型大学生创业园。目前，创业、从业学生有120人，创业园设有大学生创业管理中心，负责其管理工作，以"鼓励创业，宽容失败，勇于创新，追求成功"为宗旨，不仅给大学生提供了实战的机会，也给学生们的创业提供了平台，同时也是教师实践性教学和实战经验积累的平台、学院产学研结合的基地。

3. 以实战经营能力为特征

2005年，学校、教师共同投资30万元，建成了以培养实战经营能力为特征的产学结合的YounGo（雅购）校园超市。校园超市以"学生服务，服务学生"为经营特征，目前经营面积为180平方米，有3 500多种商品。校园超市由4名学生主管、40名左右学生员工负责经营，已经形成规范的经营体系，经营管理不断成熟，销售业绩迅速提升，在缴纳学校的场地租金后已经实现稳定盈利；实现了产教结合，既有经营成果也有教学效果。学生员工在理货员、采购业务员、收银员、数据分析的岗位上进行了"实战用兵"。苏果超市有限公司的专业人士和管理层认为这样的培养方式和苏果员工的实训模式基本一致，是把公司新员工的培训很好地移到了学校，真正实现学校人才培养与企业人才使用需求的准确对接。特别是在2006年10月14日新加坡举行的营销大赛上，校园超市同学提出"YounGo（雅购）校园全国连锁便利店"参赛方案，在方案陈述、现场演示等方面表现优异，最终与新加坡国立大学、南洋理工学院同获优胜奖。这也是我国职业院校首次在英语环境的国际营销大赛中获奖。

（二）着力构建创业教育体系

江苏经贸职业技术学院在创业教育体系中开设了"职业生涯规划与就业指导课程"

"商务精读课程",培养学生的创业意识、创业精神及创业能力,对学生创业实践提供指导,在将理论教学与实践融合方面做出了有益的探索和尝试,收到了预期的效果。以市场营销专业为例,以由教师集资成立的南京经天下商务咨询公司为总领,对原有的教研设置进行改造,形成了产学结合的实践教学体系。

五、课程改革视野全球化

推进课程改革必须学习和借鉴国外高等职业教育的经验,博采众长。江苏经贸职业技术学院充分利用中外合作办学起步较早、合作院校和地区较多的有利条件,认真学习国外高职教育课程体系教学模式的有益经验,不断加快本土化的进程。例如,澳大利亚 TAFE 学院的课程体系建立在职业培训体系的基础上,与职业资格标准无缝衔接,从岗位需要出发打造项目课程和任务课程。以国际会计专业为例,该院设置课程 34 门,绝大部分是任务课程,但其课程体系的系统性、理论性不够,显得凌乱琐碎、知识点重复。我们对与澳大利亚合作的国际会计专业课程系统做了一点调整,保留了其中的 26 门课程,同时增加了提高学生素质和适合我国国情的有关课程。加拿大和欧洲(如荷兰)的课程体系的特点是高度重视专业核心课程,如与加拿大合作的国际会计、与荷兰合作的物流等各类专业,它们都明确以 6 门课程为核心课程,并对这几门课程的学时、教学要求和考核都有明确要求,甚至由外教亲自授课,专程派外教送试卷到学校监考。他们高度重视实训教学,把课程实践贯穿课程教育,如国际会计专业的成本会计、审计个人理财规划,要求学生结合课程学习参加专业实践,实习报告还要由企业专业人员鉴定。其他课程任由我方开设。加拿大尤其重视课程标准,严格执行教考分离,课程标准是刚性的,考核不及格即淘汰。他们对学生的素质要求很高,要求学生有较强的学习能力、解决问题的能力和应用专业法规的能力。国外的课程和教材建设投入大、更新快,加拿大教材一年一版,这些经验都值得我们好好借鉴。

(原载《职教通讯》2007 年第 8 期)

为着江苏现代服务业的加速发展
——江苏经贸职业技术学院特色办学纪实

张现 王兆明 操阳 刘永芳

2002年，经省政府批准、教育部备案，江苏商业管理干部学院和江苏省商业学校改建为江苏经贸职业技术学院。该院以"立足商贸、面向社会、适应市场、服务经济"为宗旨，为江苏服务业领域培养了5万余名高素质的技术人才和经营管理骨干，被誉为"江苏商界的'黄埔军校'"和"服务业人才的摇篮"。特别是2002年以来，江苏经贸职业技术学院做强新校区，做精老校区，并大力加强师资队伍建设、实训基地建设和管理制度建设，无论是硬件环境还是软件建设都实现了跨越式发展。在2005年的高职高专院校人才培养工作水平评估中取得了"优秀"的好成绩，实现了学院综合办学水平的再一次飞跃。

在书写江苏现代服务业加速发展、增创江苏经济发展新优势的历史鸿篇巨作中，学院领导班子创新性地提出了"面向现代服务业，发挥学院地域优势，立足江苏，辐射全国，全面构建现代服务业类专业群，大力培养现代服务业领域高技能人才，助推服务业腾飞"的办学方略，努力将学院建设成规模适度、结构合理、特色鲜明、引领现代服务业类专业发展的示范性高水平高职学院。

一、加速发展现代服务业是时代赋予的历史使命

五年前甚至是三年前，现代服务业对于大多数人来说还是一个比较陌生的字眼，但从全球经济发展的角度来看，服务业特别是现代服务业已成为当代经济发展的重要引擎；服务业的发展水平，也是衡量一个国家和地区综合竞争力与现代化水平的重要标志。我国服务业发展相对滞后，服务业在国内生产总值中所占比值仅为32.9%，而主要发达国家达到70%以上，中等收入国家达到60%以上，低收入国家也达40%以上。

差距就是发展的动力。进入21世纪以来，党和政府充分认识到发展现代服务业的重要性和紧迫性，采取了一系列加快现代服务业发展的重大举措。党的十六大提出了加快发展现代服务业、走新型工业化道路的战略任务。那么，何谓现代服务业呢？现代服务业是指随着经济和社会的发展，依托电子信息等高科技手段及现代管理理念发展起来的新兴服务业和用先进理念、先进技术改造提高后的传统服务业，它主要包括现代物流业、软件业、商务和科技服务业、现代商贸业、旅游会展业、信息服务业、金融保险投资服务业、文化娱乐服务业、健身服务业等行业和领域。

江苏作为经济大省，2005年服务业的比重仅占GDP的35.8%。尽管这两年有所增长，但发展不快。江苏省委、省政府把加快发展服务业作为一项重要的战略任务来抓，制定部署了"双轮驱动"、加快现代服务业发展的经济战略。江苏省的"十一五"发展规划把加快重点领域服务业发展摆在了一个十分凸显的位置。加快发展现代服务业，首先要突破制约服务业发展的人才瓶颈，这不仅需要一大批高端拔尖创新人才，更需要数以千万计的专门人才和高素质劳动者。高职院校无疑是培养现代服务业发展所需高技能人才这一神圣使命的最重要承载者和实践者。

几年来，学院积极为发展现代服务业鼓与呼，举办了四次流通现代化和发展现代服务业的高层论坛，并于2005年4月28日牵头成立了江苏省现代服务业职教集团，面向市场及时调整专业结构，加强基础能力建设，增强综合实力，发挥学院办学优势，推进校企合作和产学研结合，多渠道、多形式为加快发展江苏现代服务业服务。

二、创出专业亮点，办出现代服务业特色

江苏经贸职业技术学院一直积极为社会培养、输送商贸流通领域的管理骨干和专业人才。2002年改建高职学院后，面对新的历史发展机遇，学院领导班子敏锐地意识到商贸流通业在推进现代化的同时，与其他服务业之间也在不断地整合资源、渗透融合。如有的企业把商贸、旅游、休闲娱乐、信息服务、健身服务融为一体；社会上旅游、汽车、房产、信息、投资、文化娱乐等新兴消费热点不断升温；新的发展需求、新的行业、新的职业和服务岗位在不断涌现。基于对现代服务业发展的认识，学院在原有办学实践的基础上，经过积极探索，明确提出了面向现代服务业，发挥地域优势，立足江苏，辐射全国，全面构建现代服务业类专业群，大力培养现代服务业领域高技能人才的办学方略；同时提出坚持面向现代服务业的办学定位，即以现代服务业类专业为主，在以就业为导向的前提下，全面推进素质教育和产学研相结合的办学模式，致力于培养掌握生产、服务和经营管理一线就业岗位（群）所需的知识、能力和素质的应用型、复合型、创业型的技术和经营管理高素质人才，为江苏现代服务业快速发展服务，为江苏"两个率先"服务。

为实现这一战略目标，学院确定了以内涵式发展为主的办学思路，提出坚持"做精、做强、注重特色"的方针，重点实施五大战略，即人才强校战略、强势专业群战略、教育质量提升战略、科技创新战略、国际化战略。根据现代服务业重点发展的十大领域，江苏经贸职业技术学院从专业建设的重新布局和课程改革入手，深化教育教学内涵建设，积极探索办学体制的新模式，在专业建设、队伍建设、教学改革、人才培养、科技研究、社会服务和基础设施建设等各方面，都取得了重大的突破性发展，全面提升了学院办学的质量和水平。

江苏经贸职业技术学院的专业建设，积极面向区域社会经济发展，面向现代服务业，构建服务类专业群，寻求专业发展点和增长点，完善和增设了一批新兴优势专业；

根据现代服务业对复合型人才的需要，设置了复合型专业和专业方向，形成了与现代服务产业链环环相扣的新兴专业链，与江苏省"十一五"发展规划中重点发展的十大现代服务业行业达到了高度契合。

"十一五"期间，江苏将加快现代物流业、软件业、金融业、商务和科技服务业、信息服务业、文化产业、旅游业、房地产业、现代商贸业、居民服务业等十大重点现代服务产业的发展。学院适应需求，形成了合理布局。

1. 亮点一

面对加入世界贸易组织后连锁经营、大卖场等新型商贸流通业态不断涌现的现实需要，为促进现代商贸业发展，学院于2001年在江苏省高校中首先设置连锁经营管理专业，着力培养门店店长等现代流通人才。

2. 亮点二

针对汽车、房产、信息等多种消费热点，学院发挥省级特色专业市场营销的传统优势，开设了汽车营销和服务、房地产营销、家电营销等专业方向，其中汽车营销和服务是与南京市大明路汽车4S店一条街的管委会合作举办的，并采取"订单"培养方式培养相关人才。

3. 亮点三

跟踪和满足发展旅游会展业需要，学院大力加强旅游会展类专业建设，专设旅游系，把专业方向拓展并确定为导游、旅行社经营、旅游景点和会展管理等。

4. 亮点四

围绕现代物流业所具有的系统性、网络性、信息化、社会化特点和流通领域发展改革的方向，学院及时开设了现代物流管理专业，毕业生一进入人才市场就受到了企业的欢迎。

5. 亮点五

抓住江苏"十一五"期间提出双倍增计划、大力发展软件业的大好机遇，学院在加强电子商务专业（省级特色专业）建设的同时，强化软件技术专业建设，改革教学模式和课程结构，培养企业需要的适用人才。

6. 亮点六

为促进文化产业发展，学院与中国社会音乐研究会、中央音乐学院合作，组建文化艺术二级学院，增设影视动漫、文化市场管理、流行音乐、音乐表演等专业，聘请著名歌唱家、艺术家担任客座教授。

7. 亮点七

江苏经济发展的国际化步伐加快，企业急需懂得国际会计准则的适用人才。为及时加强会计和审计专业建设，学院发挥会计专业（省级品牌专业）的传统优势，增设了国际会计专业，并与加拿大、澳大利亚、新加坡等国的高等学校合作办学。

8. 亮点八

学院与江苏省注册税务师协会签订协议，双方建立了合作办学和专业共建机制，共同培养注册税务师方向人才，2006年已经开始招生。此举开创了我国注册税务师行业人才定向培养的先河。

9. 亮点九

为快速发展的房地产和社区发展服务，学院增设了家居设计专业、房地产营销专业和社区管理专业。

10. 亮点十

为适应企业加入世界贸易组织后发展国际贸易的迫切需求，学院在做精国际贸易、国际贸易实务专业的同时，加强与南京海关、江苏省报关协会的全面合作，加强报关与国际货运专业建设，满足中小外贸企业的人才需求。

目前学院已形成了涵盖十大现代服务业领域的专业群，从而有效地提升了学院为江苏经济发展服务的能力。学院的专业建设取得了丰硕的成果，有一批专业进入全国和江苏省专业建设先进行列。其中，会计（省级品牌专业）、市场营销（省级特色专业）、制冷空调（省级高职示范性专业）三大专业成为学院传统优势专业；电子商务（省级特色专业）、现代物流、软件技术等专业成为新兴优势专业；连锁经营、电脑艺术设计、国际贸易实务和旅游专业正在成为新的优势专业。另外，学院的"就业指导""会计学原理""现代物流管理"课程被评为省级精品课程，《大学生就业指导》《审计实物》被评为省级精品教材，31门课程被建设为院级精品课程。

三、推进现代服务业实训基地体系建设

为全力打造现代服务业类专业群，夯实学生的职业技能和实践能力，培养大批高技能、高素质人才，江苏经贸职业技术学院加快实训基地建设，全面推进现代服务业实训基地体系的建立。

1. 开展校企合作，加快校外实训基地的建设

学院选择了一大批社会知名度高、规模大、管理科学、技术先进的企业，建立了相对稳定的校外实践基地。学院与江苏五星电器有限公司、南京中央商场股份有限公司、南京新街口百货商店股份有限公司、苏果超市有限公司、南京金陵饭店集团有限公司等100多家服务业企业开展了多种有效的校企合作，直接培养和培训企业急需的管理骨干与从业人员。在校企实训基地建设的基础上，学院加强与这些企业合作的深度，形成了有效的"专业—实训—就业"链。学院先后与江苏五星电器有限公司、上海双鹿空调器制造有限公司、宏图三胞高科技有限公司等企业紧密合作，签订人才定向培养协议，招生被纳入省统招计划，企业全过程参与。校企双方发挥各自优势，就培养方案、教学计划、教学方式和方法、实践性教学、教材选用、教师聘用、实习基地等一系列问题达成共识，形成最佳培训方案，共同培养合格的高职人才。这种"订单式培养"，既充分体现了产学研的紧密结合，又使学生的就业得到有力保障。

2006年11月，学院又与江苏省重点外贸企业江苏开元股份有限公司、世界500强

企业日本三菱重工业株式会社三方合作，成立了"三菱空调产业人才培训基地"（三菱学校）。基地为企业培养急需人才，为三菱重工培养保证中国区代理商体制正常有效运行的经营管理、市场营销和技术服务专业技术人才提供了快捷适用的途径。

目前，学院正在开发江宁校区占地180亩的大型实训基地建设项目（简称"180项目"），这是江宁大学城资源共享区的商业服务项目，设有大学生创业中心、大型仓储式超市、实训百货商场、四星级宾馆和培训中心、多功能学术交流中心、文化书城等综合实训设施。"180项目"建成后将成为学院又一个高水平、大规模的实训基地和创业园区，对于提高教学质量、强化学生职业技能的训练，将发挥十分重要的作用。

2. 创办校内现代服务业实训基地

学院投资1 400万在江宁校区建成的全国示范性流通现代化工程实训基地，是一个集创新性、开放性、实践性于一体，产学研相结合的多功能实训中心，下设物流管理、电子商务、连锁经营、财务与投资、市场营销、现代商务策划、旅游与会展等七个实训中心，覆盖了大部分现代服务业领域。2004年，流通现代化工程实训基地被江苏省教育厅、江苏省财政厅确定为省级示范性、共享性实训基地；2005年，被财政部、教育部确定为国家级示范性职业教育实训基地。

学院投资近千万元，在光华校区完善和新建成工程技术、软件专业实训中心。其中，工程技术实训中心下设压缩机实验室、空调实验室、制冷设备维修工鉴定室、电子技术实验室、电子装配实验室、家用电子产品维修工鉴定室、食品工艺实验室、食品检验工鉴定室等30多个实验室或鉴定室。软件专业实训中心成为江苏欧普高校软件人才培训基地的实训场所，为培养软件人才服务。

3. 创建院内以学生为主体的创业基地

2005年，学院投资120万元创建创业园，为学生提供毕业前的创业实践平台。目前，创业园成为学生毕业前夕的实战创业的基地，得到社会各方面的一致好评。YounGo（雅购）校园超市是真正意义上的学生实验超市，也是学院创新高技能人才培养模式的一个重要体现。它是由工商管理系教师融资，按市场化、企业化运作方式建立的，教师组成董事会进行指导，学生自主经营。YounGo（雅购）校园超市又是一个完全实战的超市经营平台，越来越多的学生在此得到锻炼，走向社会，受到企业好评。此外，由信息系创建的"热淘网"等也成为进行学生实战训练的网络好场所，成为培养创新性高技能人才的网络实训基地。

4. 设立国家职业技能鉴定所

经江苏省劳动和社会保障厅批准，学院共承接了家用电子产品维修工、维修电工、食品检验工、制冷工、室内装饰设计员、广告设计师、电子商务、现代物流等职业（工种）的国家级职业资格技能鉴定项目，鉴定等级从初级、中级直至高级，为校内外的学生进行职业技能鉴定。

雄厚的专业实力和良好的实训体系，培养了大批高技能高素质人才。在"2004年高教社杯"全国大学生数学建模竞赛中,学院获得了一个全国二等奖和两个江苏省赛区三等奖的好成绩。在"2006 年高教社杯"全国大学生数学建模竞赛中,学院获得全国乙组一等奖,是江苏唯一一家获一等奖的高职院校;另外,还分获江苏赛区一等奖、二等奖、三等奖各一个。2005 年,殷伟同学在全国高等学校大学外语教学研究会、教育部高等学校大学外语教学指导委员会、江苏省高等学校外国语教学研究会竞赛委员会组织的全国大学生应用竞赛决赛中取得"特等奖"的好成绩。金志伟同学于 2005 年 5 月 18 日参加了南京市旅游局举办的形象导游选拔赛,在 200 多个参选者中过关斩将、脱颖而出,当选南京市 2005 年形象导游。

在 2006 年举办的中国电子商务大赛中,江苏经贸职业技术学院学生取得了优的成绩。在江苏赛区的竞赛中,学院从参赛的 50 多所高校(含本科院校)中脱颖而出,获胜的前 14 名选手均为本院学生。在全国赛区,代表江苏参赛的学院三名学生一举拿下两个银奖和一个优秀奖。他们获得"江苏省劳动技术能手"荣誉称号和高级电子商务师证书,同时也成为众多企业争聘的人才。

四、成立江苏现代服务业职教集团

2005 年 4 月,江苏经贸职业技术学院牵头成立了江苏现代服务业职教集团,目前集团拥有 110 家成员单位,有 39 所办学成绩显著、办学水平较高的高职学院和省级以上重点职业学校加入,有 71 家社会信誉好、实力强的知名企业加盟,其中不乏江苏五星电器有限公司、江苏苏宁电器有限公司、宏图三胞高科技有限公司、南京中央商场股份有限公司、苏果超市有限公司、江苏省丝绸总公司、江苏省食品集团有限公司等国内商界巨头。集团以推进校际合作、校企结合、共享资源、共赢发展为宗旨,通过集团统筹,取长补短,实现资源共享,合力打造现代服务业高技能人才培养高地。

1. 积极探索集团化办学新模式

集团成立以来,坚持以加速推进江苏现代服务业发展为目标,以推进校际合作、校企合作和产学研结合为主要形式,依照集团章程,坚持"依靠政府、依托企业、社会参与、市场运作"的基本工作思路,积极开展工作,朝着紧密型合作方向发展。针对职业院校通常存在办学规模小、专业设置面窄、教育教学人力资源专门化程度高、迁移性差、利用率低等问题,学院充分利用自身的办学优势、专业优势和人力资源优势,先后与集团内的职业学校进行了校际合作办学,在培养目标、教学管理、教育质量的监控检查、招生和学籍管理、国(境)外合作与国际交流等方面逐步实行"五个统一";在专业设置、教学计划、基本建设、教师及教学设备的调剂、毕业生就业推荐等方面逐步实行"五个统筹"。

2. 共享优质资源,承担带动责任

江苏经贸职业技术学院为促进集团内部资源共享,提高师资队伍水平,打造人才高地,于 2006 年 6 月 2 日在其江宁校区召开了江苏现代服务业职业教育集团"流通现代化工程实训基地资源共享研讨会"。来自全省现代服务业职教集团的36所中高职院校的领导近百人参加了会议。召开资源共享研讨会的目的在于探讨江苏经贸职业技术学院的流通现代化工程实训基地的实训资源情况,以及如何在职教集团内部实行资源共享,加强校际的深度合作。为此,2006年7月,经省教育厅职社处批准,江苏经贸职业技术学院举办了江苏省现代服务业类专业(现代物流管理、电子商务、商务经营管理等)第一期师资培训班,培训了来自全省20余所中职院校的30名教师,根据培训结束后对学员的问卷调查和跟踪调查,学员和学员所在学校的领导都对培训质量表示满意。此外,学院还成功举办第一届欧普软件师资培训班,对全省30多所高职院校的200多名教师进行了专业培训,进一步发挥了学院特色专业对全省服务业发展和高职专业发展的辐射作用和促进作用。

3. 发挥集团作用,助推现代服务业的发展

两年来,学院为促进江苏现代服务业的发展,先后成功举办了四次流通现代化和发展现代服务业的高层论坛。其中,2005年11月举办"江苏现代服务业发展论坛",有来自集团内外40余家的职业院校和60余家企业的高层领导共100多人参会。论坛特邀江苏省经贸委及南京大学商学院的专家教授做了专题报告。江苏五星电器有限公司、苏果超市有限公司的高层领导和江苏财经职业技术学院等校的校长们都做了精彩的发言。2006年11月举办的"流通现代化高层论坛",由学院和南京市商贸局共同策划,邀请了江苏苏宁电器有限公司、苏果超市有限公司、江苏五星电器有限公司、宏图三胞高科技术有限公司、南京金陵饭店股份有限公司、南京新街口百货商店股份有限公司、南京中央商场股份有限公司等南京商贸十五强企业和江苏财经职业技术学院等部分职教集团成员学校,共同探讨流通现代化的发展与高技能人才培养等问题。南京市政府和江苏省经贸委、江苏省发改委的领导、专家参加会议并做了重要讲话;江苏五星电器有限公司、苏果超市有限公司、宏图三胞高科技术有限公司、南京金陵饭店股份有限公司等企业领导在会议上做了专题报告。论坛的成功举办,加深了政校企三方的深度合作意识,形成了合力打造高技能人才高地的共识。

目前,通过集团化运作,基本实现了物流管理、电子商务、连锁经营、财务与投资、市场营销、现代商务策划、旅游与会展等专业资源在职教集团内部的中高职院校内的资源共享,促进了全省职业学院的软件业、现代物流业等现代化服务业类的专业建设,提升了服务业专业领域人才培养的质量。江苏省教育厅领导对此也给予了充分肯定和高度评价。

五、发挥"双师型"师资队伍的优势

目前学院现有专任教师队伍中,研究生学历的教师占62%,副教授超过100人,教授10余人,"双师型"教师占教师总数的70%以上。另有60多名教师先后被派到国外留学。学院始终坚持"责任意识",充分发挥专业人才优势,为社会、企业提供智力支

持，积极探索服务社会的新路子。

1. 向社会提供科技服务和科技成果

学院十分重视发挥专业、技术、人才优势，为企业提供市场策划服务。学院先后成立了财税金融研究所、现代物流研究所、注意力经济研究所、学习型组织研究所、高职教育研究所和现代商务研究所等六个研究所及营销顾问公司、会计师事务所、艺术设计公司等各类研究服务机构，深入行业、企业、工程等第一线，开展"切脉诊断"、营销策划、CIS 设计、管理咨询、员工培训、设计施工等多项服务。例如，为落实党的十六大提出的创建学习型社会的要求，学习型组织研究所及时与江苏凤凰电子音像出版社联合出版了 20 讲大型音像教材《学习型组织的理论与实践》，这是国内第一部以访谈交流形式全面介绍学习型组织管理理论的生动教材，受到江苏省委宣传部、省经贸委的好评。注意力经济研究所以其对信息社会出现价值规律的新见解，主撰并出版了学术性专著《注意力经营》。此外，学院还承担了江苏苏酒酒业有限公司"白酒伴侣"实验项目、秦淮河历史文化资源发掘利用系列项目、连云港海天景观设计项目、南京浦口开发区桥北商贸中心项目，参与了"郑和宝船厂遗址博物园"项目的设计等。其中为连云港云龙房地产开发有限公司进行的房地产营销策划项目，在《人民日报》、中国建筑业协会等单位主办的全国优秀房地产策划项目效果评选中荣获金奖。

2. 逐步实现专业产业化目标

学院本着专业产业化的发展思路，积极推进产学研结合。工商管理系先后与常州明都商城、常州双百集团有限公司、常州市武进人民商场有限公司、南京华格电汽塑业有限公司、金城集团有限公司、河北承德露露股份有限公司等 30 多家大中型企业进行了较深层次的合作，为企业提供了经营管理培训、咨询服务、市场调研、企业策划等服务，不仅给企业带来较大效益，而且促进了学院的专业和师资队伍的建设。工程技术系利用食品营养与检测专业的技术优势、雄厚的教师力量和实验室强势，联合江苏省食品集团有限公司、百胜餐饮集团南京分公司公司等大型企业共同进行食品营养保健与质量安全方面的课题研究，并实施科技开发和成果转化，成立了江苏经贸职业技术学院食品工程技术研究开发中心。食品工程技术研究开发中心着力解决食品废油的再利用问题，从而创造出一定的社会价值和经济收益。目前食品工程技术研究开发中心实行边建设、边试运行的工作方式，通过公司股份制运作的方式，逐步实现专业产业化目标。

六、探索国际合作培养现代服务业人才新模式

国际合作办学起步于 2001 年，学院与南京市劳动局中德项目办、德国 GTZ 公司进行合作，先后举办了面向下岗失业妇女的"商贸营销示范培训班"和"平面设计示范培训班"，受训学员在就业市场上供不应求，成功的培训效果也受到了德方的高度评价。目前，学院已成为德国 GTZ 公司在中国的示范培训点。学院国际合作办学发展较快，取得了可喜的成绩，分别与 5 个国家的 5 所院校设置了 8 个前沿热门专业，招收学生

800余人,居全省同类院校之首。

1. 将国际合作办学专业纳入国家统一招生计划

2004年,经江苏省教育厅批准,学院将国际合作办学专业纳入国家统一招生计划,实现了学院办学史上的又一次飞跃。目前,学院与加拿大不列颠哥伦比亚理工学院、澳大利亚高登职业技术学院、新西兰基督城理工学院、荷兰泽兰德大学、新加坡特许科技学院等国外高校建立了稳定的合作办学关系。学院通过国际化合作办学,引进国外先进的办学理念、教育手段、教学方法、教学体系和教材,进一步提升了高职人才的培养质量。

2. 中国职业院校学生首次出现在国际大赛中并获奖

2006年10月,学院首次组织学生代表团,代表中国参加在新加坡举办的2006年度国际市场营销大赛。在大赛中,江苏经贸职业技术学院的"YounGo(雅购)校园全国连锁便利店"项目,顺利进入决赛,并与新加坡国立大学、南洋理工学院的项目同时获得优胜奖,这是我国职业院校学生首次出现在国际大赛中并取得优秀成绩。

正如新加坡特许科技学院院长李德威所说:"取得这样的好成绩,是在预料之中的,江苏经贸职业技术学院在合作办学中,始终注重培养学生的职业技能。在教学计划中,职业技能培训占了较大比重。"

3. 创建江苏欧普高校软件人才培训基地

为加快江苏省紧缺的软件产业人才培养,在省教育厅的大力支持下,2005年12月,江苏省教育厅、美国OOPSystems公司和学院签署了合作培养软件人才协议,创建了江苏欧普高校软件人才培训基地,积极探索软件人才培养的新模式。目前已建立了六个现代化计算机实验室,开设了"网络高级管理""WEB设计开发"等10多门专业课程,第一届社会培训学员业已结业,学员就业率为100%。2006年4月21日,在省教育厅的支持和直接组织下,学院召开了全省范围的合作培养软件人才项目说明会,28所高职院校参加。由江苏经贸职业技术学院牵头开发的欧普项目证书体系和课程体系已基本完成。2006年11月28日,学院组织召开欧普培训项目全面启动会议,将于2007年在全省高职院校推广欧普项目。

七、为着现代服务业辉煌的明天

国家"十一五"发展规划中已经明确提出加快发展服务业、拓展生产性服务业、丰富消费性服务业的要求,江苏的"十一五"发展规划更明确了现代服务业十大领域的发展目标和双倍增计划。大力发展现代服务业,对于全面建设小康社会和构建和谐社会;对于促进制造业发展,降低成本,提高效益;对于建设服务化社会,提高服务水平、文明水平;对于促进就业,都具有极为重要的意义。

江苏经贸职业技术学院紧紧围绕现代服务业的发展,制定了学院"十一五"期间建设的总目标,努力创建全国示范性高职学院。同时学院提出了十大工程建设的发展规划：基础设施建设和完善工程，校区功能科学定位工程，新世纪素质教育和毕业生就业创业工程，教学质量和教学改革工程，构建以能力为本位的实践教学工程，科技创新工程，高素质师资队伍和管理队伍建设工程，国际和国内合作办学工程，教育信息化建设工程和改善师生员工的工作、学习和生活环境工程。"十一五"期间，学院会将工作重心转移到内涵建设上来，着重在提高专业建设能力、课程建设能力、人才培养模式改革能力、产学研结合能力、师资建设能力等方面下功夫，力争成为全国高水平示范性高职院校。

(原载《中国职业技术教育》2007年第4期)

"高教强省"若干问题的思考

王兆明

江苏在全国提出率先全面建成小康社会，率先基本实现现代化的奋斗目标，这是党中央对江苏的殷切希望，也是全省人民的迫切愿望。在推进"两个率先"的历史进程中，实施高教强省战略，确立高等教育的龙头地位，是省委、省政府的重大决策，也是贯彻科教兴省战略和人才强省战略的具体举措，江苏高等教育承担着重要且艰巨的任务。

一、矛盾与挑战

江苏的经济和社会发展水平处于全国前列，实现"两个率先"的奋斗目标有较好的基础和诸多的有利条件，但也面临着很多矛盾和严峻挑战。例如，贫富差距与地区差距问题、经济发展与环境污染问题、"三农"与建设新农村问题、农村劳动力转移与提高素质和技能培训问题、经济结构继续调整与经济增长方式尽快转变问题等。此外，产业结构中还存在先进制造业发展较快与现代服务业发展相对缓慢的矛盾。江苏第三产业在三大产业中的比重已连续三年下降，2004年仅占35%，2005年服务业虽有新的发展，但也只占35.8%。而主要发达国家达到70%以上，中等收入国家达到60%以上，低收入国家也达到40%以上。

过去，我们在认识上存在着"先生产，后流通"的误区，在实际工作中存在着制造业和服务业一手硬一手软，长期忽视商贸流通业的发展、服务业的发展的问题。应该说，加快现代服务业的发展是经济和社会发展到了一定阶段的新要求。在江苏经济和社会迅速发展的同时，省委、省政府把加快发展现代服务业摆上了重要议事日程。2005年7月，在无锡召开的"全省加快发展现代服务业工作会议"，出台了一系列政策措施，提出了当前和今后一个时期要着力抓好十大服务产业的发展：一是加快发展现代物流业；二是大力培育科技服务业；三是支持发展金融业；四是积极发展商务服务业；五是重点推进信息服务业发展；六是增强文化产业的发展活力；七是大力发展旅游业；八是提升商贸流通业发展水平；九是规范发展房地产业；十是放手发展社区服务业。其中强调在大力发展生产服务业的同时，积极发展与人民生活密切相关的生活服务业，如文化服务、旅游服务、信息服务、投资服务等。江苏"十一五"发展规划纲要进一步确定加速发展现代服务业的十大重点领域。到2010年，全省服务业增加值要在2004年的基础上实现倍增，其中软件业、信息服务业、商务服务业等的增加值要在2005年的基础上实现双倍增。

当今社会，科学技术是第一生产力，人才资源是第一资源，在推进"两个率先"中，高等教育扮演着重要角色。江苏经济和社会的迅速发展，对高等教育提出了新的要求。这些年来，江苏的高等教育发展较快，改革成效显著，总体水平一直位居全国前列，但同时也面临着一系列的矛盾和挑战。

1. 教育的社会性与教育发展的社会环境较差之间的矛盾

教育作为一项社会系统工程，需要全社会的支持。随着这几年高等教育的大发展，政府及有关部门对高校建设、办学水平和管理的要求比较高，而具体的扶持政策则较少，尤其是资金方面的支持力度不够。教育行政部门和学校为了主动应对升学高峰和满足社会对人才的需求，把部分基础建设费用划入了教育成本，其中一部分由学生及家长分担。但由于宣传的片面性，教育成了所谓"暴利行业"，教育的形象受到极大损害，社会上支持教育发展的热情和工作力度受到严重影响。另外，不良的社会风气对学生的思想道德教育产生消极影响等，都给高等教育提出了新课题。

2. 教育发展规律的稳定性与教育规模的跳跃性变化之间的矛盾

从 2003 年开始，江苏省进入初中、高中毕业生升学高峰期，以初中毕业生为例：1998—2002 年，全省初中毕业生在 70—80 万人之间；2003—2008 年期间的初中毕业生人数在百万人以上，最多将达 130 万人，是 2000 年前后的 1.5 倍，高中毕业生的升学高峰也还将持续五六年。中学生升学高峰的持续到来，使本不充足的高中阶段和高等教育的资源供给更显短缺，虽然近几年来高等教育连年扩招，但仍难以适应企业发展的需要。特别是中等职业教育的资源准备更显不足，几年前，中职学校每年招生才二三十万人，现在则超过 50 万人，办学条件跟不上发展需要，这势必使大批高中生加入高等教育的大军。而到 2010 年以后，初中、高中毕业生数将逐步进入低谷。现有小学一年级学生仅 68 万人，也就是到 2015 年前后高中阶段毕业生人数只有现在的一半，这些都对高等教育的发展规划及高校的建设提出了值得重视和深思的问题。

3. 高等教育的大众化与长期形成的精英教育机制之间的矛盾

我国已经跨越高等教育大众化的门槛，江苏高等教育的普及程度更是远高于全国平均水平。实际上除了研究生教育仍然属于精英教育外，本科、专科教育已经向大众化方向发展，但教育运行机制、教育观念和制度、人才培养规格和目标等还没有及时调整到位，仍基本停留在精英教育时期，沿用的还是传统的以考试为中心的升学教育模式，长期形成的从幼儿园开始就层层淘汰、选拔的机制依然存在，名目繁多的重点校、示范校、实验校，重点班、尖子班和愈演愈烈的"择校热"等依旧风行，这不仅扼杀了学生的创新精神，也严重阻碍了教育公平的实现。

4. 高等教育的类型和专业结构与社会需求之间的矛盾

首先，高等教育的类型与人才需求不适应。随着经济和社会的发展，社会大量需要的是生产、经营、服务一线的应用型、技术型和技能型人才，而高等教育，特别是本科以上教育还是传统的以培养学术型人才为主的单元结构。高等职业教育是一种教育类型，而非一种教育层次，应当有其完整的体系。有相当一部分人却认为高等职业教育只是一个层次，高职教育只能是专科层次的职业教育。认识的偏差必然导致工作指导上的失误。世界发达国家的经验表明，高等职业教育对一个国家和地区的工业化与现代化的作用是其他类型教育不可替代的。现在普通本科发展很快，规模很大，但许多学校还是以传统的教学观念和教学模式来办本科，这必将导致本科生就业难，因为传统的就业岗位被研究生占有，本科生又缺乏到一线工作的技能，与高职专科生比，缺乏明显的竞争优势。社会上普遍感受到两类人才缺乏，一是高层次创新型科技人才和经营管理人才；二是现代农业和现代制造业、服务业一线的高技能实用人才。

其次，专业结构与社会需求不相适应。历史上，江苏省属高校以传统的师范、医学院校为主。高教管理体制改革后，许多部委学校下放至省管，有的是部、省共建，农林、工科院校有所加强，但为服务业发展服务的高等院校仍较薄弱，江苏是既缺商学院，也缺旅游学院，还缺金融学院。从服务业人才培养看，江苏和上海的差距越来越大，前些年，江苏在办中专时，上海办大专，江苏旅游职业学校的许多教师曾到上海旅游高等专科学校去接受培训，上海旅游高等专科学校在全国很有影响力，还有上海立达职业技术学院、上海海事职业技术学院、上海商业职业技术学院等。现在江苏才开始办高职（大专层次），而上海抓住有本科高校审批权的机遇，将高职学院和专科学校改办成本科院校，使高职层次上移，现在上海有专门的对外贸易学院、会计学院、金融学院、商学院、海事大学、财经大学等，都是本科层次，办学水平较高，江苏在服务业人才培养上缺少前瞻性且落后于上海。江苏现有的综合性大学虽然设有相关院系（专业），有其自身优势，且高水平专门高校也有其独特优势，但缺少领军的专门高校，难以整合形成行业的产学研结合优势来引领江苏乃至全国服务业的发展。

5. 高等教育人才培养模式和质量与社会需求之间的矛盾

一是办学模式陈旧，人才培养与企业需求严重脱节，难以适应培养创新人才和提高学生实践能力的要求。不少本科院校还在按照固有的模式办学，教学方式也沿用传统的模式，高职院校与企业合作不够密切，企业参与度不够，培养的人才无论从数量和质量上都难以符合社会需求。以软件专业为例，2010年前江苏需要培养20多万软件人才，把江苏建成全国的"软件大省"，把省会南京建成中国的"软件名城"。而现在一方面软件企业发展很快，高素质人才严重缺乏；另一方面，计算机类专业毕业生因不能很好适应企业和岗位的要求而找工作困难，现代物流和电子商务等新兴专业也有类似情况。二是现代服务业人才培养的措施不力。如现代物流业的快速发展，使得物流业人才非常紧缺，江苏物流业人才缺口为20万—30万人。但由于原来的行业和政府部门要么机构撤销，要么职能改变，缺乏有效的组织，人才培养的组织化程度比较低，办学分散，缺少指导和政策资金支持，难以保证人才培养质量。

二、发展与对策

1. 大力发展高职教育

江苏实施"高教强省"战略的一个重要方面就是必须突出"高职强省"。这是因为江苏的高等职业教育颇具特色,全国领先,也是由高等职业教育本身在社会经济发展中的功能所决定。高职教育在一个国家和地区的工业化与现代化过程中承担着培养技术型、应用型和高技能人才的重要任务,相对于其他层次和类型的教育,与经济发展的联系更密切、更直接。

江苏现有高职院校72所,在校生人数达52万,高等职业教育的学校数量、招生人数、在校生人数等方面都稳居全国首位。高职教育成为江苏高等教育名副其实的"半壁江山",为加快江苏高等教育大众化进程做出了历史性贡献。高职教育水平和地位的领先,正是江苏在全国高等教育中的优势和特色的重要组成部分。因此,江苏要建成"高教强省",高等职业教育最有希望成为突破口。同时,江苏到2010年要实现高等教育毛入学率40%的奋斗目标,就必须进一步做大做强高等职业教育,这是关系到江苏高等教育能否可持续发展的重大问题。

在新的历史阶段,江苏高等职业教育必须坚持"稳定规模、充实内涵、完善建设、提高质量"的方针,政府和全社会应克服和改变对高等职业教育的许多歧视性政策,在师资培养、职称晋升、事业经费和投资拨款、办学水平评估及各类评优评奖等方面充分考虑到高职教育的特色;要把发展本科层次的高职教育作为江苏建设"高教强省"的一大战略举措,积极促进部分本科院校向应用型本科发展,按照应用型人才岗位要求调整专业结构和课程结构,调整教学模式和培养目标规格;要大力加强实践能力培养,加强实习实训基地建设,先把本科院校的二级高职学院(应用技术学院)办出高职特色,积极调整学生的就业期望值,加强对本科学生的就业和创业指导。同时积极争取政策突破,现有高职院校可根据需要和审批举办本科层次高职教育,实行多层次办学。

2. 完善经费投入机制

高等学校在发展中面临的许多困难制约着高等教育功能的充分发挥。经费不足的问题一直制约着高等教育,尤其是高职院校的发展。许多高校都处于负债运行状态,巨额债务正成为高校健康发展的"包袱",还贷负担和付息压力使高校不堪重负,许多学校不得不采取"一保建设(配套完善),二保吃饭"的财政政策。专业和师资建设、教育设备和科技开发投入的大幅压缩,影响学校的师资队伍、特色创新及教学质量等内涵建设。在政府财政拨款有限的情况下,一些学校不得不通过增加招生收费来部分缓解资金短缺的矛盾。我们必须采取切实措施,通过老校区置换、政府集中投入、学校多渠道筹措,尽快解开高校负债的死结。鉴于各类高校跨越式发展,办学规模不断扩大,建设资金严重缺乏,当务之急是集中投入。政府应审时度势,采取果断措施,帮助高校度过当前资金短缺的难关,进一步加大对高校的政策扶持力度,减轻学校的债务负担,使高等教育走上良性发展的道路。而到 2010 年以后，随着升学高峰过去，办学规模稳定和减少，政府可以在相当一段时期减少甚至停止对高校建设的资助。

筹措经费，增加投入是解决问题的一个方面，而合理分配有限的经费则是解决问题的另一方面。我国的教育经费分配体制存在着严重的不均衡，在高等教育系统内部，也存在明显的不均衡，部属院校与地方院校、重点院校与一般院校、普通高校与高职院校获得的政府财政拨款数额差别较大，这在很大程度上决定了各类院校的发展命运。因此，政府应在完善教育经费分配体制中发挥主导作用，积极改革现有的经费投入体制，适当向高等职业教育倾斜，平衡协调教育经费在各类院校之间的分配，尽量减少高等职业教育在均衡快速发展中遇到的资金困难和制度性障碍。

3. 改革高校招生制度

高考制度在很大程度上是基础教育的指挥棒。素质教育的推进，基础教育课程改革的实施与成效的体现，取决于高考制度改革的进展。今后几年江苏仍处于高中毕业生的升学高峰期，50 多万高中毕业生的升学竞争是推进高考制度改革必须正视的现实问题，建议采取分流措施，缓解高考压力，为素质教育推进创造一个良好的环境氛围，也为各类高等学校获得良好生源创造条件。除了在初中毕业以后首次对学生进行分流，使一半以上的初中毕业生接受中等职业教育并继续完善对口单招制度外，在高中阶段还应进行第二次分流，积极引导高中生根据自己的条件、兴趣特长选择接受高等职业教育。社会对人才的需求是多样化的，高等教育的类型和人才培养模式也应当是多样化的，高技能人才和高职人才的知识能力结构有其特点，各类专业对学生基本素质要求也不尽一致。应当改变 50 多万考生考同一试卷的现状，要让部分高中生从应试教育中较早地摆脱出来，建立适合高职教育特色的招生录取制度，以会考为主要招考形式和依据，实现笔试和面试相结合，并视报考情况在部分高职院校实行注册入学。

4. 强化社会服务功能

高校要增强主动服务社会的意识和能力，为社会提供更多形式的服务；要加强科研创新，多出人才、多出成果、多出效益，解决生产发展中的技术问题，大力发展科技产业，努力成为带动当地经济发展的"助推器"；要加强软科学研究，为党政部门的决策提供咨询服务。高职院校要利用现有的人才与设备等资源优势，面向社会，开展各种形式的职业培训、在职培训和继续教育，提高在职人员的素质和技能。有条件的学校还应当积极为农村待转移劳动力、城镇下岗失业人员提供就业培训服务，增强他们的就业能力，缓解社会的就业矛盾，增加社会低收入者的收入。高等学校要进一步主动服务地方经济建设，积极参与经济建设，通过良好有效的社会服务及对每一个学生成才发展负责的优质教育，来赢得社会的尊重和支持，获取可持续发展的资本和动力，办好人民满意的高等教育。

江苏素有尊师重教的传统，在改革开放后的较长时期，全社会普遍关心支持教育，"人民教育人民办""宁可少上基础项目，也要保障教育投入"成为一种时尚。正是在全社会的大力支持下,教育得到了较快发展。在新一轮的大发展、大提高中,教育更需要全社会的大力支持。政府仍然要下决心解决"择校热"和教育不够公平等群众关心的社会热点问题。要重塑教育在社会上的良好形象,积极营造社会都重视教育、关心和支持教育的良好氛围;要大力宣传教育发展的成就、经验和优先快速发展的必要性;要加强对人们择业、就业观念的转变的引导,使人们形成理性消费高等教育的意识,为教育发展创造更广阔的空间。

总之,"高教强省"呼唤高等教育健康持续发展,政府、社会、企业及高校等多方只有联手协作和共同努力,才能为江苏的"两个率先"做出应有的贡献。

[参考文献]

[1] 国务院. 国务院关于大力发展职业教育的决定[N]. 人民日报,2005-11-10(01).

[2] 李佑成,马洪平. 我国高等职业教育投资的问题与对策[J]. 扬州大学学报(高教研究版),2005(1):20-23.

[3] 高秀兰. 我国高等职业教育的发展趋势和策略[J]. 科教文汇,2006(1):8-9.

(原载《江苏经贸职业技术学院学报》2006年第4期)

追求卓越　志在一流

王兆明

江苏经贸职业技术学院是一所具有50年悠久历史的老校，也是一所江苏省商业教育名校，更是一所正在发展建设中的新校。

学校从孕育、成长到逐步壮大，经历了数次大的转折和跨越。在长达半个世纪的时间中，校名和校址几经变迁，形成了发展的两条主线，即省商校和商干院。

1952年，中华人民共和国成立伊始，为了加快培养各类商业经营人才，以适应大规模社会主义建设的需要，苏南镇江商业学校创建。这是江苏省国有商业最早建立的全日制中等专业学校，也是解放初全国首批建立的少数几所商业学校之一，标志着党和政府创办商科教育的开端。1953年，学校改称江苏省镇江商业学校；1955年，迁往扬州，改为江苏省扬州商业学校；1965年，更名为江苏省商业学校；1980年，被教育部列为国家级重点中等专业学校。

与此同时，1953年，江苏省国营商业干部训练班也在镇江创办，由时任省商业厅厅长、后任常务副省长的金逊同志担任商训班主任。当时的省委第一书记江渭清同志曾亲自到商训班讲课。1955年，商训班随江苏省镇江商业学校一同迁往扬州。1957年，商训班迁址南京独立办学，成立江苏省商业干部学校（简称"省商校"）。1958年，经省委批准更名为江苏商学院，两年后又恢复原"省商校"名称。1983年，经国家教委批准，在南京原址成立江苏商业管理干部学院（简称"商干院"），这是全国最早成立的管理干部学院之一。1987年，省政府批准省商校由扬州迁往南京与商干院合署办学。

2002年，经省政府批复、教育部备案，商干院和省商校改制为江苏经贸职业技术学院，同时保留"商干院"的校牌，实行"一套班子、两块牌子"的办学机制。省商校和商干院这两所学校所积累的文化底蕴和物质财富，为江苏经贸职业技术学院的发展奠定了坚实的基础。近两年，我们抓住国民经济和高等教育快速发展的机遇，在江宁区征地800亩，建设新校区。2003年2月7日动工，10月9日已入住了3 000名师生。我们不仅用8个月完成了高质量的一期工程，而且积累了宝贵的精神财富，形成了"解放思想、敢于争先、吃苦耐劳、顽强拼搏、同心协力、全员参与"的新校区建设精神。

学校以"立足商贸、面向社会、适应市场、服务经济"为宗旨，以培养应用型、技能型、复合型的"银领"人才为目标，素以基础宽厚、特色鲜明、教学严谨、学风优良而著称，成为多层次、多规模、多形式、多功能的人才培养基地，在商贸流通领域享有盛誉，在国内也有一定的影响和地位。

一所学校要有一种精神，这种精神凝聚着全校师生员工的理想和追求，凝聚着强烈的责任感和荣誉感。50年来，在曲折发展的历程中，我们正是靠着这种精神，始终认定一个目标，咬定青山不放松，艰苦创业、奋发进取、知难而进、百折不回。

　　一所学校要有良好的校风，这是聚集和感召全校师生员工的一面旗帜。50年来，江苏经贸职业技术学院承儒商之气，秉诚信之风，育创业之人，走发展之路，历史性地铸成了自身的人文传统和科学精神：团结、严谨、求实、奋进。

　　一所学校要有自身的特色。特色就是个性，特色就是优势，特色就是活力，特色就是生命力，特色就是竞争力。50年来，江苏经贸职业技术学院鲜明的办学特色，优秀的人才培养质量，良好的办学效益，形成了在商贸流通领域的特有优势，在教育界、社会上赢得了较好的声誉，被称为"江苏商界的'黄埔军校'"和"现代经贸人才的摇篮"。

　　50年的发展，我们造就了艰苦奋斗、百折不挠的优良传统；50年的建设，我们发扬了爱国爱校、自强不息的精神风范；50年的奋斗，我们形成了敢为人先、勇于创新的可贵品质；50年的求索，我们坚持了锐意进取、严谨求实的工作作风。

　　江苏经贸职业技术学院历经50年的发展和积淀，在学科建设、专业建设、队伍建设、办学条件的改善等方面都取得了较大的进展，形成了人才培养、职业和技术培训、应用科技研究、社会服务等全方位为江苏现代化建设服务的格局。

　　一是基础建设上规模。学校现有"一校两区"：光华校区有近6万平方米校舍，江宁校区一期工程建有10万平方米校舍；学校图书馆藏书20万册；配有50多个先进的多媒体报告厅、远程教室、计算机房、语音室、实验室等现代化教学设施。

　　二是学科专业有特色。学校注重依托行业，以服务现代服务业为办学特色，不断寻求产学研结合的新途径，与南京中央商场股份有限公司、南京新街口百货商店股份有限公司、江苏五星电器有限公司、江苏苏宁电器有限公司、苏果超市有限公司、江苏雨润食品产业集团有限公司、金陵饭店股份有限公司、江苏饭店有限公司、江苏省纵横软件有限公司等大型企业开展校企合作，建设师生实践基地和毕业生就业基地；开设了特色鲜明、紧密结合市场需求的40多个专业。新开发的一批专业，如钻石和珠宝加工、连锁经营与管理、物流管理与网络技术、电子商务、注册会计师专门化等受到社会欢迎，市场营销、制冷与空调、会计等成为省级名牌专业。针对职业岗位的需要，学校以"应用"为主旨和特征，构建了课程设置和教学内容体系。

　　三是师资雄厚有活力。学校着力建设一支素质优良、结构优化、精干高效、梯队合理的教师队伍。现有专任教师230多人，兼职教师100多人；其中研究生学历占40%，中高级职称占80%，"双师型"教师占35%；有的教师被列入江苏省"333"跨世纪人才；学校还聘请27名行业、企业的专家为客座教授。

　　四是生源规模创新高。学校实行灵活的办学模式和学习制度，学历教育和职业培训相结合，招收普通高中、职业学校和初中毕业生的高等职业教育、成人大专及自学考试和函授教育等多层次并存。学校还与南京师范大学、南京理工大学合作举办本科层次的特色自考班。2001年、2002年和2003年连续三年，招生规模都创历史纪录。目前，各类在籍生达到8 000多人，在校生达到6 000多人。

五是就业工作受好评。学校着力提高学生的综合素质，加强学生就业的适应性和针对性，在加强学生思想道德教育的同时，把"职业指导"（一年级为"职业生涯设计"，三年级为"就业创业实务"）、"市场营销"作为全校公共必修课，增强学生的创业意识和创业能力。学校坚持面向全体学生，实行学分制，全面提高教学质量，近年来毕业生的就业率保持在93%以上。

六是深化改革练内功。学校在拓展空间、充实内涵的同时，全力推进四项改革：进行机构改革，实行二级管理和全员聘任制；进行教学改革，调整专业设置，实行学分制；进行后勤改革，实行事企分开，向后勤社会化迈出一大步；进行分配改革，体现绩能优先，完善岗位责任制。

七是对外交流新开拓。学校为了不断提升办学理念，提高办学水平，先后与新西兰基督城理工学院、美国渥太华大学等国外大学签订了联合办学协议。学校同时增挂"江苏国际预科学院"校牌，与江苏省教育厅国际交流中心联合实施与澳大利亚昆士兰州教育部合作的大学预科项目。此外，学校与全球500强之一的外资商业企业家乐福建立了全面、长期的合作关系，为双赢开辟了广阔的发展空间。

八是两个文明上台阶。学校坚持物质文明和精神文明同步发展，连续四年被省委宣传部、省文明办授予"江苏省文明单位"荣誉称号。最近，又被省教育厅授予2001—2002年度江苏省"文明学校"光荣称号。军校共建、警校共建取得了显著成效。

当人类前进的脚步迈进21世纪的时候，我们国家已经进入了社会主义现代化建设的新阶段，高等教育事业也进入了快速发展的新时期。我们正处于一场伟大的变革之中，同时也面临着一个新的挑战。

在现代社会，高等教育发挥了不可替代的作用，它所具有的全面性、先导性和基础性作用日益凸显。高等学校的建设与发展，一定要融入时代发展的大环境，一定要融入历史发展的大潮流。一所大学在为自己定位和制定目标时，必须兼顾国家的整体与地方的局部，以及长期与短期这两方面的需要，必须结合自身的特点与优势，必须坚持教育创新，只有这样才能不断发展壮大，才能在充满机遇与挑战的社会变革中立于不败之地。

在贯彻十六大精神、全面建成小康社会的历史进程中，在高等教育从精英化迈向大众化的历史进程中，在实现全省"两个率先"的历史进程中，江苏经贸职业技术学院必须而且应该有所作为、有所贡献。

为了迎接新世纪的挑战，我们着手制定学校中期、长期发展规划，打算经过"十一五"计划的奋斗，使办学的主要指标进入省内乃至国内的先进行列，把学校办成"省内一流、国内知名"的本科建制的普通高校。

——精心打造，为建设智能化、生态型、园林式的现代化新校区而奋斗！一次规划，三年建成。在这片充满希望的热土上，美丽的自然景观与深厚的人文环境相互交融,纯朴风情与自然生态相映成趣。江宁校区二期工程还将续建 10 万多平方米的校舍,并进一步完善其他配套设施。此外,学校建设的大学城资源共享区中的商业服务区,将与企业合作,投资 2 亿多元,建成高水平、大规模的实训基地和创业园区。

——做大做强,为建设一所万人以上规模的大学而奋斗!我们将进一步优化资源配置,充分挖掘办学潜力,努力扩大办学规模,使多层次的高职教育与继续教育、远程教育等协调发展。2004 年将继续招生 3 000 多人,到 2005 年在校生人数即可达到并超过万人。

——办出特色,为建设一流的高职学院而奋斗!江苏经贸职业技术学院是江苏省唯一保留成人高校建制的高职学院,作为有着 50 年职教办学传统,特别是 20 年高等职业教育办学经验的老校,我们一定要积极探索和坚持高职特色,发挥优势,扬长避短,争先进位,奋力拼搏,全面跃入江苏省高职学院的第一方阵,并要一着不让,继续努力,积极争取举办本科层次的高职教育。

为了实现新的奋斗目标,我们一定要塑造品牌形象。名校、名师、名专业对学校来说,是不可多得的无形资产,对于这种珍贵的教育资源,一要继承,二要光大,三要推新,三者有机结合就构成了学校经久不衰的发展之源。在原有的省商校和商干院这两个品牌的基础上,诞生了江苏经贸职业技术学院这一新品牌。

为了实现新的奋斗目标,我们一定要营造鲜明特色。学校必须以质量求生存,以特色求发展,不断提高综合实力和教育竞争力。为此,我们将紧密围绕"一体两翼"的服务面向,即以服务流通现代化为主体,以旅游业和金融保险信息及其他现代服务业为两翼,全面塑造江苏经贸职业技术学院的品牌形象。

为了实现新的奋斗目标,我们一定要锻造优质精品。学校与企业一样,要想在风云变幻、激烈竞争的市场上立足,就必须依靠高质量的产品。我们的办学理念突出的一点就是"精品意识",把学生培养成面向 21 世纪的"品质优良"、身心健康、基础厚实、应用面宽的新时期的现代商人,使学生就业有优势、创业有本领、升学有希望、出国有外语能力、终身学习有基础。

总之,我们要始终把发展作为治校兴学的第一要务,发挥长期行业办学的优势,依靠企业、服务企业,开展各种形式的合作办学,实现内涵再提高之创举。我们要按照现代化、正规化、规范化、标准化的要求,高起点、高质量地办好高等职业教育,在办学规模上要有新突破,在学科专业上要有新突破,在师资建设上要有新突破,在教学改革上要有新突破,在科学研究上要有新突破,在对外合作上要有新突破,在产业开发上要有新突破,在实验室建设上要有新突破,在基本建设上要有新突破,在后勤社会化上要有新突破。

我们一定要以邓小平理论和"三个代表"重要思想为指导,坚决落实江泽民同志提出的"教育创新"的历史使命,服从并服务于江苏省"两个率先"这个大局,革故鼎新,与时俱进,努力建设一个全新的江苏经贸职业技术学院。

(原载《江苏经贸职业技术学院学报》2004 年第 1 期)

五秩风华　与时俱进
——主编寄语

王兆明

　　走过风雨岁月，历经时代巨变，江苏经贸职业技术学院迎来了50周年华诞。沧桑砺洗，蕴积涵育。在长达半个世纪中，校名与校址几经沉浮变迁和更迭交替，其前身肇始于1952年接收改组私立镇江新华中学而建立起来的苏南镇江商业学校，1953年改称江苏省镇江商业学校，这是中华人民共和国成立后党和政府独立创办商科教育的开端。1955年迁址扬州，1965年正式更名为江苏省商业学校。与此同时，江苏省商业干部学校、江苏商业专科学校也先后相继建立，1958年更名为江苏商学院。"文革"期间均被迫下马停办。1983年经原国家教委批准在南京原址组建江苏商业管理干部学院，这是全国最早的管理干部学院之一。1987年省政府批准江苏省商业干部学校由扬州迁往南京与江苏商业管理干部学院合署办学。2002年经江苏省人民政府批复同意在江苏商业管理干部学院的基础上改制为江苏经贸职业技术学院，实行"一套班子，两块牌子"。此外，江苏经贸职业技术学院还增挂"江苏国际预科学院"校牌。

　　在省委、省政府的领导和关怀下，2002年江苏经贸职业技术学院在江宁区征地800亩建设新校区，一期工程建成校舍10万多平方米，已于2003年10月竣工，并进驻3 000多名师生。二期工程将再续建10万多平方米，达到万人以上的规模。此外，江苏经贸职业技术学院建设的江宁大学城资源共享区的商业服务区投资在2亿元以上，将成为高水平、大规模的实训中心。

　　半世纪岁月如歌，五十载春华秋实。建校50年来，江苏经贸职业技术学院为国家培养和输送了4万多名人才和各条战线的骨干，被称为"江苏商界的'黄埔军校'"和"现代经贸人才的摇篮"。现在遍布在大江南北全省各地流通领域的领导和业务骨干，许多都是江苏经贸职业技术学院校友。

　　今天，经过几代人的艰苦奋斗，这所既有悠久历史又是"年轻新生"的高等学府焕发着勃勃生机。目前已发展成为培养应用型、技术型、复合型专业人才和管理骨干的普通高校，以商、贸、财、经为主，文、理、工、艺学科齐全，专业兼备，师资雄厚，结构合理，独具特色，在江苏商贸流通领域享有盛誉，在省内外也有一定的影响力和地位。

　　五秩风华，与时俱进。奋进中的江苏经贸职业技术学院，站在新世纪的制高点上，正以崭新的面貌展示在世人面前。走出江苏，走向全国，面向世界！

回首过去，莘莘学子，从这里走出；商贸英才，从这里腾飞。展望未来，百舸争流，搏击竞争风浪；阅尽春色，风景这边独好。让我们共同携起手来，迎接机遇和挑战，实现学校新的跨越，再铸明日的辉煌，为培养和造就能够适应激烈的国际竞争的现代商务人才而努力奋斗！

（原载《江苏经贸职业技术学院学报》2003年第3期）

江苏职教创业教育再上新台阶

王兆明　金芝芳

1989年年底,联合国教科文组织在"面向21世纪教育国际研讨会"上提出"学习的第三本护照"即创业能力护照后,创业已成为世界各国经济发展的原动力,成为时代最激动人心的主题之一。创业教育的提出,为建立新的教育哲学观开拓了新视野,对未来人才素质的构成提出了新要求,为教育理论研究和改革实践开辟了新天地。职业教育作为沟通经济与教育的桥梁,作为塑造和输送高素质劳动者的能源基地,更要重视对学生进行创业教育,开发和提高学生的基本创业素质,培养学生的创业精神和创业能力。

江苏省从1994年开始,通过更新观念面向市场、主动适应有效服务、开设课程加强引导、落实机构明确职责、广建网络多方开拓等一系列举措,取得重大成就:率先于1999年在全省中等职业学校开设了必修课"就业与创业指导";率先将就业指导与创业教育相结合构建课程体系。江苏省通过多年的实践初步形成了一个新思路,建立起一个新机制,呈现出六个新趋势:

一个新思路指"横向结合、纵向贯穿、多方渗透、全面拓展"的工作思路。将职业指导与创业教育同职业道德教育、日常思想政治教育及各种德育实践活动相结合,并将其贯穿从入学到毕业的专业教育的全过程,渗透到各学科的理论和实践教学中,拓展到学生的职业观、创业观、价值观、人生观、人才观和心理素质领域。

一个新机制指通过毕业生就业机制创新和政策调控,优化毕业生资源配置,使其由原来人力资源的简单配置转变成人才资本的复合运作,逐步形成与市场经济体制相适应的"市场产生需求,需求决定计划,计划导向发展,政府调控市场"的新毕业生就业机制。

六个新趋势指毕业生就业工作已经呈现出就业配置市场化、就业形式多样化、就业状态流动化、就业指导专业化、就业服务网络化、就业关系合同化的趋势。

回顾这些工作,我们主要从以下几个方面着手。

一、抓观念更新,实现从被动就业到主动创业的思想跨越

长期以来,由于受计划经济体制形成的统招统配就业政策及传统就业观念的束缚,许多受过职业教育的谋业者,更多的是寻找社会已有的现成工作岗位,较少有自主创业的意识和行动。要实现从被动就业到主动创业的思想跨越,需要从以下三个方面入手:

1. 转变教育行政部门职教管理工作者的思想观念

要充分认识到我们抓职业指导,绝不仅仅是为了让学生落实就业岗位、实现人职匹配,更重要的是针对学生在职业选择、职业适应和职业发展等方面遇到的问题,启发、引导、教育学生正确认识社会、认识自我,做到合理择业、积极发展,从而创造"人尽其才、才尽其用、各安其位、各得其所"的良好局面。在教育活动中不仅仅强调岗位的适应性,更要注重人的职业潜力的开发和创业型人格的塑造,特别要强调学生的创业意识、创业心理品质的培养和创业知识、创业技能的掌握,激发其创业需要与动机。我们的目标是不求人人成为成功的创业者,但愿个个具有创业的潜质。

2. 转变学校教育工作者的思想观念

没有创新素质与创业意识的教师不可能培养出创业型人才。创新素质与创业意识应该成为教师素质的重要组成部分。以溧阳职业高中为代表的一批学校在这方面做了很好的探索,他们采用立体培训的办法,对教师进行创业教育的理论培训,分十几个专题举办讲座,发动教师参与创业教育课题研究,参与创新实验室建设,参与研讨活动,通过上述措施使教师直接参与创业教育研究与实践的比例达到53%,在校内形成一支创业型群体。

3. 转变学生的思想观念

学生是接受职业指导与创业教育的主体,帮助他们树立正确的职业观与创业观是职业指导的出发点与落脚点。全省各地、各校普遍成立了就业指导与创业教育领导小组,把营造创业光荣、创业有为的社会氛围作为重要任务。他们组织学习、宣传创业教育理论,制订创业教育计划,表彰创业青年成功者,组织创业典型报告团到各校巡回演讲。

江苏省教委在召开全省职业学校优秀毕业生事迹报告会的基础上,召开了全省普通中专校学生就业指导研讨会,在这次研讨会上首次明确了新形势下的就业观念,提出在国家就业方针政策的指导下,在一定岗位上通过诚实劳动依法经营取得合法收入亦称为就业;自谋职业、自主创业的创业型就业,在市场经济条件下正在成为一种全新的就业形式;如何适应经济体制多元化所决定的就业配置市场化、就业形式多样化、就业状态流动化趋势,将广大职业学校毕业生引向三资企业、集体企业、个体私营企业,引向农村去自谋职业、自主创业,已成为职业指导和创业教育的重要任务。这次研讨会是一个动员令,使广大职校毕业生冲破了毕业就要国家分配的"等、靠、要"传统就业观念束缚,建立起社会主义市场经济下的大就业观和创业观,初步实现了传统从业观向现代创业观的历史性转换,改变了主要依靠国家安排就业的局面和主要依靠国有企业吸纳就业的格局。

二、抓教育引导,构建职业指导与创业教育有机结合的课程体系

将职业指导与创业教育在实施过程中整体融合,在课程建设中着力构建将两者紧密结合的课程体系,既探索适应学生心理特点的教学程序,又寻求教育与服务相结合的引

导模式,这是江苏省职教工作者的一个创举。

创业是通过寻找和把握机遇创造出新颖的产品或服务,并通过市场扩展成企业或产业,从而实现其经济价值和社会价值的过程。在职业教育领域实施创业教育,就是在职业素质教育基础上融入创业素质要求。因此,职业指导与创业教育有着天然的内在联系,两者在教育目标上同向、教学内容上同类、实施途径上同轨。将两者结合,就是在教育过程中实现观念与行为相结合,在谋求职业时实现职业的适应与职业的超越相结合,使职业素质与创业素质同步养成。通过几年来的实践,我们探索总结出职业指导与创业教育的六种基本方法,即教育引导、社会实践、调查分析、心理测试、团体辅导、个别咨询,其中教育引导是最重要也是最基本的方法。为使教育引导经常化、制度化、科学化、规范化、系统化,江苏省教委决定从1999年起在全省中等职业学校正式开设"就业与创业指导"课,将其作为政治理论和思想品德课系列中的一门重要的必修课列入教学计划,课时在40学时左右。2000年年初,我们在原有基础上对试用教材《就业与创业指导》进行了新一轮修订,更名为《职业道德与就业创业指导》,大幅度扩充了创业教育内容,特别增加了工商税务、金融保险、经济法律等创业实务知识,增加了选择创业目标、拟定创业计划、实施创业构想等创业基本程序和小企业经营管理知识。为开好这门课,充分体现课程的针对性、实践性、指导性和操作性等特点,我们举办了教材教法培训班,要求各校在进行课堂教学的同时,还要利用第二课堂和机动课时,采用走出去、请进来、举办讲座、报告会、实地参观、社会调查等多种形式开展教育。

三、抓教学改革,以创业型人才质量标准和培养目标为导向改革课程体系、结构和内容

课程改革一直是江苏省职业技术教育管理工作的重中之重,在开展职业指导、实施创业教育中,以新的创业型人才质量标准和培养目标为导向,加强课程体系、结构和内容的改革,努力培养既能就业又能创业,既有专业特长又有经营管理等综合能力的实用型、复合型、创业型人才,使创业教育成为改革和发展职业教育的推进器。

各校从学科课程、活动课程和环境课程这三种课程的基本形态出发,形成了创业理论课、文化基础课、专业理论课、技能实践课多位一体的格局。在学科课程方面,除了全省统一开设的"职业道德与就业创业指导"必修课外,各校均开设了选修课,从不同的角度培养学生的创业素质。如泰兴建筑工程学校,从建筑市场的发展需要出发,开设了"国际工程投标理论与实务""项目法施工""材料供应与管理""经济合同法"等选修课,常州化工学校以素质教育目标为依据,将创业素质目标作为最重要的素质融入其中,将显性课程与隐性课程相结合,实行加强第一课堂、丰富第二课堂的教学模式,他们每学期安排各种知识讲座40场次,设有科技类、艺术类等各种学生社团33个,有2 000多人参加社团活动,尤其是科技类社团活动的开展给学生提供了创新实践的时间与空间,制冷技术兴趣小组学生制作的"直观式冰箱示教仪"获常州市学生科

技作品一等奖,并被选送参加国庆 50 周年成果展。又如溧阳职业高中以提高教师的创新、创业素质为突破口深化教学改革,成立创新实验室并提出专业教师必须带领学生参与创新实验室建设工作的要求。在教师的带领下,师生共同研制了 23 个实验的配套器材与软件,有效地提高了教师与学生的创新能力。

今后,随着创业教育的不断深化,我们准备在条件成熟时,在部分学校进行"创业预备的专修模式"试点,即对毕业后立志创业的学生,在自主选择一个专业专门化方向的同时,选择创业专修的专门化方向,传授更多的创业知识,提供更多的创业实践机会,培养具有较为全面的创业基本素质和较高创业能力的专门人才。江苏省推行学分制与弹性学制,为试行"创业预备的专修模式"提供了可能。

四、抓基地建设,将教学、实践与创业有机结合

我们在几年的探索中充分认识到创业品质和创业能力的培养重在实践,校内外创业实践基地的建设在创业教育中具有特别重要的作用。而创业教育实践活动与一般教学活动相比具有重要特点:第一,它本身就是创业意向的孵化过程;第二,它是学生的自主学习过程,学生在创业实践中不再是纸上谈兵,而是要直接承担决策责任和市场风险;第三,它必须经过教育化的改造、加工规范而成为符合教学规律的方式和手段。因此,只有通过创业实践才能将创业教育的内容和形式统一为完整的教育活动。学校要引导学生走出课堂为学会创业"热身",要为学生提供实践锻炼的环境和条件。为此,有一大批学校建立了各具特色的校内外创业基地,以此为载体组织学生参与创业实践。目前主要有以下三种形式:

一是学用结合的校内外实习基地。部分学校每个专业都有一个以上与之相配套的专业实习基地,使教学与实习相结合、实习与生产相结合,把基地办成教师示范教学的场所、学生动手实践的阵地和创造经济效益的实体,让学生在这样的场所边学习、边实践、边创业。如无锡商业职业技术学院受美国斯坦福大学建立校园科技园区"硅谷"的启发,创建了与本校专业有关的各类产业公司,并把这些公司变成学生学习的课堂和实践的场所,接着又进而将专业公司作为产教结合基地和学生产业基地,1999 年 5 月 28 日,首家学生自行创办的装潢公司成立。学校为支持这一新生事物,制定了《学生自主创业管理规定》,为自主创业学生提供了"三无偿一优惠"的政策:无偿提供营业场地,无偿提供营业执照,无偿提供技术指导,提供优惠贷款。此外,学校还拨 100 万元专款作为"自主创业基金"。目前该校已有 3 个学科的共计 14 家学生创业公司先后成立。

二是学校以市场为导向,以专业为基础,成立生产开发公司或"龙头企业",直接使学校与社会、公司与农户、产品与市场有机沟通。如江苏省句容农业学校、江苏省畜牧兽医职业技术学院、苏州农业职业技术学院等一批学校都成立了草坪公司、苗木公司、花卉公司、农业技术信息公司等,从而架设了科技通向农村、信息被传递给农户、

产品通向市场的桥梁。同时,学生在参与公司经营管理中学会了如何创业、守业,如何走可持续发展道路,为毕业后自主创业积累了宝贵的经验。

三是教学与科研相结合。职业学校教师带领学生直接参与科研,提高职教创新的贡献份额。如江苏省泰兴职业高级中学与南京农业大学、江苏农业科学院、江苏食用菌研究所等高等院校、科研院所挂钩,先后进行了15个科研课题的研究,已有13项技术获得成功,并在全市推广,454个专业户创造了近520万元经济效益,帮助了1 600多位农民脱贫致富。学生在参与科研和技术服务过程中受到了锻炼,学到了许多在课堂上学不到的创业真谛。

创业教育的理论学说、素质目标要转化为教育行为,必须建造桥梁、依托载体,操作模式就是实施创业教育的桥梁和载体,又是创业教育目标、内容、任务与方法、途径的物质化、具体化、外显化和行为化。江苏省职业学校创业教育模式是在各校大量实证研究所提供的经验材料的基础上,在创业教育理论指导下,根据其参与要素及活动程序的相对固定性,得以被归类、梳理、总结出来的。目前主要形成了以下四种模式。

1. 学科课程模式

学科课程按照学科自身的逻辑来组织课程和教材,江苏省首创的"就业与创业指导"课程即是以学科知识为中心的课程模式,依据国家有关法律、法规和政策,运用社会学、心理学、经济学、创造学等学科,以及创业教育的有关理论和方法,为即将就业的青年学生提供教育、培训、咨询、信息等项服务,指导求职者树立正确的职业理想、择业观和创业观,培养学生的创业意识、创业技能和创业心理品质,使其掌握择业、创业知识,以促进社会劳动力资源的合理配置,推动社会经济的繁荣和发展。

2. 活动课程模式

以常州化工学校为代表的一批学校从现代大课程观出发,将素质教育与创业教育有机结合,将显性课程与隐性课程有机结合,探索形成了创业教育的活动课程模式。它是以学生主体活动及体验为主要学习形式,以促进学生的认知、情感、行为的统一协调发展和激发学生的创业需要与创业动机为主要目标的课程及教学组织模式。

3. 基地建设模式

以无锡商业职业技术学院为代表的一批学校在理论与实践相结合原则的指导下,创建了与专业紧密结合的各类产业公司,并把这些公司变成学生进行专业实习与创业实践的基地,形成创业教育中的基地建设模式。这种模式的最大特点是以社会实践作为教育的重要方式和手段,以社会实践将教育的内容与形式统一为一个整体,并将所有的教育资源以此为中心联合起来、综合进来。在这里,作为经济实体的基地运行与学校的创业教育活动、学生的自我教育活动及创业实践活动融为一体。

4. 项目协作模式

以江苏省句容农业学校为代表的一批学校充分发挥学校的人才、技术、信息和设备优势,通过校企、校村联办协作的方式进行技术服务,吸收学生共同参与创业实践,形成创业教育中的项目协作模式。江苏省句容农业学校的"公司加农户"为这种模式的典型代表,即学校草坪公司与句容陈武乡 30 多个农户签订购销合同,实行"订单农业",把农户和市场连接起来服务农村、使农民致富,学生参与公司经营活动,在项目协作和技术服务中提高综合职业素质和自主创业能力。

五、抓组织建设,成立各级职业指导机构,完善人才市场信息服务系统建设

江苏省各市、县成立了职业咨询、指导机构,宣传国家的就业政策,收集、发布职业信息和各行业岗位需求的最新信息,对学生进行知识结构、能力、心理素质、兴趣爱好等方面的测试和分析,向用人单位推荐合适的人才。有的学校还将职业指导的触角伸到了境外,通过国际互联网搜集就业信息、发布学生求职广告,努力拓宽学生的就业空间。如无锡商业职业技术学院已有数十名学生通过这种方式在澳门就业,南京无线电工业学校每年也有学生到新加坡就业。

在加强职业指导和创业教育的同时,我们特别注重开发多种形式的人才市场、完善人才信息系统建设,以充分发挥职业咨询、指导机构的服务功能。由于中等职业学校毕业生在综合性人才市场上的签约率较低,江苏省机械、化工、轻工、电子、纺工、交通等行业管理部门及其所属中专校审时度势,走出去、请进来,举办校内人才供需洽谈会和行业性专门人才市场,把中专生就业的渠道进一步放开搞活。在建立完善上述有形市场的同时,我们高度重视人才市场信息系统建设,建立无形市场,以期通过省、市、县各级就业信息服务网络和中介机构,形成全省中、长期人才信息,发挥准确的市场信息的引导作用,在用人单位、学校与毕业生之间架起一条信息高速公路,并最终实现网上远距离招聘的目标。如常州市在市政府统筹下,各有关部门分工协作,每年进行专门人才和技术工人的需求滚动预测,到 1996 年这项工作已扩大到了对销售收入在 1 000 万元以上的乡镇企业专门人才和技术工人的需求预测。人才预测和需求信息发布已成为常州市编制各级各类教育事业计划、指导大中专毕业生就业的重要依据,促进了教育结构的调整和优化。从 2000 年起,常州市要求学校将自己的重点专业情况制作成普及型的宣传资料向社会各界广泛宣传,引导用人单位有的放矢地吸纳和储备人才。由于举措得力,常州地区职业学校毕业生就业形势普遍很好。他们的经验已在全省引起反响,大家对"人才需求预测"这一已成为全世界联结教育与经济计划的主导办法的工作高度重视。

通过创业教育,在计划经济体制下统包统配的就业制度造成的陈旧的择业观念得到了转变,毕业生及其家长的视野变宽了,脑子变活了,观念变新了,自主创业意识增强了。具体表现为在谋求职业时的几个显著变化:从过分注重单位的全民所有制性质转为"不究性质看单位";从一味依赖组织分配转为"不等分配找市场";从过分强调专业对口转向"不唯对口用所长";从只求稳定、高保障、高声望、高效益的职业转向"不求从业敢创业";从"一选定终身"的传统就业观转向"不求定位先就业";从留恋家乡贪图舒适转向"不恋家乡敢自立"。学生开始有意识地主宰自己的人生，选择符合自身性格特点、特长并能充分显露创造才华的社会职业，在创造个人财富的同时，为社会创造就业岗位，推动当地经济社会的发展。创业有为、创业光荣的氛围已经在江苏省许多职业学校初步形成。

将就业指导与创业教育有机结合，使就业本领与创业本领同步养成，有效地提高了职业学校学生的创业基本素质，激发了其创业潜能，涌现出一大批创业成功的典型。无锡商业职业技术学院"学生老板"陈真珠创办的振阳装潢设计公司一年来已创造产值500万元，2001年纯利润达50万元；常州无线电工业学校毕业生姚远自办了常州银河数据通讯设备公司，年销售额1 500万元，还为母校学生提供了数十个就业岗位；江苏省车辐中等专业学校毕业生梁希久自办养鸡场，已拥有固定资产100多万元，被称为"山乡养鸡大王"；江苏畜牧兽医职业技术学院毕业生季小琴创办养蜂场，她的科研项目"蜜蜂箱外幽王育王技术"在全国青少年科技创新大赛上荣获一等奖，并获英特尔公司颁发的英才奖，2002年5月她入选中国代表团赴美国参加第52届国际科学与工程大奖赛，荣获四等奖和特别奖；扬州农业学校毕业生孙福树自主创办的私营养殖企业已拥有资产1 000多万元，他被评为"全国青年星火带头人"；南京莫愁职业学校的毕业生小吴创办6个美容美发连锁店，不仅到母校招聘毕业生，还为社会创造了50多个就业岗位。这类例子不胜枚举。

创业教育的实施进一步推进了教育综合改革的深化，极大地增强了学校服务经济的主动性、有效性，使教育与经济、社会更紧密地联系在一起。通过对学生的创业教育，毕业生的创业精神和创业行为通过技术服务的方式向周围群众辐射、扩散，促使农村、城镇进行个体或小群体的创业致富活动，推进农村剩余劳动力的转移，促进城镇下岗人员的再就业，从而充分体现经科教、农科教的有机结合。如常州化工学校结合专业开办的制冷设备服务部不仅是年销售额超560万的经济实体，还是学生创业实践的基地，近年来有十几名学生在各地开办了经营部、维修服务部等，该服务部门已成为培养制冷行业小企业主的孵化器。

（原载《中国职业技术教育》2002年第10期）

立足新起点　把握新要求
奋力开创"十五"江苏职教新局面

江苏省教育厅职业教育与社会教育处

党的十五届五中全会描绘了21世纪之初我国经济、社会发展的壮丽蓝图。为了进一步贯彻十五届五中全会精神，中共江苏省委、江苏省人民政府制定了"十五"期间我省经济社会发展的奋斗目标和战略任务，号召全省人民行动起来，为富民强省、率先实现基本现代化而努力奋斗。在这承前启后的伟大历史时刻，职业教育如何响应新世纪的召唤，推进可持续发展，继续为江苏社会主义现代化建设提供强有力的支撑？这是迫切需要职教工作者认真思考和响亮回答的问题。

一、奋发图强，开拓创新，"九五"江苏职教成果辉煌

改革开放以来，江苏职业教育艰苦创业、奋发图强，与江苏省经济社会发展一起腾飞、一同辉煌。仅在"九五"期间，就为社会培养了150万专业技术人才、管理人才和高素质劳动者，开展实用技术培训3 000多万人次，全省初、中、高级技术工人比例由"八五"期末的42∶55∶3转变为1999年的30∶63∶7，整体提高了各行业的劳动者素质。与此同时，职业教育自身适应市场经济要求，及时调整发展战略，将重点转向质量、效益的提高，深化改革，不断开拓，取得了一系列富有创新意义的突破。

（一）紧贴需求，调整结构

"九五"期间，为适应经济社会发展的需要，借鉴经济结构调整的经验，江苏职教大力进行结构调整。一是调整布局结构。"九五"期间，根据省委、省政府要求，大力实施"1122"工程，加强骨干学校建设，到2000年年底，全省基本建成了100所占地100亩、建筑面积20 000平方米、在校生2 000人以上的多功能、高水平、示范性的职教中心；建成了国标省级重点职业高中145所、省级重点中专59所。经教育部审批，全省89所学校被评为首批国家级重点职业学校，占全国国家级重点职校总数的近十分之一。与此同时，各地通过停办、兼并、联合等途径，淘汰部分办学条件差、教学质量低的学校和办班点，形成了一批实力强、质量好、声誉高的骨干学校，苏州、无锡、镇江、徐州、江阴等地以骨干学校为龙头和核心，组建职教集团20多个，优化了资源配置，提高了教育质量和效益。二是调整层次结构。近几年，经济社会的发展对高层次技术管理人才提出了迫切需求，为此，江苏省积极发展高等职业教育，对口招生规模连年

跨大步，2000年普通高校对口招收职业学校毕业生15 800人，比1999年增长82%，是1996年招生规模的5倍，满足了职校学生进一步深造的愿望。与此同时，一批实力较强的省部级重点中专校试办五年制高职，规模也逐年扩大，2000年招生15 000人。1999年，最早试点的无锡机械制造学校（现无锡职业技术学院）有了首批五年制高职毕业生，他们比本科生动手能力强，比中专生知识结构优，被社会誉为"中专大学生"，就业时供不应求。三是调整专业结构。大幅压缩需求饱和的财经、管理类专业，发展与江苏支柱产业、优势产业、高新技术产业相适应的专业，促进了职业教育与经济发展的对接。

（二）营造优势，赢得先机

一是就业优势。"九五"期间，江苏省在全国率先开展就业指导和创业教育。江苏省教委要求全省职业学校开设"就业与创业指导"课，并将其作为必修课程列入教学计划，制定教学大纲，出版了教材和配套读物《职业学校优秀毕业生事迹选》；举办了职校生创业事迹报告会，对毕业生、在校生中一批创业典型进行广泛宣传，有效地改变了学生及其家长的传统就业观，树立起"先就业、后择业、再创业"的新观念；同时，从市县教育行政部门到学校，层层建立起就业指导服务机构，开辟行业、地方、学校的毕业生就业市场，加强学校和企业的联系，建设了一批稳定的就业基地，积极开展有序的劳务输出。在近两年宏观就业形势趋紧的情况下，江苏省职校毕业生就业呈现良好态势，特别是2000年，许多省属中专校和重点职高的就业率都达95%以上。二是强校优势。各地集中人力、物力和财力，重点建设国家级、省级重点职业学校，形成了一批在全省乃至全国有一定影响的职教名校。在近几年职校招生普遍困难的形势下，骨干学校以良好的社会信誉、明显的就业优势、较高的办学水平赢得了社会的信任，赢得了招生市场，招生情况普遍较好，有的甚至火爆。

（三）抢占高点，加快发展

现代化的社会呼唤现代化的人，现代化的人需要现代化的教育来培养。"九五"期间，江苏职教高举现代化大旗，以专业现代化建设为突破口，推进职业教育的现代化。1996年，江苏省率先在机电一体化、现代农业两大专业类进行专业现代化建设的试点，试点很快推广到建筑、服装、商贸、旅游等六大类近百所职业学校。经过几年努力，试点学校的装备水平与生产现场基本同步，专业教学水平与科技、生产发展水平相适应，学生能力和素质与生产岗位要求相适应的愿望基本实现。在专业现代化建设取得阶段性成果的基础上，进一步深化教育教学改革，启动课程改革和教材建设，构建适应经济建设、科技进步和个人发展的现代化的课程体系；改革职业学校教学管理制度，从2000年新学年起，全省省级以上重点职业学校试行学分制和弹性学习制度，这是职业教育对人才观、价值观的全新阐释，必将带动职业学校教育观念的全面更新，推进素质教育的全面实施；加快信息化建设，至2000年，全省省级以上重点中专校和国家级重点职业高中均已建成校园网，江苏省建立了职业教育信息资源中心，开通了职教信息网站，构建起江苏职教面向世界、面向社会、面向学校的窗口，充分发挥其交流、展示、服务等多种功能。从物质、理念到手段，江苏职教全面推进现代化步伐，取得了显著成果。

有实力才有作为，有作为才有地位。江苏职教抓机遇，迎挑战，艰苦奋斗，开拓创新，一直走在全国同类教育前列，成为今天江苏教育事业中不可或缺的一部分，为江苏省经济保持快速发展和率先实现小康做出了积极贡献。

二、积极调整，赢得主动，推进新世纪初江苏职教跨越式发展

新的世纪，新的阶段，江苏职教将以邓小平理论和"三个代表"重要思想为指导，主动适应经济结构战略性调整、优化升级的要求，以发展为主题，以调整为主线，坚持在发展中调整，在调整中推进职教的跨越式发展。

（一）突出重点，服务"三农"

江苏职教能否继续保持并创造新的优势，关键在于农村和农业职教能否得到好的发展。中共江苏省第九届委员会第十二次全体会议通过的"十五"计划的建议，提出了21世纪初江苏要集中力量解决农业结构的调整、城乡居民收入特别是农民收入增长缓慢等经济社会发展中的深层次矛盾和问题。"要发展农村职业技术教育，提高农民素质"，"要积极发展智力型、技术型、管理型劳务输出"等，这对农村职教提出了新的要求，也给新世纪初的职教提供了广阔的舞台。江苏职教必须突出这个重点，为此要做到以下几点：

第一，端正办学思想，把握正确办学方向，为加强农业发展、繁荣农村、使农民致富有效服务。坚持正确的方向是我们谋划职教"十五"发展的前提、事业成功的关键。现实表明，在相当长的时间内，江苏教育的重点仍在农村，难点也在农村，抓住了农村教育就抓住了全省教育的"牛鼻子"。农村教育的办学指导思想，就是要促进教育切实从主要为升学服务转变到主要为农业和农村工作服务的轨道上来，就是要更加注重农村职教的发展。作为与农村经济建设密切联系的农村职教，必须牢牢把握为农业增效、农民增收和农村发展服务的战略方向，在新的农业科技革命、农业结构调整和大规模的知识更新中发挥积极的作用。为此，面向新世纪，农村职业教育要加大调整和改革的力度，适应农村现代化、城市化和农业产业化的需要，适应农业规模化经营、集约化经营的需要，适应农业结构调整、形成区域农业特色、提高农业素质和效益的需要，适应多种所有制的需要；遵循市场经济规律，从实际出发，革新教学内容，让新知识、新技术、新工艺和新方法进教材、进课堂；要切实加强师资队伍建设，积极推进教学模式改革；要提高实验实习基地建设和生产管理水平的先进性与示范性，大力推进职业教育的专业现代化进程，在"适销"和"对路"上狠下功夫，更好地为全面推进农业和农村现代化建设服务。

第二，推进农村职业教育由事业型向产业型转变，学校要主动进入农村经济建设主战场，为地方经济建设和社会发展直接服务。职业教育要在农村发挥更大的作用，必须由"后台"走向"前台"，由"啦啦队"成为"球场队员"。可以从以下方面寻求突破：一是面向农村经济建设主战场，坚持经（农）、科、教结合，通过自身功能扩展来增强职业教育的整体服务效益。学校凭借人才、技术和设备优势，讲实际，讲实用，讲实效，即符合农村实际需要，讲授农村实用技术，大力参与技术推广工作，追求促进农村经济发展的实效，直接促进科技向现实生产力的转化。二是推进产学研结合，增强职业教育参与和发展农村经济的能力。农村职业学校要通过基地建设和服务实体的发展及其相应体制的改革，探索产学研结合的有效途径。要将农科教结合由技术推广层面提升到参与技术开发和服务创新层面，要在技术服务的基础上，有所创新，有所发展，有所提高。职业学校要积极建立农村科技信息市场，为农村经营者提供直接的科技和市场信息服务；要借鉴产业化运行机制，推进专业的产业化运作，直接为经济建设服务。在这方面，江苏的职业学校已有一些成功的例子。江苏省句容农业学校多年来坚持"专业产业化"的办学思路，走出了一条"句农道路"，成为职业学校产学研结合的亮点。学校每个专业科都创办了一批有较高技术含量的校办产业和项目，它们成为产学研结合和创业教育基地，将市场信息和技术辐射到农村，把农民带进了市场，使一大批农民走上了致富路。

第三，突出自主创业，为提高农村劳动者素质，实现农村剩余劳动力的有序转移和向技术型的劳务输出服务的转变。不断提高农民的生活水平、发展水平是职业教育义不容辞的责任。农村劳动力中绝大多数没有接受过职业学校教育或职业技术培训，据统计，江苏省农村在业人员学历仍以小学和初中为主体，高中和高中以上文化程度还不足10%，素质不高已成为制约农村经济发展和农民致富的"瓶颈"。职业教育要最大化地发挥办学整体效益，促进社会教育和学校教育的有机结合，形成较完善的农村职业教育网络，使农村劳动者接受更多更好的教育，以此提高他们的思想道德和科技文化素质。广大农村劳动者接受职业技术教育与培训后，就业能力得到增强，人口负担变为智力优势，农村剩余劳动力的有序转移和技术型劳务输出的成功率就可以大大增加。同时由于农村特别是经济欠发达地区农村就业岗位少，就业机会不多，除劳务输出外，迫切需要能就地创业的劳动者。为此，农村职教要突出自主创业教育，积极创造条件，鼓励和扶持学生走创业之路。"十五"期间，江苏省的就业指导和创业教育工作要在"九五"成绩的基础上，积极寻求创业教育的有效实现途径，突出学生在校期间创业意识和创业能力的培养；学校要积极以专业和产业为依托，采取提供营业执照、资金、场地等扶持政策，鼓励学生边学习，边实践，边创收，为未来创业积累经验。

（二）强校战略，集团调适

我们必须通过竞争机制优化资源配置，实施"强校战略"，将每一所学校做强，使办学水平显著提高。对江苏省现有的1 000余所各类中等职业学校来说，就是要收缩战线，做大强的，做强弱的。要开展职业学校合格评估，进行布局结构调整，该并的并，该合的合，该停的停，要通过一段时间的努力，将学校数压缩到500所左右，并使这500所学校都成为职业教育的"精品"。这些"精品"学校有适度的办学规模，专业贴近经济和社会发展的要求，具备优秀的师资队伍，拥有与生产现场和科技发展要求相适应的实验实习设备，建有数量足够的实践教学基地，并在就业、专业、地域、培养成本、行业形象等方面形成自身的优势。

实施"强校战略"，是职业教育大发展、做好职教这篇"大文章"的重大举措。近几年来，江苏高等教育发展迅速，2000年高校入学率达15%，初步实现了高等教育大众化。即便如此，仍有85%的城乡学生不能继续深造。从2001年起，初中毕业生人数逐年递增，至2003年将增加到135万，从而迎来新的初中毕业生升学高峰。随着初中毕业生升学率的提高和"十五"期间初中毕业生高峰的到来，职业教育的招生规模将有一个较大的扩展过程。"十五"期间，江苏省将继续稳定和扩大中等职教招生规模，中等职教占高中阶段教育的比例力争保持在50%以上，为此，要抓好适应性的政策调节，走"集团调适"之路。各地要以一批"强校"为核心，进一步推广和普及组建不同类型的行业性和区域性职教集团，吸纳更多的学生入学。核心学校发挥示范、指导、辐射和管理功能，集团内统一教学计划、统一师资培训、统一考核、统一质量评价标准，日常的管理工作也在核心学校的统一指导、管理下进行。这样，通过"集团调适"，一方面可以使职业教育办学规模具有弹性，另一方面能够保证学生的培养质量。

（三）市场竞争，校企合作

市场经济从不同情弱者，谁不适应市场，不能在激烈的竞争中取胜，谁就会被无情淘汰，学校办学同样如此。加入世界贸易组织，意味着我们将全面融入世界经济，全面参与国际分工与竞争，职业教育将获得更多参与市场竞争的机会。广大职教工作者要尽快由"坐而论"转为"起而行"，解放思想，更新观念，拓宽视野，抢抓机遇，进一步深化职教办学体制和运行机制改革，发挥积极面向市场、主动服务经济的职教办学特色和优势，让更多的职业学校更直接地参与市场竞争。

要进一步放开招生市场。改革招生办法，即要扩大学校的招生自主权，扩大学生和家长的选择权；要改变部省属普通中专校的招生模式，淡化中专、职高、技校三类学校的界限，让各类职业学校面向市场，公平竞争，自主招生。

职业学校要全面适应市场的变化，增强搏击市场的能力，必须加强与企业的联系，占领自己的服务阵地。随着机构改革的推进，中等职业学校特别是一批中等专业学校与行业联系的方式有所变化，在积极依靠行业组织的同时，学校将要更多地直接面向企业，为此，学校要建立与企业的更密切联系，建立稳定的信息来源基地、师资培训基地、实验实习基地、就业基地和产教结合基地。常州机械学校将外资企业引入学校，并与之合作办学，学校成为高新技术企业的培训基地，外商将新产品、先进的设备和最新的办学理念带到学校，教师和学生接触的都是本行业和专业中最新的知识与信息。江苏省江阴职业高级中学瞄准乡镇企业和中小企业，为企业提供技术培训，一批教师直接参与企业技术改造和技术创新。学校与企业的成功合作，大大推进了职业学校教学改革和专业现代化建设的进程，增强了职业学校办学的活力。

（四）调整面向，拓展功能

教育是崇高的社会公益性事业，职业教育要坚持正确的面向，立足国情，充分考虑人民群众的实际，成为"大众的教育"。对经济发达地区和高新技术企业人力资源状况及职业教育需求情况的调查表明，生产一线初中级技术人员和技术工人是从业人员的主体；职业学校毕业生成为新兴企业员工的主体；在有技术等级的青年工人中，职业学校毕业生是主体；越是大型企业、技术密集型企业，职业学校毕业生所占比例越高。农业结构调整，农业产业化、现代化和第三产业的发展，迫切需要职业教育培养输送高素质的劳动者。由此可见，经济发展迫切呼唤着职业教育。江泽民总书记更是对职业教育寄予重托，要求"对于不能进入高等教育行列进行学习的城乡学生和其他群众，应通过大办各级各类职业技术学校，广泛吸收他们学习和掌握一门或几门技术与管理、服务方面的技能。""拓宽了他们的立业创业之路，对农村和城市的发展与稳定将会起到重要的推动作用。"为此，职业教育必须调整和降低服务重心。据调查，江苏省特别是苏北农村许多家庭难以承受子女接受高中阶段及以上教育的费用，因经济困难不能读书的学生逐年增多，初中生辍学率也在增加。经济学家指出，当我们贯彻中央的西部大开发战略时，同样需要考虑苏北的发展问题。在新世纪，开发苏北不仅仅是苏北本身的问题，应该把发展苏北作为新世纪推动江苏经济发展的新的发动机来考虑。职业教育应肩负起历史的责任，想方设法，创造条件，让更多的学生特别是苏北农村学生和社会青年到职业学校来学习，学到一技之长，用勤劳的双手为家庭创造财富，为地方经济的发展做出贡献。对此，江苏省进行了服务面向的调整，要求职业学校面向中低收入阶层，面向农村，面向弱势人群，提出职业教育既要适应地方经济结构调整的要求，为地方经济发展服务，又要适应人才、劳动力市场的变化和要求，为转移农村剩余劳动力、开展技术型的劳务输出、增加农民收入服务，让弱势人群也能接受良好职业教育的办学思路，使职业教育真正成为大众的教育。广大职业学校要坚持勤俭办学、降低培养成本、降低收费标准，帮助家庭经济困难的学生入学。今后，职业教育将一如既往地坚持这一面向。近年来，广大农村特别是苏北农村职业学校普遍降低了收费标准，有的只按省定标准的1/3收费，有的全免农业类专业学生的培养费，一批学校的招生爆满，招生数都在1 000人以上。地处苏北的淮阴电子工业学校仅2000年因扶持经济困难学生入学，学校收入就减少了50多万元。

职业学校在调整面向的同时，要进一步拓展办学功能，挖掘和占领培训市场。

"九五"期间，江苏省已在95个行业和工种推行就业准入和职业资格证书制度。随着劳动预备制度和就业准入制度的逐步实施，职业技能培训市场潜力巨大，职业学校在做出快速反应的同时，更要未雨绸缪，创设良好的环境，发挥教学设备、专业师资和较高的社会声誉等优势，有意识地开辟并抢占培训市场。可以设想，不需几年，一批"强校"将在进行学历教育的同时，广泛接受有较高学历的毕业生来校进行职业资格证书的考前培训和有关职业技能的培训，职业学校教育和职业培训将成为职业学校发展的"双翼"。

（五）宽进严出，学制弹性

职业教育承担着全面提高劳动者素质、提高国民素质的重任，因此，职业教育别无选择，只有敞开大门，放宽条件，让更多的人接受职业教育。但放开招生并不意味着降低培养规格，降低教学质量，而是要适应学生求学需求多样化的要求，努力实现培养规格的多样化。职业教育要针对学生中存在的较大差异，真正面向全体学生，因材施教，充分调动学生的学习积极性和主动性，开发学生潜能，发挥学生特长，为每一个学生的成才发展服务。要进行观念的更新和制度的创新，积极推行学分制和弹性学制，宽进严出，使广大的职业学校学生可以分阶段完成学业，修完学分可以提前毕业或参加对口升学考试，可以根据自身的特点、志趣和爱好选择学校、专业、课程、教师和在校学习时间，并享有充分的自由度。

发展是时代的最强音。21世纪之初，机遇与挑战交织，希望与困难同在。江苏职教人将以对职教的激情和智慧，敏锐捕捉和牢牢把握机遇，突出主题主线，奋力创新创业，实现"有为有位"，开创江苏职业教育跨越式发展和可持续发展的新局面。

（原载《职教通讯》2001年第1期）

在终身教育思想指导下大力发展和改革职业教育

王兆明　眭平

21世纪职业教育将面临来自三个方面的挑战：一是科技尤其是信息技术飞速发展；二是经济全球一体化，国家之间的相互依赖性在加强；三是人力资本和货币资本的流动速度在加快。因此，劳动者要有应变能力，能适应再就业和技术更新的变化；要有生存能力，要能与他人和环境和谐共处；要有发展能力，即有可持续发展的能力。这就对教育包括职业教育提出了新的目标，即要使受教育者学会求知，学会做事，学会共同生活，学会生存。由此，需要用终身教育的思想来重新认识职业教育。职业教育不仅是一种职业技能培训，而且是终身教育的一个重要组成部分。

世界发达国家和地区发展职业教育，建立职业资格证书制度，构建终身教育体系、形成学习化社会的经验值得我们借鉴，世界职业教育改革和发展的趋势与潮流给我们以深刻的启示。终身教育、终身学习、学习化社会等教育改革实践的深入，对传统教育包括职业教育的任务、目标、模式、内容等，提出了全面的挑战，职业教育必须在终身教育的体系之中重新认识其地位和作用，并为终身教育体系的构建和学习化社会的形成发挥自己应有的作用。

终身教育思想是职业教育改革与发展的行动指南，是勾画职业教育发展和改革的理论坐标。当前，职业教育的许多改革都是与终身教育思想相一致的，但需要在原有基础上，将局部的、浅层的改革进一步引向全局和深入，进行观念创新、制度创新、技术创新，进行办学体制、投资体制、管理制度、教学模式等诸方面的系统改革，以促进职业教育在更新、更高的层次上健康持续发展。

一、用终身教育的观念重新定位和认识职业教育的地位与作用

在构建终身教育体系的过程中，职业教育具有适应终身教育要求的重要特征，具体表现在三个方面：一是职业教育一贯坚持立足地方和行业，紧紧贴近地方和行业经济与技术发展的需要办学，是教育和经济的接合部，是人才通向基层、农村和企业的桥梁；二是职业教育一贯坚持开放和应用，加强教育与社会经济发展的紧密结合，加强理论和实践的紧密结合，形成自己的办学优势和教学特色；三是职业教育一贯坚持面向社会办学，重视面向中低收入阶层，面向农村，面向弱势人群，面向下岗转岗职工。职教工作者花费了很多心血，使受教育者找回自信，学会生存，人尽其才。因此，职业教育是终身教育体系的重要组成部分，是国民素质教育的重要力量，是企业开发人力资源的重要

手段，是社区教育的有力支撑，职业教育要在终身教育体系中找准自身的最佳位置。

我国正处于社会主义初级阶段，经济发展形态处于农业经济、工业经济和刚刚起步的知识经济并存的状况，不同行业和企业的技术装备水平、产品的技术含量、生产的组织形式、生产的自动化程度有很大差异，对人才的需求必然是多样化的，人才层次有高级、中级、初级之差，人才类型有学术型、技术型、技能型之别，但其形成的现实社会生产力并无高低贵贱之分，经济建设和社会发展不仅需要高层次的创新人才，还需要数以亿计的、在各行各业进行技术传播和技术应用、具有创新精神和创业能力的高素质的劳动者。职业教育承担着培养高素质劳动者的历史重任，是全面推进素质教育、提高国民整体素质、提高综合国力和国际竞争能力的不可替代的重要力量。

我们要认真学习、全面领会和贯彻落实江泽民总书记的讲话和全国教育工作会议精神，充分认识职业教育的重要战略地位和作用，进一步明确职业教育要为经济建设和社会发展服务，要为提高国民整体素质服务，要为学生成人成才、全面发展、终身学习服务，狠狠抓好职业教育的改革和发展。

二、调整学制，建立和完善与终身教育制度相衔接的职业教育体系

中国目前是高中双轨制，一轨主要是以升学为主要目标的教育，另一轨主要是以就业为主要目标的教育，如职业教育。职业教育这一轨目前基本上是终结性教育，在社会上留下职业教育是不能升学者的教育，是二等教育的印象。有的地方实行高二分流，让高考无望的学生转学职业课程，这更加剧了人们对职业教育的轻视。两轨分明的教育制度和职业教育体系的不完善是产生当前教育内部种种矛盾的根本问题所在。

全球经济一体化，高科技和信息技术的高速发展，产业结构的调整升级正急剧地改变着人类社会生活的方方面面，新形势下对从业者的要求不仅是要掌握先进的科学知识，更要有能快速应变、更新知识和不断学习的能力，我们的教育制度要迅速适应这样的变化，用终身教育的思想来进行教育目的、教育制度、教育体系的改革。教育的形式和途径从单纯的"正规教育"，发展到多种形式的"非正规教育"和"非正式教育"；教育的场所从单纯的学校，拓展到人们生活、工作的各种场合；教育的阶段从单纯的工作前受教育，发展到教育从生到死伴随人的一生，形成"正规教育""非正规教育""非正式教育"的多次沟通与融合，以及"学习"和"工作"的不断交替与互补。教育不再是个人谋职的资本，而是成为公民终身的要求。教育制度不局限在学校教育制度，而是包括了各级各类学校教育、社会教育、家庭教育在内的大教育制度，在制定教育政策和教育规划时，要具有大教育的观念。要打破当前"正规教育"和"非正规教育"之间泾渭分明的状况，各类教育之间构成四通八达的"立交桥"，学校的内涵和外延将进一步扩大，虚拟学校、网上学校应运而生，使有学习愿望的人能随时随地用任何方式学习知识和技术，我们的教育制度就是要为学习者提供多次进出的可能性。要完善教育特别是职业教育的体系，改变目前职业教育主要是就业教育、终结教育的"h型"结构

状况，形成中、高等职业教育相衔接，与普通教育相沟通，与职业培训相融合的"H型"的教育体系。

三、深化教学改革，建立与终身教育制度相衔接的教学管理制度和课程体系

深化教学改革、全面推进素质教育的根本目的，是要关心每一个学生的成人、成才、就业和发展，是要使每一个学生都能得到适合自身特点的最佳教育和最好发展。学生个体是存在差异的，每个人的学习基础、学习要求、今后的发展趋势都是有差异的，不是让学生被动地适应我们的教育，而是要让我们的教育主动地去适应学生的不同要求，真正做到因材施教。职业教育要主动适应学生的需求，为学生提供多样化的选择机会和条件，"条条大路通罗马"，让学生真正体会到，只要想学习，肯努力，一样可以获得成功。从教学管理制度上来说，要改革传统的、单一的、刚性的学年制管理制度，实行学分制，形成与终身教育制度相适应的教学管理制度。

实行学分制是职业教育深化教育改革的一个重要举措，有利于职业学校教育教学工作真正面对社会需求，面向全体学生，全面实施素质教育；有利于贯彻因材施教的原则，充分调动学生学习的积极性和主动性，使学生能根据自己的兴趣、爱好、特长和基础条件选择适合自身发展的课程，形成各具特色的知识、能力和素质结构；有利于教师发挥教学专长，促进教师的知识更新和教学科研水平的提高；有利于中高等职业教育之间，职业教育和普通教育之间的课程互认、学制沟通和衔接。

实行学分制，还要推进与之相配套的课程体系和评价模式、招生就业制度、学籍管理制度和学生管理制度的改革，努力创造适应学分制需要的师资和设施条件。职业教育课程体系的构建要以适应人的全面发展为根本原则，为学生提供多种类型的课程选择，使学生今后不管是就业还是升学，都能具备一定的就业和升学的基础条件，留下灵活的接口。课程的形式结构要向模块化、综合化、功能化方向改革，以适应学生就业、升学、个性特长的发展等多样化的要求。课程体系的改革要注意防止两个倾向：一是要防止过分强调过窄的单一岗位的技能培训，追求直接上岗不需适应期的倾向；二是要防止职业教育普教化，过分追求文化课程功底的深厚和"后劲"而忽视了职业教育的特色的倾向。课程结构和模式的改革也应该是多样化的，学生个体的差异性、个人发展目标的差异性决定了课程改革要因地制宜、因时制宜、因人制宜，有多种目标、多种结构、多种模式，有较大的弹性和灵活性。

（原载《职教论坛》2001年第1期）

积极试行学分制和弹性学制
努力探索职业学校实施素质教育的新路子

王兆明　眭平　马万全

为贯彻落实第三次全体教职工大会和中共中央、国务院《关于深化教育改革全面推进素质教育的决定》，贯彻落实江苏省教育厅《关于进一步深化职业教育教学改革全面推进素质教育的意见》，提高职业教育的教学质量和办学效益，江苏省教育厅于 2000 年 5 月颁发了《江苏省职业学校试行学分制的原则意见》，要求全省省级以上重点职业学校从 2000 年秋季新学期起全面试行学分制和弹性学制。

在职业学校试行学分制是教学管理制度的一项重大改革，是职业学校真正转变教育思想，面对社会需求，面向全体学生，全面实施素质教育的重要举措；是坚持按需施教，因材施教，充分调动学生学习的主动性和积极性，开发潜能，发展特长的实际步骤；是推进职业学校办学体制改革、教学改革、校内管理制度改革等一系列改革的重要抓手。虽然学分制的产生和发展已经经历了一个多世纪，但江苏职业学校试行学分制有其现实意义和诸多特点。

一、对江苏省职业学校实行学分制的认识和体会

（一）实行学分制有利于职业学校主动适应经济建设和社会发展的需要

社会主义市场经济体制的建立和高新技术的迅速发展，对职业教育提出了新的要求。一是人才素质的高标准，要求学生具有良好的思想品德素质、身心健康素质、文化基础素质、职业技术素质和创业素质，具有较强的岗位应变能力和开拓创新能力。二是人才规格的多样化，要求职业学校培养能满足各行各业需要的有个性特长的多规格多样化人才，改变过去专业人才培养千人一面、规格单一的状况，改变"统一计划、统一大纲、统一教材、统一考核"的单一培养模式。三是产业结构调整升级、行业热点层出不穷，要求职业学校的专业设置更加灵活，并具有前瞻性。大类专业招生、专门化方向毕业是一种行之有效的好办法。四是随着学校招生就业制度的改革，学生缴费上学和自主择业创业已逐渐取代了统招统配，学生在入学和就业上的自主意识和竞争观念日益增强，在学什么和怎么学上希望有更大的自主权，以增强社会的适应性和竞争能力，这就要求学校充分尊重学生的愿望，满足学生个性发展的需要。因此，职业学校只有改革教学管理制度，才能尽快解决当前职校与经济建设和社会发展要求不相适应的矛盾，通过试行学分制提高学校的办学活力和水平。

（二）实行学分制有利于职业学校面向全体学生，全面实施素质教育

在新形势下，职业学校承担着为提高国民素质和劳动者素质服务、直接有效地为经济建设服务和为每位学生的成长成才发展服务的三项重任。在职业教育领域实施素质教育，首先必须转变教育观念，端正办学指导思想，把我们的思想统一到江总书记关于教育问题的重要谈话精神上来，一是要明确教育是崇高的社会公益性事业，教育的根本目的是培养人，而不是选拔、淘汰人。职业学校应当进一步端正办学方向，对进入职业学校的学生，职教工作者有责任把他们培养成对社会有用的人才，要正确认识和对待文化基础较差的学生，善于发掘他们的闪光点，激发他们的自尊心、自信心和进取心，发挥他们的优势。二是要确立正确的人才观、成才观、质量观，经济建设和社会发展对人才的要求是多样化的，人才成长的道路是多样化的，职业教育的培养目标和规格也应当是多样化的。三是要坚持"宽进严出"，保证教学质量，在新生素质参差不齐的情况下，通过观念的更新、制度和管理的创新，保证职业学校培养目标的实现。

近几年来，教育普及程度的逐年提高，客观上造成接受职业教育的学生文化基础素质的差异性加大，学生的兴趣、爱好、能力方面也存在差异，加上就业渠道和方式的多样化，学生的学习需求出现了多样化的趋势，要求职业学校在教学管理中要以人为本，在教学过程中要因材施教，充分调动每位学生学习的主动性和积极性，开发学生的智慧和潜能，使其形成健全的个性心理；充分尊重学生的主体地位和学习的选择权、主动权，使每一位学生都能得到适合自身特点的最佳教育，全面发展。总之，要使我们的学校教育成为一个"柔性"系统，能够适应不同的学生，而不是让学生来适应我们的学校教育。实行学分制，将成为推进素质教育进程的一个重要抓手。

（三）实行学分制有利于职业学校进一步深化教育教学改革

实行学分制有利于促进学校教育与社会教育、就业前教育与就业后培训、不同类型教育之间、职业教育不同类型学校之间的沟通和衔接，有利于终身教育体系的建立和学习化社会的形成。通过学分互认，可以提高办学效益，实现图书馆开放、教师互聘、课程互选、专业共建，实现资源共享；改变行业部门办学的局限性，使学校的办学体制改革得到进一步深化。

实行学分制，有利于促进学校内部管理制度的改革。通过学生选课程、选教师，引入竞争机制，使教师有压力，更有动力，有利于激励教师更新教学内容、增加教学活力、提高教学质量和水平，调动教师教学的创造性和积极性。

实行学分制，有利于学校教学改革的不断深入。教学改革的核心是课程改革，实行学分制后，课程类型将改变过去必修课一统天下的局面，选修课程将占到相当比例；课程结构将实行模块组合，更具有灵活性和适应性；课程内容将向综合化、小型化两个方向发展。一方面，学科知识间呈现不断渗透、复合的趋势，要求对课程内容进行综合重构；另一方面，科学技术飞速发展，知识更新速度加快，新知识、新技术、新工艺不断涌现，要求课程内容不断更新，专题性小型化的课程将更加灵活。教学改革的关键是教学模式的改革，在实行学分制这样一种灵活的教学管理制度的基础上，建立富有弹性的学校教育制度，学生可以先就业创业，再学习，也可以边工作边学习。在学分制和弹性学制下，学校的教学组织形式、教学模式都将发生较大的变化。

二、江苏省职业学校实行学分制的基本要求和主要特点

（一）用必修课、限选课和任选课重新构建课程体系

学分制下将课程分为必修课和选修课两大类，其中选修课又分为限选课和任选课。

必修课是指保证人才培养的基本规格，学生必须修习并获得学分的课程。必修课体现了从事某一专业大类工作的基本要求，目的是让学生掌握基本理论、基本知识、基本技能。必修课包括文化基础课、主干专业课和实践课程，是基础模块的课程。

限选课是指学生在学校提供的选课范围内，按规定要求选修一定学分，以深化、拓宽与专业相关的知识和技能的课程。对宽口径专业而言，是体现专门化方向的课程组合或综合化课程；对窄口径专业而言，是主干专业课程的深化和拓宽。限选课程是活动模块课程，学校可以灵活调整其组合方式，以满足社会和学生的需求。

任选课是指扩大学生知识面，培养、发展学生爱好特长和潜能的课程，学生可以自主选择。

必修课和选修课比例问题是实行学分制的一个关键问题。根据江苏职业学校的实际，我们将必修课和限选课综合学分比例定为85%~90%，以保证专业教学的质量，将任选课学分比例定为10%~15%，在实施时可采用逐步到位的办法，以探索课程间的最佳比例。

（二）用学分和成绩分双重评价指标来衡量学生学习的量与质

学分是计算学生学习分量和成效的单位，是确定学生能否毕业的重要依据。计算课程学分以16—18课时为1个学分，独立开设的实践课、公益劳动、军训、入学和毕业教育等以32—36课时为1个学分。在校生每学期修习课程总学分在24—40学分之间，学生参加正常教学活动，通过考核取得学分。三、四、五年制毕业总学分一般为160、210和260，达到规定总学分是准予毕业的基本条件（其中包含必修课和选修课的比例）。

为反映学生学习的整体质量情况，建立有效的激励、竞争机制，防止"60分万岁"的现象出现，可以采用学期（学年）成绩分来评价学生的学习质量，学生获得市级以上表彰，参加市级以上各类竞赛获奖，学校可给予奖励成绩分，并以成绩分作为评选先进、颁发奖学金、推荐升学和就业等的重要依据。

学分认定是实行学分制的一个难点问题，一是要坚持"在校从严要求、出校灵活掌握"的原则。学生在校学习期间须参加正常课程教学活动，并经考核合格获得课程学

分。学生获得与所学专业相关的社会认可的技能等级、职业资格证书，或通过高一层次的社会自学考试课程，可申请免试该课程，经学校审核认可后获得学分。对此，必须从严要求，严格考勤考核制度。但学生离校边工作边学习，可视情况灵活掌握，可申请免修课程，参加学校考核；也可就近选择同类学校学习；参加同层次社会自学考试课程合格，承认其学分。二是对学生参加社会的考证考核，既要积极鼓励，又要从严审核，以保证学分和毕业证书的含金量。

（三）对难度较大的课程实行分层要求，分类考核

随着职业学校的生源素质差异性的逐年加大，学生在学习能力与习惯、学习基础与水平等方面存在较大的差异，给教师教学带来了很多困难。对于理论性较强、与初中文化基础关联性较大、部分学生学习困难的文化基础课程（如英语、数学）和少数专业课程，可以采用A、B两种教学要求和评价标准组织教学和考核。参加B类考核合格所得学分是参加A类考核所得学分的80%。B类教学要求要从学生的实际出发，以学定教，需低则低。参加B类考核的学生，需要发挥自己的主动性和特长，在其他课程和技能方面多下功夫，以获得足够学分取得毕业资格。学校应积极创造条件，在限选课安排上多开设适宜他们的课程和技能考核项目。技能考核应按不同等级给予不同学分。试行学分制后，只要学生努力学习，都将学有所获、学有所成。这是江苏省职业学校试行学分制的重要特点和创新。

试行学分制一般不采用留级制度，而改为"留科"制度，课程考核未合格的，给予一次补考机会，补考仍不合格的，必修课须重修，选修课可重修也可改修。学生重修、改修课程应缴纳一定的费用。

试行学分制，教师教学和考核的自主权增大，为克服主观因素和人情学分，要进行考核办法的配套改革，一是实行教考分离，逐步建立试卷库，强化考核成绩的客观性和学分的真实性，做到公平公正；二是坚持能力评价社会化，坚持与社会考核相衔接，鼓励学生参加如计算机、外语、职业资格等社会考试或等级鉴定，取得多个证书。

（四）试行弹性学制，创设学生成长成才的多条途径

试行学分制以教学计划规定的学习年限为参考，积极试行弹性学制，以此构建学生获得毕业资格的多种方式，创设学生成长成才的多条途径。

对于学习能力较强，在规定学制年限内能提前修满学分的学生，学校鼓励其选修第二专业课程，选高要求课程，加快学习进度，多拿学分，以全面提高自己，增强适应性和竞争力，经学校批准可提前参加社会实践、实习和对口招生考试等，也可提前毕业，随前一届毕业生办理毕业手续。

对于在规定学制年限内较难修满学分的学生，可以少选课程，选低要求课程，重修部分课程，减缓学习进度，适当延长学习年限，先取得结业证书，到社会上边工作边通过多种渠道修学分，取得毕业资格。为便于学校管理，我们不提倡在规定学制年限内没

有取得毕业证书的学生留在学校。

对于有提前就业创业需要或家庭经济困难的学生，在完成必修课和限选课60%以上学分的情况下，可申请先工作再学习，或边工作边学习，可回校或就近选择学校学习，也可参加社会自考、技能等级考核，学校认定其相应学分，学分修满后可获得毕业资格。

（五）充分尊重学生学习的自主权，逐步建立和完善选课制和导师制

选课制是学分制的基础和前提，实行学分制，必然涉及学生选择课程、教师、学习时间和方式，要帮助学生正确选择，必须以导师制作为重要保证。

实行学分制有可能产生学生选课的无计划和盲目性，有的学生选课主要看是否容易拿学分，以及上课时间是否方便，造成专业学习缺乏系统性和完整性，影响培养目标的实现。解决的办法：一是建立导师制，加强教师对学生选课的指导，在学生入学伊始，就要端正其对学分制的认识，使学生具有学分意识。导师要根据人才培养的共性要求和学生的实际情况，在学生选择学习目标、学习过程、争取良好成绩和学分等方面给予具体有效的指导；二是将限选课程编为成组菜单式组合，供学生选择，以对学生的选课进行指导和限制。

（六）加强与其他教育形式和社会培训之间的沟通与衔接

试行学分制后，学生获得与所学专业相关的经社会认可的技能等级证书，或通过高一层次的社会自考课程，可申请免试相关课程，经学校审核认定后可获得相应学分。试行学分制还规定了在普通中专、职业中专、职业高中和普通高中之间相同课程学分可以互认。由此将学校教育与社会教育、职业教育与普通教育、学历教育与短期培训沟通和衔接了起来，有利于终身教育体系的构建和学习化社会的形成。

三、实行学分制需要的保障条件和配套措施

（一）广泛宣传，统一思想，认识到位

实行学分制是一项系统工程，涉及从教育思想到教育管理的一系列改革，是一项全局性的重大工作。实行学分制优势明显，是教学管理制度改革的趋势，是适应新形势的明智选择。但对职业学校来说，毕竟是一个新生事物，有个认识过程，学分制还处于试点探索阶段，有个逐步完善的过程，因此学校要高度重视，要成立专门领导小组，做好宣传发动工作，统一全校师生员工的思想，充分认识实行学分制对于推进素质教育，提高教学质量、办学效益和水平的重要性与必要性。实行学分制有大量艰苦细致的工作要做，要有良好的教学软、硬件资源和环境做保障，要充分认识工作的艰巨性和长期性，努力实现学年制向学分制的平稳过渡。

（二）加强管理队伍和师资队伍的建设

实行学分制，对学校教学管理人员和教师提出了更高的要求，教学组织形式多样

化、课程安排的多样化等增加了教学管理的难度,要求教学管理人员熟悉新的教学管理制度,更加明确为学生服务、为教师服务、为教学工作服务的思想,沉着应对更加繁杂的教务工作,建立学分制条件下新的稳定的教学秩序,形成有利于教学管理的运行机制。实行学分制,选修课的比例扩大了,实践课程要求提高了,对教师的知识、能力、素质的要求也随之提高了,只能教一、二门课程的教师将难以适应,教师面对选课制和选师制的压力和挑战,只有进一步提高自身的教学水平和创新能力,不断学习接受新的知识,改善自身的知识结构,大胆进行教学模式、教学方法和手段、教学内容的改革和创新,才能提高开课能力,增强任教课程的吸引力。

(三) 加强教学基本设施建设

实行学分制要有充足的硬件设施作为保障,学校的教室、实验室、图书馆等设施和设备不仅数量要增加,并且教学设施的多样性要求也提高了,学校要加大教学设施的投入和改造,配备数量足够、规格各异的教室和专用学习室,重视实验室、实训基地的建设,增加图书馆的藏书,加大教学设施的开放度,提高教学设施的利用率。

(四) 加强管理手段和教学手段的现代化建设

实行学分制后,教务管理的任务十分繁重,传统的人工管理方法难以适应,必须实行计算机管理,需要集中全省职业学校的力量,开发一套适应学分制的教学管理软件。各校也可根据本校实施方案的具体要求和实际情况,开发适应本校需要的教学管理软件(如排课软件、选课软件等)。

实行学分制后,校际学分互认、资源共享必将带来教学模式和教学手段的改革,需要开展校际同类专业的合作,共同开发一些适合网上教学或自学考试的课程,开展网上教学和网上培训。

(五) 创设适应学分制的招生就业环境

教育部门要改革招生制度,扩大学校招生的自主权,变统招入学为注册入学,要方便学校按专业大类招生,允许学校和学生在学习中期根据市场需要和学生实际进行专业调整;实行学分制后,学生取得毕业资格的时间会有所不同,对取得学分并符合毕业条件的学生,应允许其提前毕业,提前办理毕业证书,劳动和人事部门应允许其提前进入劳务和人才市场择业。

(原载《职教通讯》2000 年第 10 期)

以专业现代化推进职教现代化

周稽裘　王兆明　眭平

今后一段时期是我国社会主义现代化建设的关键时期，职业教育作为一种直接向各行各业培养和输送专业技术和管理人才的职业定向教育，如何进一步全面适应现代化建设的需要，在为社会主义现代化建设服务的同时，同步并适当超前实现职业教育自身的现代化，是摆在世纪之交的职教工作者面前的一个重要问题。

江苏省委、省政府制定了分三步实现现代化的战略目标：2000 年全面实现小康，苏南及沿江地区初步实现现代化；2010 年基本实现现代化；2050 年全面实现现代化，把江苏建成经济发展集约化，社会结构现代化，国民素质优良化，经济、社会、人口、环境发展直辖市化的全国一流的现代化省份。但是江苏地少人多，资源相对缺乏，发展经济，必须走依靠科技进步和提高劳动者素质的道路。农业要提高产业化、现代化水平，需要职教为之培养大量的技术人员和经营人员，特别是能自己创业的生产经营人员，把农民带向市场的产业化经营的民营业主和经纪人。江苏工业要在调整结构的基础上，迅速壮大新兴支柱产业，稳步提高经济效益。而第二产业特别是支柱产业生产一线的中级以上技术工人和现代化设备的操作维护人员严重缺乏。随着市场经济的发展，企业对产品推销和市场营销人员的需求剧增。三资企业、私营企业和个体企业也需要职业教育为之培养输送大批的经营管理和生产服务人员。

为此，江苏省教委在"九五"计划的开局之年，就提出了要"以专业建设的现代化带动职业学校建设的现代化"，早在 1996 年 3 月，江苏省教委又决定选择机电一体化和现代农业两大类专业，在 40 所学校率先进行专业现代化建设的试点。1998 年 3 月，又将试点扩大到商贸、服装、旅游、建筑等四类专业，试点学校近 60 所，以此进一步深化职教教育教学改革，分地区、分层次、分阶段、分步骤地积极推进职业教育的现代化，这是江苏职业教育的"第三次创业"。

一、专业现代化建设试点的基本思路和做法

江苏职教专业现代化建设试点是在认真总结我国职业教育的成功经验，积极借鉴世界发达国家职教的先进模式的基础上，以教学体系的现代化为核心，以教学手段的现代化为突破口，以实现人的现代化为根本目的，使江苏职业教育的教育教学改革由一地一校的局部探索转向集团军作战，使之更有影响、更加规范，为推进江苏省职业教育的现代化做好理论探索和模式示范的准备。

（一）专业现代化建设试点的主要目标

运用现代教育思想和观念系统地进行课程体系、教学内容、教学方法和手段、评价体系的改革。

根据试点专业所面向的职业岗位（岗位群）的要求，以提高学生的全面素质为核心，以培养学生的综合职业能力为重点，确定培养目标、培养规格，合理地设置课程。按照精心设计、整体优化的原则，搞好教学文件和教材建设、师资队伍建设和实验实习基地建设。

（二）专业现代化建设试点的具体任务

研究制定机电一体化等六类专业的试点方案；制定试点专业的教学计划和主干课程教学大纲；确定新教材的编写计划，并分期分批完成编写和出版任务；按试点的教学计划实施教学；培训学校管理干部和教师；推进产学研结合，大力加强职业学校实验实习基地和装备建设，以与江苏省生产和科技水平相适应作为阶段性目标；制定专业评估标准和评估指标体系。

（三）教学体系和课程改革的基本思路

专业现代化建设的核心是解决专业教学体系的现代化问题。在构建教学体系的基本框架中，我们把工作重点放在了研究、制订教学计划上，将培养目标和培养规格的准确定位与教育、教学、实习的内容和安排，通过可操作的教学文件来具体体现。

1. 以培养学生的综合职业能力为主线开发课程

借鉴 CBE（计算机辅助教育）理论，从分析岗位职业能力入手，改变单一的学科型课程模式，以职业能力为本位来开发课程，将学生综合职业能力和全面素质的培养系统地贯穿教学过程。

2. 以模块的形式组合课程

按不同的功能要求，对课程进行分类，组成若干模块，根据不同的专业或专门化方向进行课程的拼装、组合和调整，形成"通识+通才+专才"的培养模式。这有利于学校在实施公共模块课程教学的基础上，根据市场需求及时调整活动模块。

3. 课程综合化，教学内容和要求以实用、够用为度

根据培养目标的要求，对课程进行爬梳整理，删繁就简，进行科学的、合理的、有机的综合，避免学科型课程因过于强调各自的系统性和完整性，而造成单科教学周期过长和课程间的交叉与重复，提高教学效率。这有利于腾出教学时间和空间，加强实践性教学环节和职业技能训练。如机电一体化专业中设置了"机床数控技术应用"课程，就是根据数控机床操作和维护人员应具备"了解数控设备的相关知识，熟悉机床数控的原理与系统，能够操作和维护数控机床"的能力的要求，将现有的"数控原理与系统""数控机床""数控编程""数控机床的操作"等四门课程，按岗位能力的要求进行系统、有机的综合后形成的。

4. 注重课程的整体优化

从课程的结构、比例、权重、衔接、纵横关系层面处理好理论教学和实践教学、培养能力和传授知识、现代内容和传统内容、自然科学和人文科学之间的关系，实现受教育者全面素质的提高。

5. 加强实践教学和职业技能训练

有技能训练教学大纲和教材，有分阶段训练的内容、要求和目标，并逐步形成相对独立的实践教学体系。

6. 教学计划富有弹性

预留一定的机动课时（如15%左右），有利于各试点学校充分发挥各自的办学优势，使试点专业教学计划更具可操作性。

（四）专业现代化建设试点的主要做法和措施

1. 积极依靠行业主管部门，广泛听取企业和用人单位的意见

我们在研究制定试点方案、审定教学计划和大纲、编审教材等各关键时期，注意广泛听取高校和科研机构的研究人员、生产企业和用人单位的工程技术人员、省市行业主管部门的管理人员的意见，吸收他们共同参与和研究。

2. 充分发挥中等专业学校的骨干作用

在江苏省参与试点的97所学校中，有29所部、省属中专学校，68所地方职业高中，两类学校各有所长，通过试点的纽带联系在一起，可以优势互补，取长补短，共同提高。在试点过程中，我们充分发挥中专学校的骨干作用，并注意物色和培养一批热心于教改实践的校长与老师，形成试点工作的中坚力量。

3. 在有关政策上给予扶持和倾斜

省政府决定在"九五"期间从农业重点开发建设基金中，省教委从统筹的地方教育附加费中，各拿出1 000万元（1997年、1998年资金已到位），市、县或学校主管部门按1∶1来配套，学校自筹1 000万元，用于农业类学校的专业建设。此外，我们在考虑省内职教专项贷款贴息、职教专项设备补助经费的安排、试点专业招生计划的安排等方面，也给予试点学校重点扶持和倾斜。

4. 试点的立意要高，标准要高

专业建设要瞄准职教发达国家的先进水平，跟踪国内科技的发展和企业新技术、新工艺、新设备的发展，用大手笔，花大力气进行建设。

5. 积极借鉴世界发达国家职教的成功经验

借鉴国外职教改革的经验，如"双元制"教学模式，CBE思想和课程模式及DACUM（教学计划开发）方法，职业群集式课程模式，等等，有助于形成具有我国特色的职教课程模式，但也不是照搬国外的经验和模式，而是根据国情，有针对性地借鉴和吸收，建立适应我国特点的职教课程模式。

二、专业现代化建设试点工作的主要成效

1998年10月,省教委组织专家对机电一体化专业现代化建设的24所试点学校进行了检查视导,11月召开了专业现代化建设试点总结交流大会,交流6类专业建设试点的进展情况和经验。大家高兴地看到,试点工作已经取得显著成效,试点专业和学校适应经济和社会发展要求的能力明显增强,教学装备与生产现场同步、专业教学水平与科技和生产发展水平相适应、学生能适应生产岗位(群)要求的目标已基本达到,与世界职教先进国家和地区的水平正逐步接近,已经有了职教现代化的雏形。

(一)促进了教育教学观念的转变

大家认识到专业现代化建设试点不仅仅是就几类专业进行建设,而是职业学校要由外延的扩张逐步转向内涵发展,实现规模和质量、结构和效益的协调发展,这是发展方式的根本性转变。专业现代化建设试点已初步构建了一个现代职教课程体系,它不仅仅是一个专业的教学计划、课程教学大纲和教学内容的简单变革,而是体现一种现代课程观念,即人才的培养要由学科型向素质型和综合型转变,从而为中等职业学校全面进行跨世纪课程改革树立典范。

(二)促进了教学改革的深化

专业现代化建设试点,促进了职业教育教学改革的深化。构建现代化的教学体系是专业建设的核心,其中课程体系的改革是重点。试点专业的省颁指导性教学计划,在贯彻能力为本位的教学指导思想、确立系统和明确的技能训练目标、以模块的形式设置专门化方向和课程、根据培养目标的需要对课程进行系统和有机的综合、注重课程的整体优化、教学计划富有弹性等六方面进行了较为深入的改革和尝试。各试点学校在对当地企业的现状和发展趋势进行广泛调研的基础上,根据就业市场的需求和学校的实际,在省颁指导性教学计划的指导下,积极制订本校实施性教学计划,在教学软硬件平台环境逐步提升的过程中,不断地对教学计划进行滚动修改,使教学计划更加科学、合理和完善,使实施性教学计划逐步接近指导性教学计划的要求。对省颁指导性教学计划中预留的反映学校所在地区和所在行业特色的15%的机动课时,各校都能根据实际需要充实以人文类、行业特色类、技能训练类、素质教育类等课程,充分体现了指导性教学计划中设置机动课时的初衷。

职业教育的本质特征应体现在培养目标和培养模式上,积极探索具有职教特点的教学模式是深化教学改革的重要方面。江苏省相当多的试点学校借鉴国外职教先进经验,结合我国国情,积极进行具有职教特点的"一体化模式""产教贸结合模式"等教学模式的探索。

为了促进理论与实践紧密结合,探索"一体化"的教学模式,江苏省一些学校先后建立了技术实训中心或专业教室,改变过去理论课课堂教学只有一支粉笔、一块黑

板、一本书，理论教学和实践教学相分离，以课堂为中心、以教师为中心、以课本为中心的传统教学模式，采用现场教学的方法，达到能力与素质同步培养的目的；配备先进的教学设备和生产设备，融理论教学、实践教学、技术服务与生产为一体；学生在教师指导下进行理论学习和实践训练，做到"教、学、做"结合，"手、口、脑"并用。这种教学模式模糊了理论教学和实践教学、理论教师和实习指导教师的界限，对教师提出了更高的要求，带来了学校教学组织形式和教学场所的变化。无锡职业技术学院从 1995 年起，投资 510 万元，筹建了"数控技术中心""现代电气中心""汽车检测中心"，并逐步发展成工业中心。这些中心的建设从根本上打破了传统的实验实习是理论课程依附物的验证性模式，面向工程、面向实践、面向问题组织教学，把学习、研究、生产结合成一体，产生了模式性的变革。在技术实训中心完成的教学内容具有综合练习性、操作模拟性和生产实践性等特点，并兼顾了先进性，真正体现了职教特色。

为了使教学直接面向社会，贴近市场，贴近生产，江苏省部分学校积极探索教学、生产、市场经营相结合的"产教贸结合"教学模式。在这种教学模式中，教师既是教学工作的组织者、实施者，又是生产者或经营者。南京地质学校在营销教研室的基础上建立营销企划事务所，对市场营销专业的学生实行"产教贸一体化"的教学模式。教师既从事教学，又从事营销实践；学生在这里边进行专业学习，边参与营销实践，有利于学生实际工作能力的培养，使教学过程真正融入市场，实现了以产促教、以教兴产、产教结合的育人模式。

各试点学校在利用信息技术更新传统的教学手段方面都进行了有益的探索和尝试，进行了不同程度的改革和实验，有了良好的开端。许多学校都注意对幻灯片、投影、录像、教具、多媒体教学课件等现代教学软硬件的综合运用，用先进、科学、方便、实用的教学手段，使复杂、枯燥、冗长的理论教学变得形象、生动、直观，达到事半功倍的教学效果。教师在编制开发多媒体教学课件辅助课堂教学的过程中，加深了对教材的理解，提高了计算机的运用水平。

（三）促进了专业建设水平的提高

学校的专业建设水平的提高，具体体现在教学内容与科技和生产发展水平相适应，专业教学设备基本能与生产现场设备同步，学校培养出来的学生基本能适应生产岗位的要求，从而促进了各试点学校在教材、师资和设备三大基本建设上集中兵力、加大投入、再上台阶。

教材要充分反映现代科技和生产发展的水平，要体现先进性。在现代农业类专业教材的建设中，我们将重点放在 21 世纪最有发展潜力和活力的设施园艺专业教材的配套建设上。考虑到现代生物技术已渗透到农业的常规技术领域，是农业现代化的重要标志，计算机在农业信息的采集、处理、利用方面的作用正日益凸显，我们在更新教材的同时，在各专业普遍增设"生物工程基础""农业信息处理"等新课程，以适应农业科技和生产发展的需要。

教师是专业现代化建设的设计者和实践者，只有提高教育者的素质，才有可能实现受教育者综合职业素质的提高。为此，各试点学校制定了本校师资队伍建设规划，并采取了一些切实有效的措施，加速师资队伍的建设：一是招聘引进，优化结构。许多学校在主管部门的支持下，利用产业结构调整和企业兼并重组的有利时机，积极从企业引进具有丰富实践经验的工程技术人才，以优化师资队伍结构，实现师资队伍的科学组合，如苏州市高级工业学校开发的车床数控系统、模拟编程器、PLC（可编程逻辑控制器）学习机等都是近几年从企业引进的工程技术人员和学校教师联合开发的，该校还注意从人才市场招聘引进机电一体化专业应届本科以上毕业生，充实一线教学队伍，提高该专业教师的学历层次。二是进修培训，提高水平。进修培训从学历上看有专升本、双学历、本科进修研究生班；从形式上看有在职自修、脱产进修、校内进修、国内进修、国外进修等；从知识结构上看有专业转向、专业拓宽、知识更新等；从培养实践能力上看有下厂挂职学习、与企业联合开发项目、带学生下厂实习和毕业设计等。尤其是在培养学科带头人、骨干教师、"双师型"教师上更是舍得花本钱。三是提供成长载体。南京工业职业技术学院利用机电一体化专业师资的优势，积极组织和指导学生参与科技制作，试制了十余项机电结合的自动化控制器件和设备。无锡职业技术学院为使专业教师得到较高水平的实际锻炼，组织专业教师进行数控机床、加工中心等的组装及调试，组织机电、液压、计算机教师联合成立"项目开发"课题组，开发制作了物流仓库、机器人布棋、自动化电梯、CAI（计算机辅助教学）课件等项目。四是落实师资培养专项经费。各校在经费相当紧张的情况下，仍然安排相当比例的资金作为师资培养的专项基金。盐城市第一职业中学近几年投入 70 余万元，用于 125 名教师的培训和进修。五是建立激励机制，充分调动教师努力提高自身素质、积极参与教改实践的主动性和积极性。通州职业高级中学试行《教职工资职评聘制》，把教师素质、贡献实绩与奖励待遇挂钩，真正实现高素质、高实绩、高回报、高待遇。

专业教学设备的投入及其合理配置，是专业现代化建设的突破口，也是保证新的教学计划和教学大纲全面实施、确保人才培养规格和质量的物质基础。自 1996 年开展试点以来，各校都对专业教学设备的建设资金进行了 3—5 年的投资规划，结合学校现有的实验实习设备，拟定了分步实施方案，加大了实验实习设备的投入，加快了教学装备现代化的步伐。据统计，机电一体化专业 24 所试点学校两年来共投入设备建设资金 11 735.49 万元，其中 8 所学校还利用世行职教二期项目资金 272 万美元，也主要投入机电设备的建设。试点学校的专业教学设备建设跨了一大步，基本能与生产现场设备同步。实验实习设备的现代化，不仅为学校的专业建设提供了物质条件，为形成系统的实践教学体系打下了基础，保证了学生综合职业能力培养目标的实现，也为学校建立多工种、多层次职业技能鉴定站创造了条件。

专业现代化建设是一个长期的、渐进的过程，不可能一蹴而就，目前要不失时机地跨出专业现代化建设的第二步——积极推进产学研结合工作，以更好地解决专业建设中存在的学科基础不厚实、课堂教学改革力度不大、专业教师的专业实践能力和水平不高等问题，使江苏职教专业现代化建设获得持续发展和不断更新的动力，以进一步深化职业教育的教学改革，积极推进江苏职业教育的现代化进程，把一个充满生机和活力的江苏职业教育带入 21 世纪。

（原载《职教论坛》2000 年第 6 期）

充分发挥普通中专的骨干示范作用

王兆明　金芝芳

"八五"以来，江苏省中专教育面向市场，面向社会，主动适应、主动服务江苏现代化建设，充分发挥其在职业教育中的办学优势和骨干示范作用，积极推进中专教育现代化，从而为江苏职业教育现代化做贡献。

一、抓住经济发展的第三次机遇，积极推进中专教育现代化

江苏经济结构的全面调整和国有经济的战略改组，已形成改革开放以来的第三次发展机遇，其本质是使科学技术成为第一生产力的经济现代化过程。江苏省中专教育紧紧抓住经济发展的第三次机遇，从职业教育的特点出发，目标分阶段、学校分层次、实施分步骤，扎扎实实地全面推进教育现代化，开始了中专教育的第三次创业。

（一）围绕支柱产业发展和经济增长点积极开展专业现代化建设试点

专业教育是职业教育的特质，专业现代化建设是职业教育现代化的抓手和牛鼻子。江苏省教委自1995年起提出了以专业建设的现代化带动职业学校建设现代化的工作思路。1996年初在全省职业教育教学工作会议上将这一思路作为工作目标与任务正式提出并组织实施。根据江苏经济和支柱产业发展的需要，先后确定机电一体化、现代农业、商贸、建筑、服装、旅游等六大类专业开展专业现代化建设试点。全省近100所职业学校参加了试点，省级以上重点中专校近一半参加了试点，并在试点中发挥了骨干作用，担任六大类专业试点牵头任务的11所学校中有9所是中专校。试点学校坚持以观念更新为先导，以教学体系的现代化为核心，以课程结构、教学内容改革和教材建设为重点，以教学手段、条件装备的现代化为突破口，以师资队伍现代化为关键，以实现人的现代化为根本目的，分地区、分层次、分阶段、分步骤地积极推进，营造江苏职教跨世纪的新优势。

三年的实践证明，专业现代化建设引发了职业教育新一轮的教学改革，启动了专业（学科）带头人队伍的建设，标志着江苏职业教育改革和发展进入了一个新的阶段；发展方式由外延的扩展逐步转向内涵的发展，实现了规模、结构、质量、效益的有机统一。试点专业和学校适应经济和社会发展的能力明显增强，广大职教工作者长期以来孜孜以求的教学装备先进程度与生产现场同步、专业教学水平与科技水平相适应、学生的能力和素质与生产岗位要求相适应的夙愿已基本实现，与世界职教先进国家和地区的水

平正逐步接近，江苏职教现代化已具雏形。2000年起，全省普通中专的骨干专业建设将全面转向专业现代化建设，学习借鉴试点专业和试点学校的经验，同时启动现代化示范专业的评估。

（二）积极探索，大胆实施，开展五年制高等职业教育试点

为适应经济、科技发展对高级职业技术人才的迫切需求，1994年以来，江苏省部分重点中专校经批准试办了五年制高职班。五年来，在各方面的共同努力与积极参与下，试点学校抓住机遇，在更新观念端正办学指导思想、增加投入大力改善办学条件、深化改革构建新的课程体系、更新教学内容加强教材建设、开拓创新探索新的教学模式、强化实践努力办出高职特色等方面进行了积极的探索和大胆的实践，取得了阶段性成果。目前，四门公共课教材已出版试用，江苏省《关于制定五年制高等职业教育教学计划的原则意见》已颁发试行，其余一系列教学文件正在制定过程中。1998年12月，省教委组织专家组对全省试办五年制高职的学校进行了全面的教学视导。实践证明，五年制高职作为培养生产、管理、服务第一线的实用性技术型人才的一种高职学制，其优势和特点在于将中等、高等职业教育贯通，整体设计和统筹安排学生的知识、能力、素质结构的培养及技能训练，较好地解决了中高等职业教育的衔接问题，克服了应试教育的弊端，有效地提高了教育效益，受到学生、家长和社会的广泛欢迎。我们将坚定不移地坚持试点，使之成为现代职教制度改革的试验区、职业教育教学改革的试验区和职业教育现代化的试验区。

（三）坚持产、学、研结合，使专业现代化建设获得持续发展的动力

江苏省重点中专校，尤其是进行五年制高职和专业现代化试点的学校深刻地认识到，为了适应现代化进程中最本质的创新要求，学校办学模式必须从原有的产教结合不失时机地转向产学研结合。各校普遍从原来主要从事技术推广逐步转向参与技术开发、引导新的社会需求，改造和建设好一批技术开发型或科研推广型的实践教学和产学研结合基地，形成教学、技术培训、科技开发和推广的基地与创业教育基地；立足服务经济，通过自身努力、校际合作、社会协作等多种途径，创办科研型产业，积极承担新产品开发和新技术引进工作，并依托产业突出科技成果的转化和推广。目前，江苏省一些中专校已初步走出一条"依靠专业办产业，办好产业促专业"的产学研结合新路子。这种探索，促进了学科发展，夯实了专业基础；培养了一支"双师型"师资队伍，摸索出创业型人才的培养方式；加强了实验实习基地的建设，以此提高专业建设水平和社会服务能力，为地方经济建设提供前瞻性示范。

（四）加快中专教育信息化建设步伐，推动职业教育现代化进程

由于以微电子、计算机及其网络为代表的当代信息技术的发展，人类社会正在向信息化过渡，信息化水平已成为衡量一个国家和地区现代化水平的重要标志。在此社会背景下，江苏省在进行职业教育专业现代化建设的同时，及时提出要加快信息化建设步

伐，主要围绕教育教学和教育管理两方面进行，以此推动职业教育现代化进程。

1994年以来，我们在中专校长培训班或有关会议上，积极安排信息知识讲座，参观信息化建设先进典型学校，到国外考察，借鉴信息化建设的先进经验，努力提高中专教育工作者对信息化的认识；同时，狠抓师资队伍的知识更新和计算机应用能力的培训，许多学校采用贷款等方法鼓励教师建立家庭计算机环境。江苏省教委和有关部门、学校组织了数控机床教学、计算机辅助设计、计算机辅助教学、课件开发、网络应用等各种类型培训班，通过培训初步形成一支具备现代信息意识和教育观念的骨干队伍。

在更新观念、提高认识的基础上，我们加快进行信息化基础设施和校园网建设；开发软件，积极推动中专校实现计算机管理。1997年，我们转发了国家教委《关于推动重点中专校逐步实现计算机管理的通知》，并结合江苏省实际提出具体设施意见，明确要求国家级重点中专必须在1998年年底前建成校园网，省级重点中专在2000年前建成校园网。现已提前实现既定目标，目前已有40所学校建成校园网。大多数重点中专校通过CERNET（中国教育和科研计算机网）或邮电网接入INTERNET（互联网），参与国际、国内交流，成为开放型学校。更多的学校在进行基建时预先为校园网铺设光缆，为信息化建设打好基础。省教委根据江苏省中专教学、学生、后勤三个管理规范组织开发的"中专计算机管理信息系统"已于1998年11月通过专家鉴定。目前，这一系统软件的网络版已在40所建成校园网的学校试用。在推进计算机管理的同时，我们更加注重信息技术在教学领域的应用。许多中专校运用现代教育技术进行教学过程和资源的设计、开发、利用、评价与管理，主要通过课堂多媒体组合教学、计算机辅助设计、仿真模拟训练等方式进行。全省重点中专校基本都建立了计算机辅助教学的环境，成立多媒体课件开发研究中心，推进教学模式的改革。江苏省中专教育要为职业教育信息化和现代化做贡献，2000年全省中专校基本普及计算机辅助教学和计算机辅助设计，重点中专校全部建成连接INTERNET实现高速率通信的校园网，还要逐步建立全省职业学校虚拟网，积极开展网上教学和远程教学，为全省的信息化和现代化做出应有贡献。

二、稳定中专，充分发挥中专校的优势和作用

（一）稳定学制，坚持原定的培养目标、培养规格和办学特色

近一段时间来，提出"模糊"与"淡化"中专、职高和技校三者界限的议论颇多，江苏省也有些学校提出将普通中专学制缩短为三年。对此我们态度鲜明，我们认为用缩短学制、降低培养规格的办法来解决中专教育发展中的问题是历史的倒退，是不利于中专教育稳定和发展的。我们认为，四年制普通中专和三年制中职在办学资格、培养规格、课程结构上应有所区别。在高职尚未充分发展的地区和行业，四年制普通中专实际上承担了高职的任务，也就是说，四年制普通中专替代着高职，这种局面还将稳定持续相当长一段时间。因此，我们坚持将四年制工科中专培养目标定位为直接在生产、管理、服务第一线工作的技术和经营管理人才，江苏省的普通中专校中除少数文科类专业

是三年制之外，工科等类专业全部是四年制。

（二）关于发展高职与稳定中专

高职教育是当前的热点问题。重点中专将逐步承担更多的高职任务，改办高职院只是其中的一种形式。中专和高职是什么关系，普通中专今后的发展趋势怎样？普通中专四年制作为一种过渡性的学制，还要过渡多少年？普通中专分化，如何分化？

我国的中等专业教育制度是解放初期在旧中国职业教育的基础上学习苏联经验建立起来的。其培养目标是技术员类人才。解放前，旧中国也有职业学校，实际上很多中专校都是在旧中国的高级职业学校基础上建立起来的，其运行机制则是解放后学习了苏联的经验。几十年来，中专和大专教育一直存在着学制、培养目标、规格上的混淆不清。"文革"前，专科学校很少，矛盾不突出。1983年以后，大力发展专科，问题开始暴露。1980年，《全国中等专业教育工作会议纪要》及《国务院批转教育部全国中等专业教育工作会议纪要》中明确实行中专学制：招收高中毕业生一般为两年、两年半、三年，招收初中毕业生一般为四年，个别五年，有的专业仍保持三年，明确中专学校是在相当高中文化程度的基础上进行专业技术教育，是介乎高中与大学之间的一种学校。我们历来把学制为四年的中专作为高中后的职业教育（非文件规定）。1987年，全国职业技术教育工作会议明确指出，中专教育不应简单地被划入中等教育。长期以来，我们一直提出要解决中专的定位问题，但由于种种原因，中专的地位没有被合理地、正确地确立。这是历史的问题。尽管我们现在把四年制的普通中专作为高中阶段教育，但搞中专工作的同志应清醒地认识到它是高中后的教育。中专大体上用两年的时间在主要课程上使学生达到普通高中文化程度。上海石化工业学校进行实践后，他们的学生参加会考的合格率达90%以上；除文化课外还安排了400~600个学时来学习专业课程。现在讲的高职，任务是培养在生产、服务、技术、管理一线的应用型、技术型人才，高职生的岗位就是原来的普通中专生的岗位，事实上中专校一直承担了高职发展的任务。现在发展高职最积极的是中专校。这在客观上是因为社会对毕业生素质要求有所提高，需要复合型人才，特别是实行公务员制度后更提出了要有大专以上文凭；社会上盲目地攀比、追求高学历，人为地提高对人才学历层次的要求，其他行业也纷纷仿效，有些中专生完全能胜任的岗位也要大专毕业生。发展高职是教育发展的重点，中专学校依靠行业、企业发展了解科技和经济发展趋势举办高职，有其他类型教育难以替代的优势。

中专校举办高职是否意味着不要四年制中专了，中专的发展趋势如何？对此，我们一再强调要稳定中专、发展中专，这既是经济发展的要求，也是教育发展的要求。中专学校今后要分化，一部分往高职方向发展，一部分和现在的其他中等职业学校一起举办三年制中等职业教育。四年制是一种过渡性的学制。但"分化"和学制过渡都是一个渐进的过程，有一个相当长的时间，不是一两年的事。四年制中专在一些行业和地区，承担着高职的任务，最后的分化取决于高等职业教育能否充分发展和能否充分发挥中专校优势发展高职，这不是"九五"期间、"十五"期间所能完成的。除了中专校举办高职的途径和政策问题外，还有中专校自身办学条件的准备问题。江苏中专的整体水平、综合实力在全国处于一流，又处于经济发达地区，过渡结束至少也要到 2010 年前后，就全国来讲，还有一个相当长的过程。落实到具体的学校来看，即便是在目前办学水平最高的学校，也不是所有的专业都能被办成高职。在进行五年制高职视导的时候我们发现，不少学校只是少数专业具备了办高职的水平。高等职业教育的充分发展需要一个较长的时间，否则中专校所办的高职只能是低水平的。我们可以把四年制中专当作较低水平、经过压缩的高职来办。为什么这样讲？第一，现在所说的高职毕业生岗位本来就是中专毕业生的岗位，只是随着经济和科技发展，社会对生产服务管理一线技术管理人才的要求有所提高。第二，四年制中专本来就是高中后的教育，承担了高职的职能。第三，我们希望重点中专能往高职方向发展，往高职方向努力、提高。第四，中等职业教育还要大力发展，尤其是"十五"期间，全省的初中毕业生要从现在的 80 万人增加到 120 万人，届时普通中专还要承担相当多的中等职业教育任务。第五，重点中专的专业建设也有个过程。所以从发展趋势来看，中专要分化，要提高。但也不是一蹴而就地全部成为高职。在一部分行业，中专校仍要承担高职的任务，如农业类，全省现在只有一所农业大学，其他都是中专校。因此，我们要坚定信心，稳定中专、发展中专，坚持我们的培养规格、培养目标、办学特色。现在中专分类很杂，真正坚持培养技术员类人才的主要是四年制的普通中专。有些中专校长心理不平衡，想搞三年制；有的提出现在不需要培养技术管理人才。如果中专校自己降低培养目标和培养规格，最终将失去自身的特色和地位。我们不能一味迎合社会心理。南京无线电工业学校最近搞了一个调查，毕业生的第一岗位都是一线操作岗位，三个月以后，尤其是一年后，毕业生开始分化，大部分到了一线技术和管理岗位，实际上就到了我们培养目标预定的岗位，他们调查的都是三资企业等高新技术含量较高的企业。从现在国家加强素质教育的要求来看，四年制中专教育符合面向 21 世纪一线人才的要求。在当前的形势下，我们应当理直气壮地把稳定中专、发展中专、坚持中专特色作为办学的指导思想。如果学校办出了特色，以后一定会有机会办高职。

三、深化改革，促进中专教育整体水平的提高

（一）加强骨干学校建设

加强骨干学校建设是适应经济的两个根本转变、提高职教整体水平的重要举措。江苏省骨干学校建设在原有基础上已实现了两个根本转变：从办学条件合格转向办学水平合格，从发挥示范窗口作用转向发挥管理、辐射与服务功能。江苏省制定了职业教育骨干学校建设规划：全省建成 350 所达到省级重点以上水平的示范性骨干职业学校，承担全省中等职教 70% 的任务。全省中专校的骨干学校建设坚持高起点、高标准，从"八五"前后重视标准化建设、规范化管理，逐步转向突出改革、注重效益。在 1992 年进

行办学水平评估后确定第一批42所省、部级以上重点中专校的基础上，1997年江苏省又开展了第二轮水平评估，产生了第二批27所省级重点中专校，目前全省共有69所省、部级以上重点中专校，其中国家级重点17所。根据教育部的统一部署，经过调整国家级重点中专校的新一轮办学水平评估，江苏省将新增一批国家级重点中专校，以中专的骨干学校建设带动整个职业教育的骨干学校建设上一个新台阶。

（二）扩大对口招生比例，完善职教体系建设

发展高等职业教育既是经济发展的迫切需要，也是完善职教体系、加快职教发展的需要。职教体系不健全，高职发展缓慢，特别是对口招生规模太小，已成为制约中等职教发展的瓶颈。江苏省从1987年起开始高校对口招收中等职校毕业生工作。1987年，全省对口招生不足300人，主要是为中等职教培养师资；1997年，24所高校招收3 419人。江苏省首次开通了对口招收普通中专毕业生的政策；1999年，全省对口招生规模为8 666人，其中招收中专推荐保送生1 500人；2000年，对口招生规模将达15 000人，其中本科3 500人，中专保送计划将达2 500人以上，其中本科将达1 000人以上。对口升学规模将逐步达到中等职校毕业生的10%以上，多渠道对口升学深造的制度逐步建立完善。为确保对口招生高职的教育质量，我们重视中高职衔接的研究，组织有关学校针对"4+2"高职招收四年制中专毕业生的实际，有针对性地专门制订二年制教学计划，探讨教学模式和其特殊规律。实践证明，对口招生为中等职校毕业生开辟了通向高等教育的通道，有利于建立完善职教体系和现代教育制度，促进中等职校重视教学改革和提高教育质量，有利于职业教育事业健康发展。我们认为，随着高考制度的改革、普通教育和职业教育之间的沟通，中专生应该可以直接参加普通高考，以此构建高中阶段教育通向高等教育的"立交桥"。

（三）深化中专办学和管理体制改革，加快结构布局调整

党的十五大以后，随着所有制结构和经济结构的调整，以及以政府机构改革为重点的政治体制改革步伐加快，职业教育必须做出灵敏反应。结构调整的运作手段是资源配置，它必然呼唤职教办学和管理体制的深层次改革。我们认为，全面规划中专办学、管理体制改革和布局结构调整，应当立足于经济社会发展特别是产业结构调整、升级的需要；坚持以调整促改革，以调整促发展，以调整促提高。通过调整中专校的布局结构，进步推动中等职业教育办学、管理体制和运行机制的改革，促进办学质量、整体效益、发展水平和创新能力的提高。经过2—3年的努力，初步建立起面向21世纪的结构合理、专业门类齐全、办学质量和整体效益好、适应社会主义市场经济体制和现代化建设需要的中等职业学校布局结构。

职教布局调整应当遵循以下原则：

一是有利于打破长期以来职业教育条块分割、职前职后教育分制、不同类型和不同层次职教分割、重复办学的局面，实现条块结合、职成教沟通、优势互补，促使职教资

源合理配置；有利于保持和调动社会各方力量兴办职教的积极性，充分发挥现有职教资源的作用；有利于提高职业教育的质量和效益。

二是与区域性职教发展规划和整个高中阶段教育规划的制定、实施相结合。"十五"期间，初中毕业生急剧增加，职教招生将逐年增加，中专教育作为职业教育的骨干力量，要为实现"十五"规划做好教育资源的准备。

三是与全省高等学校管理体制改革、布局结构调整和高等职业教育发展规划布局相结合。本着整体规划、分步实施、先易后难、有序进行、特殊问题个案处理的原则，通过合并、联合、调整、转制等形式进行。

四是与专业结构调整相结合。根据需要统筹规划专业设置，加强重点专业建设；高职院及中专校尽量以综合型学校为主，不重复设置科类相近的单科型、纯行业性学校。调整以中心城市为主体进行，学校合并一般为同城合并，同时适应各校财政投资体制的现状。原先分属省有关业务部门的专业相近的省属学校首先合并，在此基础上逐步推进专业相近的部、省、市属职业学校和成人学校及其他类型的职业学校的联合、合并、兼并。

随着经济和科技的发展，有的行业、企业对人才的学历层次要求提高，同时还由于受人事制度和政策、用人观念的影响，社会上存在盲目追求高学历、在人才使用上高消费等不合理现象，使部分专业虽然对中专生有实际需求，但毕业生就业困难。鉴于上述原因，中等职教已从一部分服务领域退出，压缩和停办外贸、法律、公安等类专业，有些中专校已被并入高校，有的已停止招中专生。

要积极探索教育行政部门直接指导、管理中专教育的体制。随着中央部委机构改革方案的实施，已有五所部属中专校划归江苏省教委直接管理，打破了中专办学史上教育部门不直接作为主管部门管理中专校的格局。江苏省省级机关机构改革方案将要实施，现有省属中专校的部分主管部门管理教育的职能将淡化，下一步怎么办？我们认为不能将部、省属中专校层层下放，也不能简单地将其一概并入高校，不能使中专校仅仅作为普通高等教育有形资产的扩张形式，不能使中专校长期积累的办职教的丰富经验和办学特色等宝贵的无形资产在"一并了之"中丧失。在新形势下，必须改变长期以来教育部门总认为中专校是业务部门主管，关心指导不够、管理力量和精力投入较少的传统观念和倾向，积极探索在加强地方政府宏观调控和促进行业、企业积极参与办学、扩大学校办学自主权的前提下，教育部门直接管理中专校的办学与管理体制。

要加大地方统筹力度，充分发挥市级政府及教育行政部门指导、管理中专教育的职能，把办在本地的中专校作为地方教育事业的重要组成部分，充分发挥组织协调、桥梁纽带、业务指导和信息传递作用。

（四）深化教学改革，全面推进素质教育

教学工作是学校的中心工作，教学改革是当前职业教育改革和发展的重点任务之一，是全面推进素质教育、进一步提高职业教育的教学质量和办学效益的迫切需要。要全面贯彻党的教育方针，切实转变教育思想，确立正确的教育价值观、人才观、质量观和主体发展观、终身教育观、个性教育观等现代教育观念。

要进一步端正办学指导思想，真正面向全体学生。从让每个学生适应我们的教育转向让我们的教育面向每一个学生，关心每一个学生的成长、成才、就业和发展。要加强德育和文化基础教育，提高学生的思想品德和文化科学素质，尤其要加强外语和计算机应用基础的教学。随着高中阶段教育的普及，中专校新生在文化基础方面的差异必然会扩大，为此，在教学过程中要贯彻因材施教的原则，在教学管理上要贯彻以人为本的原则，使学校教育教学工作真正面对社会需求，面向全体学生，全面实施素质教育。为充分发挥学生学习的积极性和主动性，江苏省教委决定推广江苏省南通供销学校和南通中等专业学校试行学年学分制的经验，进而试行弹性学制。与之相配套，要进一步改革招生和学籍管理制度，逐步试行按专业大类招生，入学一至二年后由学生自主选择专业方向；适当放宽学生在校内转专业的限制。允许受教育者先就业和创业，再根据需要回校完成学业。

学校教学要与经济、科技发展更密切地结合。实行产教结合，积极探索具有职业教育特色的教学模式，更加直接有效地为地方经济建设服务，推广江苏省句容农业学校"围绕专业办产业，办好产业促专业"的专业产业化的教改模式，主动面向经济建设主战场，直接参与经济建设；发挥学校的专业优势与技术优势，广泛开展技术研究开发、技术推广和技术培训等活动，逐步从产教结合走向产学研结合；加强学校实践基地建设，使之成为地区或行业的产学研基地和创业教育基地，在新的高度上实现为地方经济和社会发展服务。

（五）深化中专招生制度改革，确保骨干学校稳定发展

近几年，由于宏观上受经济和就业形势的影响，传统的"重文化、轻技能"的社会心理作祟，加之部分学校、部分专业的中专生就业困难，初中毕业生数处于低谷等，致使"普高热"逐渐升温。面对严峻形势，江苏省采取了一系列措施，切实加强对高中阶段教育招生工作的统筹，规范招生行为，确保骨干学校特别是部、省属中专校稳定发展。首先明确职责，规定市、县教委招生部门在地方政府统一领导下，具体负责高中阶段各类教育的招生工作；同时对招生宣传、升学指导、招生程序等全过程加强管理；加强招生执法检查，全程监督、依法治教，确保初中毕业生合理有序地分流和高中阶段教育的结构比例科学合理。

江苏省在深化中专招生制度改革的过程中既积极又慎重，自1993年以来，加大中专招生制度改革的步伐，改革单一的指令性计划，扩大指导性计划，逐年提高自费生比例，至1997年自费生比例已达90%以上，为最终实现招生并轨打下了良好基础。1998年，江苏省实行中专招生并轨，并建立完善了加强招生计划和收费管理、规范办学行

为、资助困难学生等一系列保证改革顺利进行的配套制度。实践下来，实现了对中专校的财政拨款不减少、收费标准不降低反而略有提高的预期目的，促进了中专教育的进一步发展。2000年，江苏省中专招生制度和办法的改革将有较大的突破，将放宽中专招生对年龄、应往届生的限制，进行中专校自主招生的试点。

（六）面向市场，培养适应现代化建设需要的创业型人才

近几年，由于受经济、社会及人事制度等多方面因素的影响，部分学校、部分专业中专毕业生就业遇到困难。为使中专教育主动适应社会主义市场经济的需要，"九五"以来，江苏省高度重视毕业生就业工作，大力开展就业指导和创业教育，逐步建立起与市场经济相适应的中专毕业生就业机制。

第一，加强宏观政策扶持。江苏省制定了一系列鼓励毕业生自谋职业和自主创业的政策措施，无论毕业生以何种方式到何种所有制经济单位就业，各地人事部门及其人才流动机构都接受委托为其办理人事代理手续；专业性强的省属中专毕业生可以跨地区就业；等等。

第二，开设职业指导课程，加强教育引导。通过多年职业指导实践，我们探索总结出五种基本方法，即教育引导、调查分析、心理测试、团体辅导和个别咨询，其中教育引导是最基本的方法。因此，为使教育引导经常化、规范化、科学化，江苏省教委决定在全省中等职业学校正式开设"就业与创业指导"课程，将其作为职业学校政治课和思想品德课系列中的一门重要的必修课列入教学计划，课时在40学时左右。教学大纲、教材及与之配套的参考教材已正式出版。

第三，成立就业指导机构，切实加强就业指导工作。我们多次强调对学生的就业指导不能作为毕业前应急的临时措施，而应被视为帮助学生了解社会、认识自我、合理选择、积极发展的长期教育过程。各市、县有关部门和职业学校都要成立相应的就业指导机构，加强对学生的就业指导和职业咨询解答。常州、无锡、苏州等市成立了就业指导中心；大多数学校成立了就业指导和咨询机构。

第四，开展创业教育，培养创业型人才。江苏省创业教育开展较早，从1991年起被纳入农村教育综合改革内容。1997年，江苏省教委印发《关于加强创业教育的通知》，组织编写了《学会创业》，作为全省职业学校创业教育的辅助读物。1999年6月，江苏组织了全省职业学校优秀毕业生事迹报告会，请职业学校毕业生的创业典型现身说法，在社会上引起强烈反响，取得了明显成效。2000年4月，江苏省召开了全省农村和农业职业教育工作会议，紧紧围绕农村稳定、农业发展、农民致富的要求，根据江苏农村城市化、农业产业化和农民知识化的新要求，进一步明确改革、发展农村和农业职业教育的新目标、新任务，为农村高效农业、第三产业发展和小城镇建设培养了大批创业者与把农民带向市场的带头人。

以上措施，为江苏中专教育面向市场、服务现代化创造了新的舞台和空间。中专教

育在社会上已树立起良好的声誉和形象,作为培养现代化建设第一线的技术、管理人才的专门教育有着广阔的前景。我们将和全省中专教育工作者一起,认清形势,坚定信心,把握机遇,坚持改革,振奋精神,奋力爬坡,努力使江苏中专教育以全新的姿态跨入 21 世纪,对此,我们充满信心。

(原载《江苏中专教育》2000 年第 2 期)

重点中专校升格为高职院应由职教部门管理

江苏省教委职业教育办公室

一、建立职业教育体系的客观要求

从长远发展看，建立初、中、高等职业教育相衔接的教育体系，是教育改革和发展的趋势。由职教部门负责联系高职院，便于中、高等职教的招生、教学衔接，发挥高职教育对中职教育的拉动、促进和示范作用；便于单招计划和生源的安排落实。建议参考原师范专科学校的管理模式，在国家和省有关高教法律、法规指导下，由职业教育办公室负责联系具体教育业务。

二、加强对中等职业学校指导和管理的需要

需要改办为高职院的重点中专，都是全省办学水平最高的中专校。长期以来，这批学校是职教部门指导全省职业教育的主要依靠力量，在中等职业教育中发挥着重要的骨干示范作用。江苏省职业技术教育学会中专教育委员会、德育工作委员会，中专教学管理、后勤管理、图书馆等主要工作的研究协作组织，主要基础课程的教研组织，教育部决定由江苏省牵头的全国性职教研究协作组织，如中专教学研究会《江苏中专》等职教内部刊物、中专校举办的五年制高职协作组织、公共课开发协作组织、江苏六类专业现代化建设试点的牵头单位、职业学校校园网建设管理软件开发协作组织等，都被放在这些学校。由于历史渊源，这些学校与全省职业学校建立了十分密切的联系，事实上这些学校已成为全省职业学校的排头兵，发挥着重要的示范、管理和辐射作用。如果割断这些学校与江苏省教委职业教育办公室的联系，对全省职业教育的管理将产生严重影响。我们也曾设想，将这些组织和牵头单位转移到其他重点中专校，但是随着高职审批权的下放和高教布局的调整，还将有一批中专校独立升格或者合并升格，或者被并入其他普通高校举办高等职业教育，将上述工作全部转移是十分困难的，也是不现实的。

目前，职业教育的服务保障体系很不健全，大量的工作还需要依靠学校，希望相关领导能理解上述实际情况，对中专改办为高职院校的管理问题做出实事求是的决策。

三、保证办出高职特色的需要

高等职业教育办学的重点和难点在于办出特色。长期以来，江苏省中等职教积极探索，逐步形成了自己的特色，也积累了许多职教教学管理的经验；中专主要依靠行业部

门办学，省教委也与省有关行业、部门形成了良好的合作关系。基层学校、行业部门不少同志和教育专家也认为，如将升格的高职院与普通高校一起管理，难以形成高职特色；高等职业教育只有形成相对独立的管理体系，才能办出高职特色。这些年，江苏省教委职业教育办公室在省教委领导和有关处室的大力支持下，在中专校举办五年制高职方面做了大量工作，取得了明显的成效，在推进全国发展五年制高职教育方面起了极其重要的作用。由江苏省教委职业教育办公室负责与高等技术学院的教学业务联系，有利于对高等技术学院教育与五年制高等职业教育进行统筹规划、统一管理，形成办学特色，提高办学效益。

（原载《中国职业技术教育》1999年第11期）

积极探索　大胆实践　提高质量　办出特色
——江苏省五年制高职教育试点初见成效

王兆明　金芝芳

1994年以来，江苏省部分重点中专校经批准试办了五年制高职班。五年来，在上级领导的关心支持下和各方面的共同努力下，各试点学校抓住机遇、解放思想，在更新观念、端正办学指导思想，增加投入、改善办学条件，深化改革、构建新的教学体系，更新教学内容、加强教材建设，利用现代教学技术建立新的教学模式，调研论证、努力办出高职特色等方面进行了积极的探索与大胆的实践，取得了初步成效。

一、主动适应社会需求，努力办出高职特色

（一）以社会需求为导向设置专业

在专业设置上，各校坚持以地方经济结构调整为依据，以江苏支柱产业和高新技术产业发展为主导，深入行业、企业开展人才需求调研、论证，由"学校有什么条件就办什么专业"转变为"社会需要什么专业就创造条件办什么专业"。初步形成了宽窄并存、稳定与灵活相结合的专业格局，所设置的专业充分体现了适用、新兴、现代、复合等特征。专业设置适应了社会需求，也为毕业生顺利就业和自主创业打下了良好基础。江苏省无锡机械制造学校作为最早试点的学校，1999年第一届机电一体化专业高职毕业生中已有95%的学生落实了单位；江苏省宜兴轻工业学校的陶瓷造型设计高职班学生尚未毕业，已有一些企业争相来校要人。

（二）以行业、企业为依托办好专业

各校普遍成立了由行业、企业有关人员共同参与的高职专业顾问委员会或专业教学咨询委员会等多种形式的联合办学组织，已逐步形成学校反映企业需求、企业介入学校教育、校企结合、双向互动的办学机制。通过这样的委员会，各校共同负责教学计划的开发与滚动修订、专业培养目标与人才规格及岗位职业技能标准的制定等办学中的重大问题；同时依托行业企业，加强与完善实训基地的建设，构建新的教育信息网，使高职教育走向社会经济发展的前沿。常州无线电工业学校与常州9家企业、1所职工大学联合成立了常州电子职业教育训练中心，并签订了专业实习、生产实习、毕业设计、资源共享等合作协议，聘请9家企业的32名工程技术人员组成5个专业课题组，共同研究高职专业教学的有关问题。

（三）走产学研结合之路，促进专业建设

各校通过多年的实践达成了一个共识：五年制高职试点要想取得持续发展，就必须以产学研结合模式来提高专业建设水平和社会服务能力，从原来主要从事技术推广逐步转向参与技术开发、引导新的社会需求，逐步走出一条"依靠专业办产业，办好产业促专业"的产学研结合的路子。如徐州煤炭建筑工程学校依靠专业科教师成立了"一院三司"，即建筑设计研究院、工程造价咨询服务公司、环保公司、电脑公司等校办企业，既承担科研与工程设计任务，又承担毕业设计指导和授课任务，已有十几名教师通过工程实践成为高职专业的"双师型"骨干教师，而设计研究院也成为技术力量雄厚的国家乙级资质设计单位。

二、改革课程体系、教学内容和教学方法，构筑具有高职特色的教学体系

（一）以素质教育为核心，以职业岗位（群）能力为本位开发教学计划

各校高职专业教学计划的开发与滚动修改，均在深入、广泛的市场调研基础上，由企事业单位专业技术人员共同参与的专业咨询委员会组织进行。以素质教育为核心，以职业能力为本位，借鉴 CBE 理论，采用 DACUM 方法确定专业的职业能力结构，从知识、能力、素质三个维度构建教学计划，这是试点学校的共同思路。具体方法主要有以下几种：

一是以职业岗位（群）能力分析为切入点，归纳为四大能力模块，即通用能力、职业能力、后续发展能力和创新能力。以四大能力模块为主模块，再将其分解成若干子模块，构建以能力为主线的培养模式。

二是遵循能力本位原则、结构化原则、复合性原则、过程目标和最终目标统一原则，对综合职业能力进行目标任务分解，制订培养计划。

三是按照职业能力模块设置岗位适任能力的知识要求和技能训练二元并重的课程教学体系，实施职业岗位资格证书和专项技能训练证书并重的教学计划。

为使"以素质教育为核心，以职业能力培养为主线"的原则落到实处，各校普遍重视对学生的综合职业素质、人文素质的全面教育和创新思维、创造能力的培养。实施素质教育工程，制订素质教育的内容、目标和考核评价办法等一整套方案，内练硬功，外树形象，进行优势积累。在具体做法上，主要是紧密结合专业特点强化职业技能训练，普遍实行了毕业证书、职业资格证书和技能等级证书并重的多证制。

（二）构建新的课程结构和体系

以综合职业能力为主线，使能力训练中专业能力、社会能力和方法能力与不同阶段的课程、实践有机结合，以模块的形式和综合化的方法构建新的桁架式课程结构，已成为试点学校课程开发的重点，是更新教学观念、提高教学质量、办出高职特色的突破口。

新的课程体系打破了传统的公共课、专业基础课、专业课的"三段式"结构，构建了"两种形式、两组课程模块"模式，即必修课和选修课两种形式，公共课和专门课两组课程模块。必修课基本涵盖了学生适应未来第一个工作岗位所需的基本知识和技能，选修课主要用来促进学生个性特长的发展。公共课具有基础性和应用性两个功能，培养学生具有现代社会所需要的基本能力、关键能力和创新能力；专门课具有明确的职业性，培养学生掌握职业岗位（群）必需的专业知识、职业能力和将来转岗、跨岗位的能力。

（三）改革教学内容，抓好教材建设

江苏省在编写五年制高职教材的过程中，注意把握实用性、先进性、动态性、科学性等特点，消除以往内容过于学科化、自我完整、陈旧老化等弊端，以精选内容、淡化推导、加强应用、突出能力为宗旨，加快教材建设步伐。在方法上，对公共课教材进行协作统编，对专门课教材实行以各校为主、相近专业校际合作的方式。在步骤上，目前各校多采用活页式讲义和详细教学笔记的方式，吸纳新知识、新工艺、新技术，不断对其增删、调整和更新，逐步完善，建设具有高职特色的系列教材。江苏省教委组织编写出版的4门公共课教材经各校使用后总体反映良好。26所试点学校自主开发专门课教材或讲义共计250多种，在编的约150多种。

（四）建立新的考评体系

高职教育的培养目标，要求学校积极探索建立一套以能力为中心的能充分体现高职特色的新的考核体系，许多学校已经制定或准备制订《高职学生学业成绩考核办法》。总的原则如下：对高职学生的考核以职业岗位能力为重点，知识考核和能力考核并重，以能力考核为主；能力考核在课程考核中的权重不低于50%；能力考核注重平时考核，实行过程控制，采用等级评分制。如徐州师范大学技术教育学院的考核办法规定，学生成绩评定是按能力加知识计算，并规定各自的权重，提前通知学生能力考核的项目与标准，使学生从一味的死记硬背中解脱出来，着重提高学生的能力和素质。

三、加大设备投入，改革教学模式

（一）加大设备投入，改善实践教学条件

试办高职以来，各校纷纷加大对高职专业实践教学设施的投入和建设，绝大部分高职专业被学校确定为专业现代化建设试点专业，实施了专业现代化建设方案，在实验实习设备投入和装备现代化建设上迈出了一大步。据统计，全省26所学校试办高职以来共增加教学设备投入1.5亿元以上，平均每校增加投入约600万元。其中，江苏省无锡机械制造学校和江苏省南通纺织工业学校增加投入达1 200万元以上，江苏省南通航运学校高达2 500万元。

（二）积极探索具有高职特色的教学模式

1. 理论实践一体化教学模式

这种教学模式指在特定的技术实训中心，通过师生双方边教、边学、边做来完成某一教学目标和教学任务。实训中心使教学更接近企业技术发展的水平，并与企业实际技术同步滚动；营造浓郁的职业氛围，达到能力与素质同步培养的目的；以先进的生产设备和教学装备，融理论教学、实践教学、技术服务与生产为一体，以其应用性、综合性、先进性、仿真性推动了高职教学改革的深化，同时也是培养"双师型"师资队伍的重要途径。如江苏省无锡机械制造学校从1995年起投资600万元筹建了"数控技术中心""现代电气中心""汽车检测中心"；南京机电学校建成了具有世界先进水平的MPS系统（模块式自动加工、生产、装配生产线）和电气及控制技术实训中心。该校的典型课"控制系统实训"即是这种教学模式的集中体现，它集理论传授、现场观摩、实践操作技能训练为一体，集多媒体、磁性活动教具、计算机网络、CAD软件、动态仿真软件、电子气动的综合运用于一体，集教师与学生之间的双向交流、小组讨论为一体，取得了令人满意的教学效果。

2. "产、教、贸"结合教学模式

这种模式集教学、生产、市场营销于一体，在这种模式中，教师既是教学工作的组织者、实施者，又是生产者或经营者，从而使教学更贴近社会、贴近市场、贴近生产，实现以产促教、以教促产，"产、教、贸"结合。如江苏省苏州农业学校把生产实习基地的生产、科研和销售相结合，并与校内外教学科研人员一起承担新品种开发、新技术引进和应用研究的任务。该校从国外引进的充气温控大棚设备培育花卉苗木，在产生良好的教育效益的同时也产生了可观的经济效益。

3. 教学、实践、服务三结合的教学模式

江苏省苏州卫生学校在高职试点中积极探索教学、实践与医疗服务相结合的教学模式。学校建立社区卫生实习基地，学生在基地结合实际病例进行现场教学，并开展走村访户的社区卫生服务，不仅提高了学生的职业能力，而且增强了他们走入社会后的适应能力与竞争力。

4. 三段式技能训练模式

为强化学生的实践动手能力，贴近生产现场，有的学校摸索出三段式技能训练模式，即第一阶段以单项技能训练为主，第二阶段以综合仿真模拟训练为主，第三阶段进行现场岗位训练。如江苏省南通航运学校采用多媒体课件和模拟器教学软件，对实际生产岗位设备工艺操作训练课实施"多媒体教学—模拟器训练—真机操作训练"的三段式训练模式，收到良好效果。

（三）改革传统的教学手段与教学方法

1. 模拟教学法

利用多媒体手段模拟现场，设置情景，实施教学。如江苏省宜兴轻工业学校的"应

聘技巧"课，师生共同扮演角色，自由表演，课堂气氛活跃，教学效果明显。

2. 问题解决法

提出问题，融理论与实践于一体，让学生有的放矢地去学习、思考、训练，寻求解决问题的方法。如在江苏省无锡机械制造学校的"PLC在机械手中的应用"课中，教师通过演示物流仓库中自动送货小车的工艺流程，提出如何实现由PLC控制送货小车的机械手动作，学生在教师指导下进行方案分析、设计、自行编程、实施、调试、修正和自我评价。

3. 目标教学法

围绕课堂教学目标开展教学，充分调动学生的学习积极性、主动性，培养学生解决问题的能力。如江苏省苏州卫生学校的"护理基本技能"课，先确定教学目标，然后让学生先分组操练，再选出代表集中练习，最后围绕目标进行讨论、评价、总结，从而完成既定目标，强化了培养目标的过程控制。

4. 讲练结合法

让学生在实验室或实习现场听练结合、手脑并用，以达到教学目的。如江苏省无锡商业学校的"串联型稳压电源的原理与故障分析"课、苏州工艺美术专科学校的"立体字设计"等课，都是利用教师自制的CAI课件，边听讲边练，生动直观，提高了课堂效率。

四、重视师资队伍建设

（一）招聘引进，优化结构

许多学校一方面利用产业结构调整和企业兼并重组的有利时机，积极从企业引进适合当教师的专业技术人才；另一方面，建立校外教师库，广泛地向企业聘请专业技术人员担任兼职教师或实训指导教师，优化师资队伍结构。如江苏省宜兴轻工业学校引进了3名工程师、工艺师充实教师队伍，又聘请设计院、研究院的工艺美术专家、技师担任实训指导教师；南京机电学校从企业引进高级工程师5名、工程师6名；南京地质学校从企业引进12名技术骨干。

（二）进修培训，提高水平

各校都制定了高职师资管理和考核制度、"双师型"师资培养计划，对高职师资的知识结构、能力结构等提出了明确的任职要求。各校在基本完成学历达标进修的基础上，通过送培研究生、举办研究生进修班、到企业挂职顶岗锻炼、出国研修、实行导师制等措施提高师资队伍的质量，培养"双师型"师资队伍。据不完全统计，苏州、无锡、镇江三市的9所试点学校近两年共有101名教师出国研修。全省26所试点学校目前共有"双师型"教师542人，有的学校"双师型"教师比例较高，如江苏省苏州卫生学校有75人，占专任教师总数的57%；苏州工艺美术专科学校有48人，占专任教师总数的60%。同时，各校还涌现出一批国内或行业知名的专业带头人，使五年制高职的师资队伍整体水平有了明显提高。

综上所述，江苏省五年制高职教育试点工作已迈出了坚实的第一步，初见成效。但是，各校发展还不平衡，还存在一些问题，我们需要从以下几个方面认真研究，采取措施，以推动高职试点不断深入。

1. 关于试点工作的组织和宣传

在高职教育的宣传上，限于开办时间短、范围小、政策环境不够宽松等因素，宣传很不充分，社会各界对高职教育不甚了解，甚至存在一些误解。不加强宣传不仅影响高职发展，还将给毕业生就业带来困难。因此，要通过新闻媒介加强对高职的宣传，使社会各界包括用人单位、学生及其家长、教育内部包括试点学校的教师对高职教育有较全面的认识，为高职教育的发展创造良好的内部与外部环境。

2. 关于师资队伍建设

师资队伍建设是深化教学改革的关键，也是办出高职特色的关键。一是要进一步提高学历层次，增加教师中研究生学历人数的比例；二是要高度重视"双师型"教师的培养，除学校采取必要措施之外，要呼吁省有关部门对学校从企业引进专业技术人员和教师评聘工程技术职称等在政策上给予支持；三是要通过"项目开发"等活动，促进理论教师得到实践锻炼，使实习教师得到理论提高，并使学科之间相互贯通、融合；四是要重视专业带头人的培养。

3. 关于教学体系建设

今后要重点做好以下几个方面的工作：一是进一步加强高职课程改革的研究与实践。在课程体系改革中要充分反映社会、企业、学校、学科、学生等方面最新的现实需求。重点处理好理论性与实践性的关系、针对性与适应性的关系、常规性与先进性的关系、全面改革与局部改革的关系。二是进一步抓好教学计划的开发。要在前阶段的试点基础上抓紧制定颁发《关于制定五年制高职教学计划的原则意见》，使教学计划的修订规范化、科学化。三是继续抓好教材建设。要在前阶段试用基础上对四门公共课教材进行修订、完善、再版。各校各专业要按照《关于全国五年制高等职业教育专门课程开发的近期要求》抓好专门课教材建设。对同专业或相近专业的专门课教材编写及多媒体课件开发工作，要组织有关学校联合进行。对各校自行开发的专门课程教材要组织专家进行质量评估，通过评估后在相关学校和专业推广使用。四是建立教学质量评价标准并进行相应评估。毕业证书与职业资格证书是检验和衡量教学质量的主要依据。在当前大部分岗位没有统一的职业资格证书的情况下，要制定高职技术考核相对统一的标准，以及外语、计算机等课程的合格标准；要深入研究五年制高职的教育质量评价标准及指标体系，并开展相应的评估。五是充分发挥实训中心的作用。各试点学校都已建立了相应的专业教室（包括实训中心、技术中心），今后要提高这些教学设施的使用效率与效益，注意处理好人机关系，做到分工明确并有所侧重。部分学校实训设施的数量、质量还不能满足教学需要，还须进一步加大投入，改善实训条件。

4. 关于加强管理

要加强对五年制高职的指导和管理，提高管理的科学化、规范化水平。要继续加强教学管理，建立、完善各项规章制度；制定、颁发《五年制高职学生管理办法》；制定、颁发举办高职教育学校的条件、标准并进行相应的检查评估。五年制高职新生的录取，宜在新生入学一年后遴选确定。

5. 关于推进产学研结合

今后要从以下几个方面着手推进产学研结合：一是要从专业实验室的建设和改造开始；二是要组织试点专业教师积极参与新产品的开发研制和推广活动；三是要将专业建设与社会的生产、流通、服务等方面的技术改造相结合。

（原载《职教通讯》1999 年第 9 期）

中专毕业生应该怎样选择职业

王兆明

从1998年起,江苏省每年将有10万多中专学校(含职业中专)学生毕业。他们面临的是一个什么样的就业环境呢?从大的方面看有以下几个特点:

(1) 现代化建设和改革开放步伐加快,经济快速健康发展,到20世纪末,全省将实现小康,2010年全省将基本实现现代化。在国有经济占主导地位的同时,集体经济、个体私营经济发展迅速,已成为江苏省经济的重要组成部分。随着科教兴省战略的实施,经济体制和经济增长方式的转变,科技的进步,经济结构的调整,社会对适用人才有较旺盛的需求。

(2) 城乡一体化和农业产业化、现代化进程加快,城市与农村人均收入、苏南与苏北人均收入的差距日趋缩小。

(3) 人事管理制度、单位用人制度改革加快,各级人才市场逐步建立,大中专毕业生和用人单位都将走向市场,实行双向选择。国家实行公务员制度,各级政府一般不再直接接纳中专毕业生,而是面向社会公开招考、录用公务员。

(4) 需求不平衡,形成了一种虚假饱和的现象。国有大中型企业人才相对饱和,城市需求相对减少,一般的城市都还有数千甚至数万下岗职工需要再就业,城市总体就业形势严峻,一般只接受本市毕业生。乡镇企业、三资企业和广大农村却迫切需要各类专业技术人才。

(5) 中专毕业生的专业结构和社会需求不相适应,需求和供给的矛盾突出。近几年,各中专校及其主管部门重视专业结构调整,但其成效近两年还不明显。社会大量需要的是工业、农业生产第一线的技术人员、营销人员,现代化设备的操作、维护人员,在农村能独立创业的生产、经营人员,第三产业服务行业的一线服务和经营管理人才,但近两年财经、管理类专业毕业生占了相当大的比例,而这些方面的用人需求却相应减少,同时他们又面临着各类大专毕业生的就业竞争。广大中专毕业生必须全面、现实地分析面临的就业形势,切实转变观念,确立正确的就业观。

国家当前的就业政策主要包括以下方面:

(1) 属于国家普通中专指令性计划的毕业生,原则上主要面向办学部门所在行业和地区被优先安排,充实基层和生产第一线。毕业生到乡镇企业、三资企业、私营企业就业,保留国家干部身份,委托县以上人才交流中心代管档案,可以流动。

(2) 定向、委培生毕业后按合同规定回原定向、委培单位(地区)工作。自费生毕业后自主择业,通过双向选择落实就业单位。

(3)不包分配的职业中专毕业生可工可干,在国家统筹规划和指导下,由人事部门推荐就业、自愿组织起来就业和自谋职业相结合,被录用为干部的作为聘用干部。

面对新的就业形势和政策,中专毕业生如何抓住机遇,迈好走向社会的第一步呢?

一是不究性质看单位。随着经济的不断发展,我国的经济逐步形成了国有经济、合作经济、集体经济、个体私营经济等多种经济成分并存的结构。就人才需求来看,不少国有企业还处于转换机制、调整结构的过程中,生产经营比较困难,接纳毕业生的积极性不高。除生产第一线需要一定数量的技术工人、技术人员外,一般的技术和管理岗位趋于饱和。这对试图进入大中型企业的中专毕业生提出了严峻的挑战。与此同时,被誉为江苏经济半壁江山的乡镇企业迅速发展,1995年全省有乡镇企业106.8万个,从业职工961.2万人,总产值8 788.4亿元,占全省农村社会总产值的85%。但是目前乡镇企业的技术、管理人才缺乏,专业技术人员只有24万人,仅占职工总数的2.5%左右,对职业学校的毕业生有很旺盛的需求。

三资企业发展迅速,来江苏省投资创办三资企业的有100多个国家和地区,到1995年全省投产开业的三资企业达13 338家。个体私营经济也得到新的发展,1995年全省个体工商户达142万户,从业人员229万人,全年总产值115亿元;私营企业已达41 316家,工人数43万人,全年总产值119亿元。50%以上的私营企业的业主具有大专以上学历,私营企业也需要一批技术和管理人员及其他从业人员,中专毕业生应当把到这些工作作为就业的新途径。

二是不等分配找市场。随着社会主义市场经济体制的逐步建立,人才市场、劳动力市场也将得到建立和完善。各类人才市场覆盖了全省所有市、县,基本上形成了省、市、县三级人才市场网络体系。随着人才市场机制的不断完善,人事计划、调配体制、人才部门所有制的刚性结构开始松动,一些人才缺乏的中小型企业能够通过人才市场引进紧缺人才。1993年起,根据国家统一要求,函授大中专毕业生就业打破了几十年一贯制的包分配制度,开辟了毕业生通过市场就业的新途径,各地人事部门通过发函、联谊、恳谈会、新闻发布会、双选协调会等形式,帮助毕业生落实工作单位。各类中专毕业生都将逐步进入人才劳务市场,实行双向选择、平等竞争就业,这是社会发展的必然。因此,中专毕业生在服从人事部门和学校安排的前提下,也应通过各种途径了解经济对人才需求的情况,主动进入市场。

三是不唯对口用所长。职业教育属于职业定向教育,毕业生理应对口就业。但是,目前有些学校的专业设置还较窄,不能完全适应社会经济建设的需要,调整改革也需要有一个过程,特别是经济建设最需要的往往是一专多能的通用型人才,因此,对对口就业的含义就要有一个正确的理解。某一专业科类内的许多专业的专业基础课和部分专业的专业课是基本一致和相通的,因此从事专业大类所面向的有关职业都应当是对口的。比如,财经类专业很多,毕业生到金融、工商管理、税务、企业财务、统计和营销等部门与岗位工作，都应当是对口就业。毕业生有一技之长，如书法、音乐、摄影、计算机、汽车驾驶、体育等，都是用人单位欢迎的。

四是不求"就业"图创业。由于种种原因，部分中专毕业生一下子难以找到合适的工作单位，需要自谋职业。这些毕业生可以加入个体工商户和农村专业户、科技示范户的行列，利用所学专业技术开创一番事业；可以独立，也可以联合起来从事建筑业、修理业、饮食业、服务业、交通运输业和娱乐业等；可以在本地创业，也可以到他乡创业。近几年一大批职业学校毕业生自主创业的成功实践表明，中专毕业生发挥优势，艰苦奋斗，走创业之路是大有可为的。

五是不求定位先就业。要破除一选定终身的传统就业观念，在落实和选择工作单位和岗位时，不求一步到位。许多中专毕业生虽然在学校较为系统地学习和掌握了一定的专业知识和专业技能，但由于科学技术的迅速发展和经济的不断变革，学校教学与生产实际相脱离的现象还不同程度地存在，学生的知识面还较窄，还缺少实践的锻炼，人际交往能力、社会经验、业务能力都需要一个锻炼、提高、丰富的过程。同时，随着近几年职业教育的大力发展，必将有越来越多的毕业生直接面向社会就业，进一步增强了就业的竞争性，因此，广大毕业生要对自己和社会有一个正确的认识和分析，对就业单位、岗位的挑选要有度，适当降低择业期望值，迟就业不如早就业。工作若干年以后，由于知识的更新、能力的提高，还可以根据自己的实际情况、发展方向重新选择新的就业单位和岗位。

六是不贪舒适求发展。目前企业普遍急需生产第一线的操作人员、技术人员，这也是中专学校的培养目标。从年轻人的成长过程来看，从第一线干起，增强实际锻炼的机会，对其今后的发展是必要和有利的。职校毕业生要勇敢地到生产第一线，经受实际锻炼，在实践中不断提高自己、发展自己。

（原载《职教通讯》1998年第3期）

1998：江苏职教形势分析与改革思路
——访江苏省教委职教办公室主任王兆明

英子　王兆明

1998年是实施"九五"计划承上启下的关键一年。在新的一年里，江苏职教将面临怎样的形势，有什么新打算呢？为此，本刊记者英子采访了江苏省教委职教办公室主任王兆明。

记者： 在全国上下认真学习贯彻十五大精神的热潮中，我们又将迎来新的1998年。您对江苏职教新一年中面临的形势和任务做何分析？

王兆明： 党的十五大提出了高举邓小平理论伟大旗帜，进一步解放思想，更新观念，抓住机遇，深化改革，把我们的各项事业全面推向21世纪的明确要求和光荣任务，也为职业教育的改革与发展指明了方向。职业教育作为中国特色社会主义文化建设的重要组成部分，和其他教育共同承担着培养与现代化建设相适应的数以亿计高素质劳动者和数以千万计专门人才，发挥我国巨大人力资源优势这一事关21世纪社会主义事业大局的任务。党的十五大提出的调整与完善所有制结构，实施新的经济发展战略，都对职业教育的改革发展提出一系列新的要求，要求与经济、企业关系最为密切、直接的职业教育做出快速和灵敏反应，进行相应的调整和改革，要求我们职教工作有新观念、新思路、新举措。

随着经济体制改革的深化、所有制结构的调整，职教的服务领域将发生新的变化，服务对象、培养目标、就业渠道及办学主体的多元化趋势，对职教的办学体制、专业结构、教学模式和内容、毕业生就业制度的调整改革提出了十分紧迫的要求。在现阶段许多国有企业改组改制、减员增效的新形势下，职业教育应把集体经济和非公有制经济作为重要服务对象和就业渠道。

就江苏实际来看，调整经济结构，努力提高高新技术产业和新兴支柱产业比重，提高规模经济和国际化经营水平，提高科技进步在工农业经济增长中的贡献份额，都需要培养大批跨世纪的人才。全省实施新一轮农业科技革命，推进农业的产业化和现代化，发展高效农业、创汇农业和现代农业，建设稳定的种植业、发达的养殖业、一流的园艺业、先进的加工业、活跃的流通业，需要大量技术人员和经营人员，特别是能自主创业的生产经营人员、把农民带向市场的产业化经营的民营业主和经纪人。农村新增剩余劳动力的就地消化和技术型劳务输出转移都要求加强职业教育和培训。加快产业结构调整，积极发展旅游、房地产、信息咨询、商贸流通等第三产业也需要大批高素质的服务人员和经营管理人员。第二产业特别是支柱产业生产一线的中级以上技术工人和现代化设备的操作维护人员现在已严重缺乏；随着市场经济的发展，企业对产品推销和市场营销人员的需要剧增；加快发展非公有制经济特别是放手发展个体私营经济，三资企业、私营企业和个体企业也需要职业学校为其培养输送大批的经营管理和生产服务人员。总之，发展市场经济对江苏省职业教育的改革发展提出了新的要求，提供了新的机遇。

"八五"以来，省委、省政府及许多市、县政府和部门在积极推进教育改革与发展的过程中，重视职业教育的发展。1997年，全省中等职业学校在校生达82万人（未含成人中专），招生数和在校生数占高中阶段的比例分别为55%和57%。1997年在加强骨干学校建设和专业建设，推进教学改革和职教现代化，加强农业职教，加强学校德育，发展高职建立体系等方面取得了新的进展，全省职业教育的发展水平、教育质量和规模效益居全国前列。

在职教快速发展的同时，也存在投入不足，企业参与不够，促进职教发展的有效机制和服务保障体系尚未真正建立，职教的结构、质量与江苏经济发展要求不相适应的问题。1996年以来，职教发展面临一些新的情况和问题，与市场经济发展不适应的深层次矛盾逐步暴露。长期以来，职业学校主要为公有制经济服务。其中，普通中专学校主要为党政机关、全民所有制企事业单位培养技术和管理人才，并形成了国家分配当干部到技术和管理岗位工作的就业观念及相关的招生就业制度和人事制度。由于许多国有和集体企业还在转换机制、调整结构过程中，接纳职业学校毕业生的能力和积极性不高；在技术和资金密集型行业，特别是高新技术产业，传统的由中专生承担的技术和管理岗位所需人才层次高移；一些部门、行业、企业用人盲目攀比，追求高学历，提高用人学历要求，而教育改革由于宏观调控的原因相对滞后；职业学校新的服务领域还没有真正得到开拓，学生和家长对就业市场的新变化缺少及时的反应和观念更新。上述诸多因素造成了职业学校部分专业毕业生，主要是财经管理类毕业生就业困难。作为个别特定年份的1996年，普通高校招生增幅较大，普通高中升学率提高，加之职教体系尚未真正建立，中等职业学校学生对口升学计划较少，又缺乏宣传，社会了解不够，有的地方缺乏宏观调控和必要的引导，一些宣传媒介连续几个月的高考宣传与我国重文化理论、重学历文凭，轻实践能力、轻技术技艺的文化传统合拍，鄙薄职业教育的陈旧观念有新的表现，造成社会求学观念与社会需求错位，致使一些地方中等职业学校招生出现困难。1996年开始，职校招生增长减慢，占高中阶段的比例下降。

面临新形势，我们职教工作者要坚定信心，振奋精神，抓住机遇，开拓进取，认真学习和贯彻党的十五大精神，认真研究经济体制改革和经济结构调整对职教的新要求，进一步确立服务意识，深化教学改革，注重质量、效益，突出职教特色，大力宣传和贯彻职教法，争取职教发展的更好环境，努力使江苏省职教再上新台阶。

记者： 1998年，为促进职业教育的健康持续发展，江苏将采取哪些具体措施呢？

王兆明： 为使我省职业教育健康持续发展，我们有下述几点初步想法。

1. 坚持大力发展的方针，努力实施职教"九五"规划

全国人大1996年通过并实施的《职业教育法》，中共中央和国务院颁发的《中国教育改革和发展纲要》，从我国社会主义初级阶段的实际情况出发，规定我国实行小学后、初中后、高中后三级分流，并以初中后分流发展中等职业教育为主的基本制度；国务院的纲要实施意见、1996年第三次全国职业教育工作会议上国务院副总理李岚清的讲话明确提出，到2000年中等职教招生数和在校生数占高中阶段的比例全国平均要达到60%，普及高中阶段教育的经济发达地区要达到70%。江苏经济文化较为发达，客观上也有需求，职教发展速度、规模理应高于全国平均数，省委、省政府在确定"九五"发展规划时，从江苏实际出发，确定了到20世纪末，初中毕业生升学率达70%，职教占高中阶段比例达65%，中等职业学校在校生达105万左右的目标，这是符合江苏实际情况的。实施江苏教育的"九五"规划，必须大力发展以中等职业教育为主的高中阶段教育。因此，当前需要进一步统一全省教育界对积极发展职教、实施教育"九五"规划的认识。在实施过程中，个别年份出现一些波动本属正常，但对大力发展职教的方针、实施规划产生动摇是不妥的，这必须引起我们的高度重视。1998年，江苏省贯彻职教法的实施办法将由省人大颁布施行。要通过宣传贯彻职教法及江苏省的实施办法，将发展职教的规划责任、措施落到实处。

2. 抓住经济发展第三次机遇，推进职业学校第三次创业

江苏职业教育的第一次创业始于党的十一届三中全会后中等教育结构调整；第二次创业是邓小平同志南方谈话后的"八五"期间，职业教育快速发展，职教中心等骨干学校建设取得显著成效，学校的办学水平和条件上了一个新的台阶。新的一年，我们要紧紧抓住江苏经济发展第三次机遇，以加强骨干专业建设、深化教育教学改革、推进职业教育现代化为标志，进行第三次创业。要以观念更新为先导，以课程结构和教学内容改革为核心和重点，加强综合职业能力和全面素质培养；以教学手段现代化，师资和教学设备投入为突破口，从职教的特点出发，目标分阶段，学校分层次，扎扎实实地全面推进职业教育的现代化。我们已经进行了机电一体化和现代农业两类专业现代化试点，现两类专业现代化试点的实施方案及40所学校的具体实施规划、教学计划，反映改革要求和生物技术、信息技术等现代科技先进水平的各门课程教学大纲和教材已经编写。1998年要大力推进各个学校规划的全面实施，还要进行商业自动化、市场营销、服装、旅游服务等类专业的现代化试点，推进省有关部门、行业和地区职教现代化规划的制定和实施。

推进职教现代化，加强师资队伍建设尤为关键。我们要密切配合有关处室，组织有关高校办好"3+1"、"专升本"（成人高考的"专升本"和自学考试开考职教专业课教师本科）、研究生课程进修班，提高职教师资的学历层次和综合素质。加强专业学科带头人队伍建设，并努力打通从企业引进专业技术人才的渠道。

积极推行并逐步普及计算机辅助教学、计算机辅助设计和运用计算机管理。全省中

专校从1998年开始，要普遍使用省组织开发的教学管理、后勤管理、学生管理软件，凡可以使用计算机管理的部门都要实现计算机管理。重点中专要建立校园网，并在年底前实现全省和全国的联网，重点职业学校机械、服装、建筑和装潢设计等专业要逐步普及计算机辅助设计。

3. 大力加强对学生的就业指导和创业教育

加快发展职业教育必须确保职业学校毕业生就业渠道的畅通。随着职教法的贯彻落实，人才、劳动力市场的逐步完善，先培训、后就业制度的落实，以及劳动预备制度、职业资格证书制度的逐步建立，促进职教健康发展的有效机制终将建立。要推广淮阴、如东等市、县教育部门和许多学校成立就业指导、职业介绍服务机构，积极向用人单位推荐毕业生和组织技术型劳务输出的经验，继续推进学校的教育教学改革，增强毕业生的适应性和竞争力。

要加大宣传力度，并通过政策扶持，积极引导、鼓励毕业生到生产、服务、管理第一线去，到基层去，到农村去，为发展多种所有制经济服务。

要大力加强对学生的就业指导和创业教育，切实转变学生的就业观念。我们已经组织编写《中等职业学校就业指导教程》教学大纲和教材、创业教育读物，以及《中专毕业生就业指南》和《职业学校优秀毕业生事迹选》（重点选择在基层一线、农村集体企业经受锻炼做出贡献和自谋职业、自主创业的典型事迹）。1997年12月，我们组织了职业学校就业指导和创业教育研讨会，部署在全省职校开展就业指导工作和加强创业教育；在常州、南通、盐城三市创业教育试点的基础上，进一步扩大试点范围，确定在12所学校开设小企业（包括小餐馆、美容美发店、小商店、小农场、养殖场）创业技能课程。

4. 以专业结构调整为重点，大力调整职教结构

随着所有制结构和经济结构的调整，经济和社会发展对人才的需求发生了重大的变化，职业教育的结构调整面临着拓展新的服务领域，调高（层次高移，发展高职）、调下（服务重心下移）的任务。我们要以市场为导向，以需求为前提，像企业调整产品结构那样下决心、花力气调整职教的专业结构，继续压缩财经、管理类专业及其他需求饱和专业的招生数，增设和发展现代农业类专业，重点加强特种养殖、园艺（蔬菜、花卉、水果）、农产品加工和贸易以及与开发海洋经济有关的专业；积极扩大市场营销、家庭服务、建筑装潢、美容美发、旅游、餐饮等第三产业类专业招生规模；积极发展为江苏省高新技术产业、新兴支柱产业和地方优势产业的生产第一线服务的专业。

5. 调整职业教育布局结构，实现职教资源的优化配置

与原有经济结构中存在的条条分割、条块分割、小而全、小而散的弊端一样，职业教育也存在条块分割、职前职后教育分割、不同类型和层次职校分割，学校小而散、小而差的问题，迫切需要加强宏观统筹，打破地区、部门所有制的界限，加强联合和沟通，调整布局结构，调大、调优。我们要鼓励各种形式的联合办学，鼓励骨干学校兼并

薄弱学校，鼓励以具有师资、设备、专业、声誉等优势的学校为核心，组建跨部门、跨地区、跨学校类型的职教集团，以资源共享为纽带，进行多形式、多功能办学，努力提高规模效益和办学水平。1998年要在组建职教集团方面有新的突破。

6. 积极发展高等职业教育

高等职业教育发展缓慢，特别是对口招生规模太小，已成为制约中等职教发展的重要因素。1996年全省中等职业学校毕业生19.6万人，但进入高一级学校的人数比例只有1.5%，1997年约为3%。这对绝大多数专业的学生来说是进了职校门堵了升学路。这对初中毕业生及其家长选择普高无疑是一种催化剂。日本职业学校对口升入高校的比例约为40%，我国台湾为32%，欧洲意大利等国家比例都较高。江苏省从1987年起开始高校对口招收职校毕业生的工作，1997年国家教委又把江苏省列为全国招收应届中等职业学校毕业生举办高等职业教育试点的省份。江苏省要抓住这一契机，在已有工作的基础上，采取切实措施，增加对口招生的比例，逐步使多渠道接受高等职业教育的人数达到中等职业教育毕业生数的10%以上，逐步建立完善多渠道对口升学的制度。发展高等职业教育，必须从江苏实际出发，充分利用现有教育资源。江苏普通专科学校很少，发展高职的潜力很有限；省市财政大量投入也有困难，因此，必须在省统筹下，充分发挥省有关行业部门和地方积极性，利用市属高校、职工大学、中等专业学校的教育资源，建立起行业性和区域性的高等职业教育网络。

（原载《职教通讯》1998年第1期）

开展专业现代化建设试点工作
积极推进江苏职业教育现代化

王兆明　眭平

江苏省教委在"九五"的开局之年，召开了全省职教教学工作会议，提出了要"以专业建设的现代化带动职业学校建设的现代化"，明确要求国家级重点职中在"九五"期间实现骨干专业的现代化，到2010年实现职业学校骨干专业的现代化。1996年3月，根据江苏经济发展和新的支柱产业发展的需要，江苏省教委决定选择机电一体化和现代农业两大类专业，在40所学校率先进行专业现代化建设的试点；1997年年底，又将试点扩大到商贸、服装、旅游、建筑等四类专业，试点学校达60所，以进一步推进江苏省职业教育现代化。

一、开展专业现代化建设试点工作是江苏经济和社会发展的需要

江苏地处东南沿海，在迈向21世纪的进程中，应该也有可能超前一步实现现代化。省委、省政府已制定了分三步走实现现代化的战略目标：2000年全面实现小康，苏南及沿江地区初步实现现代化；2010年基本实现现代化；2050年全面实现现代化，把江苏建成经济发展集约化，社会结构现代化，国民素质优良化，经济、社会、人口、环境发展协调化的全国一流的现代化省份。

江苏地少人多，资源相对缺乏，实现现代化必须走依靠科技进步和提高劳动者素质的道路。江苏省农业要实现产业化、现代化，必须从传统农业向现代农业转变，发展高效农业、创汇农业、现代农业，实现高产、优质、高效、贸工农一体化，走可持续发展的道路，形成"稳定增长的种植业，发达的养殖业，先进的加工业，一流的园艺业，活跃的流通业"的格局。农业提高集约化、现代化水平，需要职业教育为之培养大量的技术人员和经营人员，特别是能自主创业的生产经营人员，把农民带向市场的产业化经营的民营业主和经纪人。江苏省工业要在调整结构的基础上，迅速壮大新兴支柱产业，加快培育和发展高新技术产业，进一步改造和提高传统支柱产业，稳步提高经济效益。据不完全统计，仅在改革开放的最初10年中，江苏的轻工系统就从国外引进了价值达10多亿美元的312条生产线，其中多半是机电一体化的先进设备。1996年，江苏省工业制成品出口占外贸出口总额的92%，其中机电产品的出口就占全省出口总额的30%。第二产业特别是支柱产业生产一线的中级以上技术工人和现代化设备的操作维护人员已严重缺乏。随着市场经济的发展，企业对产品推销和市场营销人员的需求剧增，为加快发展

非公有制经济，特别是放手发展个体私营经济，三资企业、私营企业和个体企业需要职业学校为其培养输送大批经营管理和生产服务人员。总之，经济的发展和科技的进步对江苏省职业教育的改革和发展提出了新的要求，提供了新的机遇，我们需要转变观念，改造专业，更新内容和手段，培养更多的高素质劳动者。

我们在广泛调查研究的基础上，决定首先选择机电一体化专业（包括自动机和自动线的运行与维护、机床数控技术应用、机电一体化设备制造与维修等三个专门化专业）、现代农业类（包括现代农艺专业——涵盖现代农业技术与农业机械应用，设施园艺专业——涵盖果、花、菜、园林绿化，养殖专业——涵盖畜禽与水产养殖，食品制造与流通专业——涵盖农产品与畜产品加工等四个专业）两类专业，进行专业现代化建设试点，以主动适应江苏经济发展和现代化建设的需要，在为经济和社会发展的有效服务中确立自身的地位。

二、开展专业现代化建设试点工作是职教自身发展的迫切需要

近20年来，我国中等职业教育在继续大力增加数量的同时，需要不失时机地将更多的精力转移到练好内功、提高质量和效益、提高专业建设的现代化水平上来。这是职业教育自身发展的迫切需要，也是推进职教教学改革的一项重要举措。

职业学校专业建设的内涵是十分丰富的，体现职业教育特色的专业设置、课程体系、专业师资、专业实验实习设备、教学内容和方法、教学手段、评价方式等都属于专业建设的范畴，重点体现在教学水平（内容、方法、手段）的先进性和科学性上。专业现代化建设就是从职业教育现代化的物质层面入手，由表及里，改革与职业教育现代化不相适应的教育观念、教学内容和方法，提高师资和学校管理水平，改善教学条件和手段，使之逐步接近世界先进水平，培养出适应现代化建设需要的新型劳动者和高素质人才。同时，专业现代化建设的标准在不同的历史发展阶段又是可操作的、具体的、实实在在的。这个标准随着我们对现代化的认识水平的不断提高而逐步得到调整和发展。

在未来的12年，江苏省必须继续坚持大力发展的方针，中等职业学校的总规模要从1996年的68万人提高到2000年的105万人。在新形势下，在规模不断增长的同时，必须把质量和效益摆在突出位置，努力提高教学质量和办学水平，与江苏省调整经济结构实现现代化的目标相适应，同步乃至超前实现职业教育现代化。我们从专业建设入手，以专业建设来推进和深化教育观念、教学模式、课程体系、教学内容和手段等诸方面的改革。职业教育现代化的复杂性在于各类专业的现代化不可能有一个统一的参照系，是一个模式，江苏省要根据各行业的不同要求、国外同类学校和专业的先进水平，确定不同的参照标准，制订不同专业的实施方案，逐步将世界先进的成熟技术、服务和管理规范应用于教学，使职业教育与世界接轨。

三、专业现代化建设试点的基本思路和做法

（一）专业现代化建设试点的主要目标

（1）运用现代教育思想和观念系统地进行课程体系、教学内容、教学方法和手段、评价体系的改革，经过3—5年的探索和实践，初步构建适应现代化建设需要的教育教学体系，以推动整个职业教育的教学改革不断深入。

（2）根据试点专业所面向的职业岗位（岗位群）的要求，以提高学生的全面素质为核心，以培养学生的综合职业能力为重点，确定培养目标、培养规格，合理地设置课程。按照精心设计、整体优化的原则，搞好教学文件和教材建设、师资队伍建设和实验实习基地建设。

（3）积极探索初中后、高中后职业教育的有效办学体制，以专业建设为核心和纽带，组建职业教育集团，形成连锁经营的优势。

（二）专业现代化建设试点工作的具体任务

（1）研究制订六类专业的试点方案，包括试点的指导思想、背景意义、目标任务、措施步骤等。

（2）制订试点专业的教学计划和主干课程教学大纲。

（3）确定新教材的编写计划，并分期分批完成编写和出版任务。1997年首先完成《单片机与可编程序控制器》《机电控制系统》《机床数控技术应用》《液压与气动》《单片机与可编程序控制器实习指导书》《机电控制系统实习指导书》《机床数控技术应用实习指导书》《生物工程基础》《农业信息处理技术》《园艺设施》《园林绿化》《特种蔬菜栽培》《农业科学试验与成果推广》《设施园艺技能训练与综合实习》等14本教材的编写任务。

（4）按试点制定的教学计划实施教学，并在实践中进行调整和完善。

（5）加强培训，切实转变学校管理干部和广大教师的教育观念，努力提高广大教师的专业理论水平和实践能力。

（6）大力加强职业学校实验实习基地建设，并以与江苏省在20世纪末所达到的生产和科技的先进水平相适应作为阶段性目标。

（7）制定专业评估标准和评估指标体系，对试点工作进行总结和评价。

专业现代化建设是一个系统工程，涉及的面很广，需要统筹规划，系统设计，抓住主要问题进行重点突破。专业现代化建设的核心问题是解决专业教学体系的现代化。

在构建教学体系的基本框架中，我们把工作的重点放在研究、制订教学计划上，将培养目标和培养规格的准确定位，以及教育、教学、实习的内容和安排，通过可操作的教学文件来具体体现。

(三) 专业现代化建设试点的思路

（1）以培养学生的综合职业能力为主线。职业教育培养的是生产第一线的应用型、操作型人才，他们应具有较强的解决生产实际问题的能力和动手技能，有很强的岗位针对性。因此，在整个教育培训过程中，要改变单一的学科型课程模式，以职业能力为本位来开发课程，将学生综合职业能力的培养系统地贯穿教学过程。

（2）职业技能训练目标要明确，训练要系统。各项技能的训练应有教学大纲和教材，以确定分阶段训练的内容、要求和目标，使技能训练落在实处。

（3）以"模块"的形式设置课程。按文化知识模块、专业基础模块、专业模块、技能模块将课程按不同的功能要求进行分类。将前两者作为公共模块，将后两者作为活动模块，根据不同的专业或专门化课程进行活动模块的拼装、组合和调整。这样分类组合，有利于学生综合职业能力的培养，形成"通才+专才"的培养模式；有利于学校在实施公共模块课程教学的基础上，根据市场需求及时调整活动模块，以做到人才培养的"产销对路"。如机电一体化专业涵盖的三个专门化专业，其公共模块部分的课程基本相同，加上体现各专门化特色的活动模块部分的课程后，就形成了各专门化的课程。这种思路可以被推广应用到相关专业或专业群的课程开发和建设上。

（4）课程综合化。目前生产技术，尤其是高新技术的发展呈复合型的趋势，我们的课程只有进行科学、合理、有机地综合，才能符合培养学生综合职业能力的要求。根据培养目标，需要对课程特别是专业基础课程进行爬梳整理，删繁就简，避免学科型课程因过于强调各自的系统性和完整性而造成单科教学周期过长和课程间的交叉与重复，提高教学效率。如机电一体化专业中设置了"机床数控技术应用"课程，就是根据数控机床操作和维护岗位人员应具备"了解数据设备的相关知识，熟悉机床数控的原理与系统，能够操作和维护数控机床"的能力的要求，将现有的"数控原理与系统""数控机床""数控编程""数控机床的操作"等四门课程，按岗位能力的要求进行系统、有机地综合后形成的。

（5）注重课程的整体优化。精心设计和认真推敲课程的结构、比例、权重、衔接、纵横关系等，认真处理好理论教学和实践教学、培养能力和传授知识、现代内容和传统内容、自然科学和人文科学之间的关系，实现受教育者全面素质的提高。

（6）教学计划富有弹性。省级指导性教学计划要充分考虑不同地区、不同行业、不同层次、不同类型学校的办学特色，预留一定的机动课时（15%左右），有利于各试点学校充分发挥各自的办学优势，有利于培养学生的特长，使试点专业教学计划更有可操作性，更有指导意义。

在完成课程的总体设计之后，我们将重点放在更新教学内容、配置专业实验实习设备、提高教师队伍素质上。专业建设现代化的重点是教学内容的现代化。教材的作用至关重要，教材要充分反映现代科技和生产发展的水平。在现代农业类专业教材的建设中，我们将重点放在21世纪最有发展潜力和活力的设施园艺专业（包括林果、花卉、蔬菜）教材的配套建设上。考虑到现代生物技术已渗透到农业的常规技术领域，是农业现代化的重要标志，计算机在农业信息的采集、处理、利用方面的作用正日益凸显，在各专业普遍增设"生物工程基础""农业信息处理技术"等新课程，以适应农业科技和生产发展的需要。专业设备的建设要真正体现专业特色和水平，体现先进性、配套性和生产实用性，设备不仅应产生教育效益，还应产生经济效益，即形成教学、实习、生产、服务一体化的教学模式。积极将先进的多媒体技术引入教学过程和学校管理过程，在辅助教学系统中实现图、文、声信息的相互传递，使教学手段更加丰富和适合青年学生特点。专业现代化建设的关键在教师。我们选派骨干教师到国内外企业和培训机构进行专项培训和考察，到有关高校相关专业进行继续教育（包括本科段和研究生段），以提高教师的专业理论水平，适应科技发展和知识更新的需要；定期安排教师深入企业从事与专业有关的实践工作，参与企业的课题研究和技术开发等活动，以提高教师的专业技术水平和专业技能；聘请科研院所和企业的高级技术人员为学校的兼职教师，以带动学校专业教师学术和技术水平的提高，使专业教师既有扎实的专业理论基础，又有较强的专业技能，逐步成为"双师型"的新型教师。总之，要加速建设和形成一支专兼结合、数量足够、素质优良、结构合理的师资队伍。

四、主要做法和体会

（一）积极依靠行业主管部门，广泛听取企业和用人单位的意见

职业教育的最终目的是为各行各业培养实用人才，行业主管部门和企业最能准确把握行业发展的趋势和信息，以及职业岗位对人才的要求。教育部门和学校必须紧紧依靠行业主管部门和企业，认真听取他们的意见，进行校企合作，有针对性地确定学校的培养计划。

（二）充分发挥中等专业学校的骨干作用

中等职业学校包含了中等专业学校、职业中学、技工学校三种类型的学校。中等专业学校办学基础条件好，师资力量雄厚，是中等职业学校的骨干力量。在试点过程中，我们充分发挥中专校的骨干作用，并注意物色和培养一批热心于教改实践的校长和老师，形成试点工作的中坚力量。

（三）在有关政策上给予扶持和倾斜

搞专业现代化建设特别是现代化设备的建设需要有较大的投入，必须多渠道、多形式地筹集建设资金，各级政府和主管部门都应在有关政策上对学校给予扶持，并在专项经费的投入上给予重点倾斜。参加机电一体化和现代农业两类专业试点的学校基本上各方面的基础条件较好，其中有5所学校是世行贷款职教一期项目学校，专业设备比较先进。在1996年年底启动的世行贷款职教二期项目中，又有10所试点学校被列入其中。1997年6月，江苏省教育委员会与农林厅联合召开全省农业职业教育工作座谈会，就适应江苏省农业产业化、现代化要求，大力加强农业职业教育，推进农业类专业现代化试点进行动员和部署。会后，省政府决定"九五"期间从农业重点开发建设资金中，省教委从统筹的地方教育附加费中各都拿出 1 000 万元（1997 年资金已到位），市、县或学校主管部门按 1∶1 配套，学校自筹 1 000 万，共 5 000 万，用于农业类学校的专业建设。此外，我们在安排国家教委和省职教专项经费、贷款贴息、校长和骨干专业教师培训等方面，也给予试点学校重点扶持。1997 年，我们还给机电一体化试点职业学校装备了数控机床。

（四）试点的立意要高，标准要高

专业建设是建立在学校现有基础上的，要瞄准职教发达国家的先进水平，跟踪国内科技的发展和企业新技术、新工艺、新设备的发展，用大手笔，花大力气进行建设。

（五）积极借鉴世界发达国家职教的成功经验

世界发达国家在发展职业教育上都有自己的经验，在开发职教课程方面也形成了一些各具特色的"双元制"教学模式，CBE 教育思想和课程模式，以及 DACUM 方法，MES 课程模式，等等。我们应借鉴国外职教改革的经验，根据我国的国情，有针对性地加以借鉴和吸收，建立适应我国特点的职教课程模式。

专业现代化建设是一个长期的、渐进的过程，不可能一蹴而就。我们将认真学习党的十五大精神，进一步解放思想，振奋精神，"咬定青山不放松"，将专业现代化建设试点工作继续深入开展下去，积极推进江苏职业教育的现代化进程。

（原载《中国职业技术教育》1998 年第 9 期）

把学校办成社会文明的窗口
——江苏省中专校狠抓规范管理创建文明校园

王兆明　金芝芳

近来，只要踏进江苏省中专校的校园，尤其是最近被江苏省教委授予"文明校园"称号的学校，就会强烈地感到一股清新的现代文明气息扑面而来。只见修葺一新的建筑物，醒目的校风学风标志牌，还有风格各异的校内景点，郁郁葱葱的花草树木……一切都显得整洁有序。这是近几年各校狠抓规范化管理、创建文明校园活动结出的硕果。

近几年，江苏省教委高度重视中专校的规范化管理和校园环境建设，重视学校的社会主义精神文明建设，狠抓良好的校风学风和师生文明行为习惯的养成。1990年，在全省中专校开展了"校园、餐厅、教室、学生宿舍等四项管理规则"的检查评比，拉开了江苏省中专校规范化管理的序幕，之后又先后颁发了中专教学、学生、后勤三个管理规范。这三个规范依据党和国家的有关政策法规和学校管理的基本规律与原则，在总结经验的基础上，对中专校管理的范围、内容和管理目标，具体的管理任务和要求，完成任务的条件、保障，对管理、服务对象的制约等学校管理活动中最基本、相对稳定的、时效最长的内容，用规范的形式固定下来，贯彻下去，具有权威性、统一性和可比性，使无形的精神力量、素质要求变成有效、有形的物质措施。其中，学生管理规范包括学生工作机构和队伍管理、班级管理、思想品德教育和操行考核，学生的自我教育、自我管理和自我服务，奖惩管理，招生、就业和档案管理等内容；后勤管理规范包括总务、膳食、财务、物资、医疗保健及基本建设管理等内容。各校认真学习、贯彻规范，取得了初步成效。为强化学校常规管理，进一步提高科学管理水平，继1993年开展全省中专校教学管理规范检查评估之后，1995年在全省中专校又开展了学生管理、后勤管理两个规范贯彻情况的检查评估，并决定对贯彻两个规范成效显著、校风学风好的学校授予"文明校园"称号。

全省检查评估工作自1995年6月开始，本着抓评估、促工作、上水平的宗旨，经过广泛深入地组织动员，学校对照评估标准自评、找差距、整顿改进，各市初评、推荐文明校园备选学校，省组织抽查、验收等四个阶段，至去年5月中旬顺利结束。全省共有157所中专校参加评估，各市经过初评推荐了74所学校作为"文明校园"备选学校，经江苏教委组织专家组抽查复评，决定对其中62所学校授予"文明校园"称号。

江苏省倡导的文明校园建设包括物质文明与精神文明两个方面，重点是校园环境建设。环境建设又包括校园内的自然环境和校风、学风、文化宣传、人际关系、治保卫生等社会人文小环境。各校在创建文明校园活动中创造了许多宝贵的经验。

一、绿化、净化、美化、知识化、现代化，构成学校育人环境建设的系统工程

学校的育人环境是一个系统工程，应包含四个层次：第一层次是绿化，这是环境育人的基础。绿化覆盖率要求达到校园总面积的 20% 以上，使校园四季常青、生态良好、有益于身心健康；第二个层次是净化，扫除校园内外的物质和精神垃圾，许多学校借评估检查东风与治安、工商等部门联手，清理校门外周边环境，将录像厅、歌舞厅、台球室、饮食摊点等全都迁走，保护教育环境不受污染；第三个层次是美化，即通过美的思想、美的导向，创造美的校园文化；第四个层次是知识化、现代化，将最新科技成果引入课堂教学和课外活动，将精神文明建设的基本内容渗透到学校的教学和各项工作中，形成校园知识化、现代化氛围，这是校园育人环境建设的最高层次。以上四个层次层层递进形成育人环境建设系统工程。

二、校园环境建设必须围绕"育人"这个宗旨，充分体现校园文化特色

各校在实践中深深体会到，要使校园环境为育人服务，必须把学校的物质环境和精神环境建设相结合，硬件软件两手抓，建设与管理一起上，自然景观与人文景观相结合，以育人为宗旨做出总体规划，合理划分学习区、娱乐活动区、生活区等，各功能区的建设既各有特色又相互映衬，和谐统一，警示行动，净化心灵，突出校园文化的主旋律。

三、创建文明校园必须以提高人的文明素质为宗旨

"环境育人，人护环境，重在建设，旨在育人"，这是这次创建活动中的一条突出经验。学校全部教育工作与管理过程的最终效应都将在人员素质的提高上得到体现，因此狠抓规范化管理、创建文明校园必须以此为出发点和落脚点，使之直接与学校培养人、发展人、完善人的培养目标联系起来。同时，文明校园的建设过程是对师生进行劳动教育、审美教育的过程，更是进行爱国、爱校、爱岗位的思想教育过程。因此，学校在抓硬件建设的同时都突出注重抓软件建设，将治标与治本相结合，使创建活动的成果不仅体现在最终目标的实现中，还更多地体现在创建活动的过程中。

四、提高文明素质必须从基础管理入手，建立完善的监督机制

为使创建文明校园活动在人的素质教育中发挥长期的持久的潜在效应，必须从把握管理与教育的内在联系出发，确立教育与管理同步的科学思想。多年的实践使我们深刻地认识到，管理育人的核心是育人，育人又必须以完善的规章制度为载体，因此江苏省从 1989 年以来对中专校连续颁发了一系列的管理规范，各校在执行规范的过程中还制定了实施细则和本行业的职业道德规范，完善控制手段，在学校内形成了两种监督机制：一是通过行为规范的养成教育使学生的自我教育、自我管理和自我监督的意识大大

增强，激励学生积极向上，形成促使学生主体意识自觉发展的内部制导机制——观念制导和自我完善机制；二是通过成立相应的组织形式，如德育考核组、爱卫会、绿化小组、文明监督岗等，形成制约不文明行为的外部监控机制——学校舆论导向机制，从而在全省中专校内形成三条沟通渠道：规章制度的权威性沟通，思想教育的真理性沟通，学校自我教育、自我管理的民主性沟通。这使创建文明校园的活动成为贯穿学校全部工作的系统工程。

由于紧紧抓住了以上四个方面的工作，全省中专校创建文明校园的活动目标明确，指导思想正确，成效十分显著，通过创建活动有力地促进了江苏省教委颁发的一系列管理规范的实施，使中专校的规范化管理上了新台阶；有力地促进了校园环境的整治，改善了办学条件，更好地发挥了环境育人功能。有一批学校建成了花园式学校，一年来全省中专校为此共增加投入 1.5 亿元，其中无锡、淮阴两市的中专校总投入都在 3 000 万元以上，常州、徐州、南京等市在 1 000 万元以上；有力地促进了精神文明建设，形成了良好的校风、学风。各校自觉执行地方政府的禁烟令，涌现出一批"无烟学校"，提倡文明礼貌蔚然成风。

总之，通过这项活动，江苏省中专校的面貌普遍发生了极其深刻的变化，成为当地精神文明建设的窗口和基地。然而，要将创建文明校园活动深入持久地开展下去，真正实行长效管理，还需要继续抓好以下几个方面的工作：

第一，抓坚持、巩固。突击容易保持难。检查评估的成果贵在坚持。硬件设施的改善、脏乱差现象的改观可以靠增加经费投入和突击来实现，而人的素质却无法靠短时突击来形成。今后要狠下功夫抓坚持，把前段时间行之有效的做法充实到规章制度中去，固定下来，坚持下去。

第二，抓内化、自律。前段时间的成绩主要是在强化执行中取得的，但仍有部分教职工和学生的自控能力还停留在低层次，对管理规范的接受还仅仅是出于对外界压力的被动服从。下一步要将规范、准则的要求化为广大师生的自觉要求，变他律为自律，使师生逐步养成出于高度责任感和良好适应力的高层次的自控力。这是学校深化改革的内在要求。

第三，抓深入、提高。"轻者重之端，小者大之源"，要将规范化管理由教学、学生、后勤向学校工作的各个方面延伸，向广度和深度进军，向精细化、科学化、现代化发展，在人、财、物管理的每一个细节上提高规范化程度。小中见大，管好每一个环节；以大驭小，把小事情纳入学校育人的大目标，形成全方位、主体化的学校规范化管理网络，使创建文明校园的活动正常化、制度化。

我们坚信，只要坚持不懈地抓下去，江苏省中专校的管理水平和教育质量、效益一定会上新台阶。更多的文明校园会涌现出来，在社会经济中发挥更大的作用，成为塑造和输送应用型技术和管理人才的能源基地，成为社会文明的窗口。

（原载《中国职业技术教育》1997 年第 4 期）

学习和借鉴德国职业教育经验
——国家教委职教中心所赴德考察团考察报告

孙琳　王兆明

自 1980 年开始，我国职业教育开展了学习德国双元制职教的典型试验，国家教委于 1988 年初步选定在苏、锡、常等六城市进行双元制职教试点。经过这几年的试验，双元制职教试点取得了明显成效，对完善我国职业教育体系产生了较大影响和促进作用。但在试点的基础上，如何进一步深化我国职教改革，促进我国职教发展，如何在社会主义市场经济条件下，逐步建立适合我国国情的现代职教制度是新形势下的新问题，需要我们重新探讨和研究。就此，国家教委职教中心所（全称为"国家教委职业技术教育中心研究所"）接受了德方技术合作协会的邀请，组织了职业教育典型单位（苏州、无锡、常州、沙市和职教中心所）专业人员考察团，由国家教委职教司司长兼职教中心所所长刘来泉同志、副所长刘京辉同志率领，在德国职业教育专家古德先生的陪同下，于 1994 年 6 月 18 日至 7 月 4 日对德国职业教育进行考察。考察团参观了黑森州和巴伐利亚州的 7 所职业学校、师傅学校和跨企业培训中心，7 个企业及其实训场所，拜访了 6 个教育、研究机构及行业协会，与德国教育界（包括教育管理部门和学校）、经济界（包括企业和行业协会）和研究机构的专家进行了广泛的交流与讨论。现将考察过程中了解的德国职业教育特点及对我国职教改革发展的建议报告如下。

一、德国职业教育的特点

（一）德国职业教育是在一定的历史、文化、科技、经济背景之下形成和发展起来的，各种背景的综合运作构成了德国职业教育良性发展的运行机制

德国历史上手工业就较发达，长期有重视手艺（技艺）、重视技术和实践的传统。德国职教的历史可以追溯到中世纪，在 13 世纪就开始全面实施学徒培训。在手工业作坊里，师傅传授给徒弟手艺和技能，师傅负责徒弟的生活和培训，行会负责监督和管理学徒培训。随着机器生产的大工业的兴起，形成了作为在岗培训补充、专门培训技术工人实际操作技能的实训工场和作为企业职业培训补充的职业学校。在此基础上，双元制职教制度形成了，并逐步得到完善。双元制职教成功的关键是在这些背景条件下，形成了职业教育发展的运行机制，即国家通过立法和拨款手段进行宏观管理，市场对职业教育进行调节和制约，企业及工商联合会等行业协会参与职业教育的监督、评估和管理，学校遵循教育规律对市场和社会需求做出灵活的反应，学生根据个人发展爱好进行选

择。这一机制代表了社会各个部分的利益，具有较明确和合理的分工，推动了职业教育向经济和社会需求的方向发展。这是德国职业教育发展最根本的，也是至关重要的经验。

（二）发展职业教育是政府和企业的共同职责，是企业行为，更是政府行为

双元制职教明确以企业为主，企业高度重视和大量投入。如西门子公司1992—1993年学年度用于职前、职后教育的经费达7.3亿马克，约占该公司销售收入的1%。企业除负责学徒在企业培训的全部费用外，还支持职业学校教学设备购置。大型企业还要向工商联合会等行业协会缴纳利润的4.4%作为会费，由工商联合会统筹用于办职业教育。德国的企业家和职教专家一致认为企业参与办职业教育，可以避免学校培养人和企业用人的脱节；在实际生产中，在企业特有的环境氛围中接受严格训练，学生较快进入岗位角色，可以学到最先进、最实用的技术；企业还可按发展的方向有计划地对其进行培养。企业通过对学生较长时间的全面了解，待其毕业后可以将其放到最能发挥作用的岗位。此外，作为企业利益代表的手工业协会、工商联合会等行业协会也积极参与办职业教育，创办跨企业职业技术培训中心，主要解决和补充小企业实训的困难与不足。

与此同时，德国是联邦制国家，学校教育主要由各州负责，各州、市、县级政府负责举办和管理职业学校，也有很大投入。巴伐利亚州政府年财政预算为548亿马克，其中社会事业预算拨款175亿马克；在社会事业拨款中，职业教育经费为25亿马克，占教育经费145亿马克的17.2%，占州财政预算的4.6%。如黑森州州立西门子职业学校，由州政府投资1.4亿马克建成（其中0.3亿马克为教学设备购置费），除教职工工资由政府拨给外，每年还拨给经费约200万马克。除了大量投入外，各级政府及其经济、教育、劳动等部门对职业教育进行有效的统筹与管理，巴伐利亚州教育和科学部职教处有40位专职公务员，对本州职业学校的布局、专业设置、招生计划等进行有效的指导。

（三）职业教育与普通教育既自成体系又相互沟通

长期以来，德国接受职业教育的人数稳定在同龄人口的70%左右。德国职业教育、普通教育的分流首先在小学后。以巴伐利亚州为例，小学后，27.2%的学生升入九年制完全中学（毕业后主要上大学），37.6%和30.6%的学生分别进入实科中学、主体中学（毕业后主要接受职业教育）。完全中学约有10%~12%的学生中途转入其他中学或毕业后直接接受职业教育。

德国职业教育是一个开放的体系，上职业学校不是进了死胡同，纵向可与师傅学校、高等学校相衔接，横向可与普通教育相沟通。正如德国专家所云，职业教育的目的不是让学生上大学，但也不能把职业教育封闭，不让学生上大学。据估计，德国每年约有5%~10%的职业学校优秀毕业生上高等专科学校或大学（这类学生只要补习数学等一些课程，考试时加试一门外语，并一般在高校学习对口专业，如想改学其他专业，只需通过相应考试即可）。20%~30%的毕业生上师傅学校，成为技术员。加强职业教育、

普通教育的沟通，使更多的职业学校毕业生有接受高等教育的机会，可以说是德国职业教育充满活力的一个重要因素。

最近，德国政府还为使职业教育与普通教育拥有同等地位，采取了以下措施：① 接受双元制教育的主体中学毕业生在继续升学时与其他中等教育毕业生享有同等待遇；② 资助双元制尖子毕业生继续深造；③ 继续开发职业学校毕业生直接获取进入大学资格的可能性，并制定跨州的统一规定。

（四）职业教育教学强调理论与实践的并重，但更突出实践教学

德国职业教育的最大特点是职业学校和企业有机结合，理论和实践教学密切配合，互相补充，互相渗透。职业学校在进行文化知识教学、专业理论知识教学的同时，也开展实践教学；企业的学徒培训，也注意适当进行专业知识的教学。德国职业教育在重视实践教学方面有以下三个特点：

一是重视实际技能的训练，更重视综合实践能力的训练。如德国职业教育正在进行并逐步推广的课题（项目）组织教学的试验，要求学生既掌握必要的专业理论知识和实践技能，又能综合运用知识技能及多种先进技术设计、制作出产品，能够从简单零件制作发展到完成较复杂的机电一体机器的设计、制作，从一年级开始就循序渐进、反复训练。高等职业教育的要求则更高。师傅学校机械类专业最后结业实践考试的题目只有一个，就是要求在120小时内，独立设计（包括制作零件图、装机图）、制作、安装、调试成功一台小型机器。

二是既重视现代化设备的使用和操作训练，如数控机床、机器人、气动和液压设备，计算机程序设计和操作等，也绝不放松传统设备的基本操作训练，如常规的车、钳、刨、磨、焊等操作。

三是既注意针对性，让学生定向到企业实践，熟悉今后工作岗位的操作技能，又重视打好基础，增强适应性。德国职业教育的专业设置采取的是宽专业，避免专门化，他们法定实施培训的仅378种专业（工种）。他们现在又把若干个工种划定为一个职业（工种）群，学生要学职业群中所有专业基础课，到了第三年才学专业知识。在实践方面也一样，学机械的，车、钳、刨、磨、铣都要训练，都有严格要求和考核。这样使学生既有较宽的知识面，又有较强的适应能力。

（五）完善的职教服务体系保证了职业教育的发展

德国职业教育发达，除了社会重视、政府企业的参与和投资外，还与它有一系列系统、完善、规范化的服务体系密切相关，包括师资培养体系的系统与规范化、教育教学体系的配套与完善化、教育教学研究的务实与科学化。这些服务体系充分调动了学校与企业办学的积极性，保证了职教系统的良性运作。

在德国，对教师的培养和任用是很严格的，职业学校的教师是国家公务员，大部分毕业于大学师资班，除具有扎实的专业理论知识外，还具备丰富的教育教学经验，并且

这类教师在进入大学前接受过职业培训，毕业后经过两年的见习学习，充分具备了作为一名合格教师的条件。职业学校的教师大多是一专多能、身兼数科的，而不仅限于某一专业课程。德国的师傅学校是一种培养实训教师和技术员的专门学校。在慕尼黑师傅学校，我们了解到，师傅考试是一种严格的、具有法律规定的考试，它对学生的专业理论知识和实践技能具有较高的要求和较严格的规定。许多德国人以能成为一个师傅为荣。为了使想考师傅者顺利通过考试，这个学校的师资来源是严格的、高层次的。专业理论教师要求是大学毕业，且有两年职业教育经验者；实训教师则是已是师傅者；企业管理教师须是大学企业管理专业毕业生，且有两年职业教育经验者才能胜任。可以说，系统的、规范化的职业教师培养制度，保证了职业教育教学的质量。

合格的师资保证了职业教育的质量，但科学完善的教学内容及深入务实的教育教学理论研究则是职业教育发展的关键因素。联邦职教所是德国最具权威的职业教育科学研究中心，它统筹规划德国职业教育发展的方向，研究职业教育的重大理论问题，而各州的教科所则为本州职业教育发展提供宏观政策建议及进行微观领域的问题研究，如巴伐利亚州教科所中小学教育及教学研究室的主要任务是研究制定适合本州学校教育实际的教学计划、教学大纲、教材，并与职业学校密切合作，进行教材改革实验、教学方法研究等。这些服务体系的建立，充分保证了职业教育的顺利进行。

（六）德国职业教育目前面临的问题及发展动态

近年来，德国从业人员的结构发生了变化，青年人对接受教育的观念也相应有所改变，经济界、社会乃至家长们对高等教育和职业教育的认识也不尽一致，这使双元制职业教育面临多方面的挑战。主要表现在：① 同 30 年前相比，人们更加意识到受教育程度与就业保证、职务晋升和收入高低密切相关；② 近几年国家对高等教育的投入超出了对职业教育的投入；③ 受过职业教育的人在社会地位、生活水平、工资待遇等方面仍不如受过高等教育的人，而失业率则比他们高；④ 东德和西德统一后带来的经济萧条及日本这几年的经济腾飞，使德国企业界的一些人士开始思考是否将职业教育的经费抽回并用于扩大再生产，从劳动力市场招聘所需的技术工人。

为及时采取措施，进一步增强职业教育的吸引力，德国总理科尔于 1993 年 11 月召开了由联邦、各州及社会团体、党员等各方面力量参加的"教育与研究政策原则"磋商会议，并在此后组成了职业教育工作小组。该小组就上述问题提出了若干解决措施：① 强调通过职业教育培养的合格人才，仍是本国经济、社会稳定及保持国际竞争力的重要因素；职业教育是整个教育事业不可分割的重要组成部分并要得到继续发展；② 在微观领域，在联邦统一制定由国家承认的培训专业标准的基础上，根据需要，抓几个关键职业，充实培训的内容并附之以相应的考核标准，使双元制职业教育更加切合现实需要，以培养出水平更高的技术工人；在教学过程中加强外语教学，以适应欧洲一体化进程；通过职前和职后培训的衔接，开发新的培训内容，开辟新的培训途径；

③ 保证职业教育的质量，使职业学校的教学设备更加现代化，并为教师不断提供继续深造的机会；④ 从经费和政策上促进职业继续教育；⑤ 发展第三阶段（大学阶段）的双元制职业教育（如职业学院），使高等专科学校为企业培训服务；⑥ 通过扩建职业咨询机构，使中层骨干人员了解职务晋升的不同渠道；⑦ 扩大获得文凭者的职业晋升机会和培训范围等。

二、对我国职业教育发展改革的政策建议

通过德国职业教育考察，学习德国职教经验，考察团对我国职业教育发展改革提出以下几点建议。

（一）学习借鉴国外职业教育经验，开展适合我国国情的典型试验，逐步完善我国职业教育制度，仍应是我国目前职业教育发展的一条政策措施

国家教委在苏、锡、常等六城市进行的试点所取得的成绩充分说明，学习德国双元制职业教育，对推动我国目前职业教育的发展与改革，仍有一定的借鉴意义，尤其在经济较发达地区，迫切需要针对企业实际，通过双元制办学模式，培养出一批关键操作岗位、技术管理岗位上具有较强实践能力的第一线技术工人和技术管理人员。因此，建议继续扩大双元制试点工作，在前一阶段试点的基础上，就职业教育发展的深层次问题，如社会企业参与办学、职业学校内部管理等，继续进行试验，逐渐形成具有我国特色的职业教育模式。

（二）转变观念，从根本上形成全社会关心支持职业教育的机制

中国几千年的文化传统深深影响了我国职业教育的发展，重知识、重文化文凭，轻技能、技艺的观念根深蒂固，除要在全社会大张旗鼓地宣传职业教育、提倡重视职业教育外，职业教育自身也要形成良性运行机制。一是要建立完善的职业教育体系，使职业教育与普通教育能够沟通，职前与职后能够衔接，逐步形成初中高等多形式、多层次的职业教育体系；二是要建立职业资格证书制度，使学历教育和职业资格教育并重并相互沟通；三是要深入进行职业教育内部的教育教学改革，增强学校自身的吸引力。

（三）尽快出台职业教育法，从法律上规范职业教育的发展方向和改革前景，明确企业兴办职业教育的责任义务，促进企业对职业教育的参与，逐步使我国职业教育走上依法治教的轨道

尤其要在法律上明确三点：一是所有企业都应当承担部分培训经费，有筹资办职业教育的义务，并明确税费项目的开支渠道；二是所有有条件的企事业单位都有责任和义务接纳并安排学生实习，特别是对定向培养的学生，企业更应无条件接受他们参加实践，免收一切费用；三是大型企业包括企业集团都应自办职业学校（班）和培训中心。

（四）要加强政府对职业教育的统筹

职业教育涉及全社会的方方面面，在我国教育法规还不够健全的情况下，需要政府采取经济的、行政的等多种调控手段进行统筹协调。以专业设置为例，在扩大学校自主权，面向社会办学的同时，政府需要对职前职后各类职业教育进行宏观统筹，防止对热门专业类学校"一哄而上"而造成教育资源的浪费，而对那些非热门的但生产第一线需要的专业，政府要采取措施，给予一定的扶持，使学校愿办、学生愿上。

（五）应逐步建立各类行业组织

随着社会主义市场经济体制的建立及政府管理职能的转变，原业务部门的作用将逐步为政府经济综合部门和行业组织所替代。在德国，联邦和各州的经济部与各行业协会都有法律规定的举办管理职业教育的明确的责任，承担对企业的学徒培训进行协调、督促及对学生进行考核等工作。我国还没有建立真正的行业协会，而要发展我国的职业教育，必须建立各行业、企业参与和发挥作用，并与教育部门联合，共同规划、指导和管理本行业职业教育的行业组织。

（六）积极发展高等职业教育

发展高等职业教育既是经济、科技、教育发展的迫切需要，也是职业教育体系发展的客观要求。中等职业教育不是终结教育，应给优秀职业学校毕业生以进一步提高深造的机会。在我国，不同经济发展水平地区对人才的需求是不一样的，在经济比较发达的地区，企业急需掌握先进科学技术、综合实践能力较强的应用型技术管理人才。我国应根据不同地区、不同企业发展对不同规格人才的需求，建立起与经济发展相适应的能培养不同规格人才的职业教育体系。

（七）要进一步重视职业教育师资的培养培训

我国职业教育师资不足、素质不高是制约职业教育发展的重要因素，必须采取强有力的措施解决问题：① 扩大职业教育师院和普通高校职师班的培养规模；② 采取政策措施吸引，从高校毕业生中挑选和从社会招聘适合当教师的专业技术人员充实职业教育师资队伍；③ 重视现有职业教育师资培训提高工作，要特别重视提高他们的实践能力；④ 重视企业和学校实训教师的培养与培训。高等职业教育要把培养职业学校实训教师作为一项重要任务。

（八）进一步密切所有职业学校和企业的合作与联系，发展各种形式的联合办学，并逐步使之规范化

这是目前比较适应我国国情的一条职业教育发展之路。这可以通过建立学校董事会或办学委员会，吸收行业、企业的负责人和职业技术人员参加，促进企事业用人单位对招生和毕业生就业、教育教学等方面的参与，共同对学校的发展规划、专业设置、培养目标、教学改革、教学计划制订等方面进行论证决策。学校应发展多种形式的定向培养

模式，有针对性地为企业培养急需人才。

（九）转变思想，逐步实现教学设备和手段的现代化

职业教育教学设备是教学质量的保证。我国受重文化教育的传统观念影响，比较重视校舍和图书馆等的建设，对职业学校必需的大量教学设备添置还重视不够。同时，教学设备和手段的现代化也受教育经费不足的制约。要通过多种渠道，包括政府增加投入、发放贷款，从企业争取调拨设备等措施大力加强实践实习基地建设，逐步实现教学设备和手段的现代化。

（原载《职教通讯》1994年第6期）

建立中专教育主动适应经济和
社会发展需要有效机制的探讨

王兆明

长期以来，我国形成了中专教育国家办学、业务部门主管、条块分割的管理体制，以及只为一个部门（系统）服务，只面向一种所有制（全民），只有一种办学形式、一个培养规格的办学体制。由于国家和主管部门包得太多、统得太死，学校缺乏办学和教学自主权，缺乏主动适应经济和社会发展需要的压力、动力、活力和能力，往往造成人才培养和社会需求脱节，办学的社会效益和经济效益不高等问题。随着政治体制改革和经济体制改革的逐步深化，中专教育管理体制、办学体制已越来越不适应社会主义商品经济发展的需要，不适应发展以公有制为主体的多种所有制经济的需要，也不适应自身发展的需要。中专教育需要逐步建立主动适应经济和社会发展需要的有效机制，更好地为社会主义现代化建设服务。

所谓中专教育机制，也即中专教育运行机制，是指构成中专教育诸多要素之间相互联系和相互作用的制约关系及其运转方式。它存在于主管部门对学校的领导管理等学校与外部的关系和联系之中，也存在于校内的教学、管理的全过程。建立中专教育主动适应经济和社会发展的有效机制，就是要通过深化中专教育改革，调整以至改变学校与外部及学校内部诸方面的关系和运转方式，逐步建立一种新的运行机制，有效地保证中专教育主动地为经济和社会发展服务。

一、调整政府部门、学校、企事业用人单位之间的关系，确立学校独立的法人地位，确保学校自主办学

长期以来，政府部门和学校之间的关系只是领导与被领导的关系，是决策和执行的关系。对企事业用人单位来讲，只是国家培养我用人，与学校没有直接的联系。在三者的关系中，主管部门处于中心地位。这不利于调动学校和用人单位的积极性。调整政府部门和学校的关系，就是要确立学校在人才培养中的主体和中心地位，使学校充分享有办学的自主权，成为相对独立的办学实体，确立学校独立的法人地位，使学校根据社会需求，面向社会办学。要改善政府部门对学校的管理，即由直接具体的过程管理转变为间接宏观的目标管理。主管部门管理学校的主要责任应当是宏观的人才需求预测、科技和经济信息咨询、办学决策指导、办学经费筹措、教学质量和办学水平评估等。要通过建立健全宏观调控体系，引导学校把人才培养纳入与社会需求相一致的轨道。

调整学校和企事业用人单位之间的关系，就是要建立起学校与用人单位的直接紧密的联系。这有两个方面的含义：一是学校要自觉地把用人单位作为具体的服务对象，采取积极措施，不断调整专业规模和专业服务方向，改革教学内容和方法，根据用人单位需要，培养合格人才，并积极提供技术培训、技术服务等需要和可能的其他服务；二是要明确企事业用人单位在发展教育、培养人才方面的责任，促使其更多地介入和参与人才需求预测与人才培养过程，自觉地支持中专教育的改革发展和学校的教育教学。要采取行政的、立法的、经济的措施和手段促进企事业用人单位对中专教育的支持与参与，逐步建立社会主义建设各个部门、企事业单位自觉依靠教育并支持发展教育的有效机制，形成教育和经济协调发展的良性循环。

二、逐步建立健全政府部门对中专教育的宏观调控体系

改革中专教育管理体制，政府部门由直接具体的过程管理转变为间接宏观的目标管理，学校自主办学，必须有完善的宏观调控体系做保障，以保证学校主动适应经济和社会发展需要，不断提高办学的社会效益和经济效益。

（一）行政、立法手段

行政、立法手段主要包括制定必要的行政法规和中专教育或职业技术教育的专门法。应当在遵循国家的教育基本法的原则的前提下，制定国家的职业技术教育法，理顺和明确中专教育与其他职业技术教育，以及与基础教育、高等教育的关系，对中专教育的重大问题做出规定。还要制定有关地方性法规，各地都应当在遵循国家职业技术教育法的原则的前提下，逐步制定、修订和完善地方的职业技术教育法规。应当从当地经济和社会发展的实际情况出发，对地方政府和教育、计划、人事、财政等部门，以及学校主管部门的责任和管理权限，企事业用人单位的责任，学校的自主权等做出较为具体的规定。各主管部门也应当以国家的方针、政策、法令和有关法规为依据，制定一系列规章制度，包括校长的选聘、任期、责任、权限、奖惩等，使学校办学有法可依、有章可循，也使政府部门和社会的监督评估有依据。

政府部门的行政手段主要指地方政府和教育部门的统筹职能，包括向学校及时地传达、贯彻党中央、国务院和上级政府的有关方针、政策，还包括主管部门和教育部门聘任校长，等等。

行政、立法手段的主要功能在于保证学校坚持为社会主义现代化建设服务的办学方向，学校局部利益服从于国家的整体利益，把办学的社会效益放在首位，促使中专校健康发展。

（二）经济调控手段

使用经济调控手段的目的在于促进学校不断发挥优势，挖掘潜力，充分发挥学校和教职工的积极性，提高办学的社会效益、规模效益和经济效益。要改革基建投资和事业

经费的拨款办法。事业经费拨款，应当实行综合定额加专项设备补助拨款的办法。除了考虑学校历史因素，开支离退休人员工资福利所需经费应当由国家承包以外，其余均按计划内的在校学生数和经费定额标准，把经费核拨到学校包干使用，以促使学校多招学生，争取多拨款。与这一改革措施相配套，对于学校提出的招生计划，主管部门和教育部门应当根据其提供的专业教育水平和社会需求等方面的评估论证材料予以确认，以保证教育质量和按需招生、按需培养。随着中专教育事业的发展和经济发展对人才需求的变化，部分专业人才的需求已渐趋饱和，因此必须采取配套措施，以防止脱离社会需求盲目招生。

过去，中专的招生计划主要是指令性的。随着逐步缩小指令性计划，扩大委托培养、自费生等调节性计划，国家必须对经费定额标准做适当调整。对属于指令性招生计划内的学生培养经费，应当给予保证；对属于调节性计划内的学生，国家和地方财政也应当给予适当补助。

关于基建投资和设备补助拨款，应当优先扶持社会上急需、短缺的学校和专业，引入竞争机制，鼓励学校之间的竞争，办出有特色的优势专业，以提高教育投资效益。省和中心城市的教育部门应当掌握一定的基建投资和经费，这对统筹规划中专事业的发展、扶持为社会服务的紧缺专业、提高中专教育的整体效益是十分必要的。

办学经费不足，是当前中专教育发展的主要困难，在今后相当一段时期内，也难以得到根本解决。除了各级财政和主管部门拨款要坚决按照中共中央关于教育体制改革的决定的要求，对中专基建投资和事业经费的安排做到"两个增长"外，应积极鼓励和支持学校面向社会办学，争取其他渠道经费拨款，从政策上支持学校开展勤工俭学和有偿社会服务，增加学校"创收"，提高学校自我完善的能力。应建立有偿培养、有偿分配的制度，应合理制定和适当提高学校创收中用于集体福利和奖励教职工的比例，以充分调动学校及教职工在国家政策允许范围内开展勤工俭学、有偿服务的积极性。

（三）评估监督手段

近几年开始试点的中专教育评估，如上海市开展的对中专学校办学水平的评估，江苏省开展的专业教育水平评估的研究和试点，以及一些部委和许多学校开展的教学质量评估，促进了中专教育改革的深入和教育质量、办学水平的提高。我国应当逐步建立起适合我国国情和中专教育实际的教育评估体系与制度。中专教育评估应当坚持过程评估和目标评估相结合，以目标评估为主；学校自评估和由教育部门、主管部门、用人单位、同类学校组织的社会评估相结合，以学校自评估为主，在学校自评估基础上进行社会评估。中专教育评估也应当多层次地进行。实行办学水平、教育质量等综合评估与领导班子、师资队伍、办学基本条件、专业教育水平、教育质量及课程评估等专项评估相结合。要加强中专教育评估的研究试点工作，并在逐步完善评估指标体系、标准、测评方法的同时，制定切实可行的对评估结果的处理方法，优胜劣汰，优奖劣罚，鼓励先进，鞭策后进。

（四）指令性计划控制

随着社会主义商品经济的发展和以公有制为主体的多种所有制经济的发展，国家应当逐步减少指令性招生计划，但不能取消指令性计划，以保证国家重点工程建设和艰苦落后地区、艰苦行业对中等专业人才的需要。在现阶段，由于人才市场有待建立和逐步完善，还必须以指令性计划为主。中专的指令性计划，应当作为国家宏观计划调控的重要组成部分，在培养经费、基建投资等方面给予保障。

（五）人才市场调节

为适应社会主义商品经济发展对人才需求的不断变化，必须逐步改革国家对中专毕业生统包统配的制度，逐步建立新的毕业生就业制度，逐步扩大调节性计划，使越来越多的毕业生直接面向社会就业，进入人才市场，可以由学校和人事部门推荐，用人单位择优聘用，也可以由学生自谋职业。这有两个方面的意义：一方面，对学校的"产品"（培养的毕业生）不再"包销"（包分配），促进学校提高"产品"质量，提高学校信誉，按需培养，做到适销对路；另一方面，促使学生增强竞争意识，改变由于国家包得过多，长期形成的"进了学校门，就是国家人""六十分万岁"等传统观念及依赖和惰性心理，主动关心社会需要，努力学习和掌握投身于"四化"建设的真本领。总之，通过人才市场调节人才培养的规模和规格，引导学校密切结合社会需求，设置专业，调整专业方向，确定专业规模，改革教育内容和方法。

三、建立社会对中专教育的制约机制

中专教育的社会制约，主要是企事业用人单位对中专教育发展规划的制定、人才培养过程、学校管理和毕业生就业分配等方面的参与。我们以前进行的教育教学改革、教育研究和教育评价，往往局限在教育内部，就教育论教育；学校招生计划、教学计划的制定，专业的设置和调整，专业规模的确定，也往往在一个封闭的系统内研究论证，社会参与较少。这就不可避免地造成学校办学和教学与经济和社会发展的实际需要脱节。要多方面努力，逐步形成一系列制度，保证企事业用人单位对人才培养过程的参与。专业的设置、面向及规模的确定的论证，专业教学计划的制订，教育质量的评估，专业教材的审定，等等，应当有有关业务部门和企事业单位专家参加，专业课的教学和生产实践，也应当有企业的指导和支持。应当建立快捷、灵敏的校外教学信息网络，及时听取用人单位对毕业生质量的意见和对学校教育教学改革的意见，以不断改革教学内容和方法。有关主管部门可以组织专业教育委员会，吸收业务部门、企事业和学校的专家参加。要鼓励和支持学校与企业联合办学，发展各种形式的横向联合和协作。要明确各自承担的责任和义务，学校应在人才培养、职工岗位培训、技术开发等方面支持企业；企业则应在办学条件改善、生产实习等方面支持学校。可以采取基础教学以学校为主，专业教学由学校和企业共用承担，以企业为主的分段教学方式，发挥各方优势，提高学生的实践能力和教育质量。江苏省的部分卫生学校建立了学校与有条件的医院联合培养的总分校体制和分段教学负责制，前期教学由卫生学校负责，临床教学和学生实习主要由医院负责，有力地促进了卫生教育事业的发展，取得了明显成效。此外，企业还要支持学校参加各种行业协会、企业集团，参与人才培养和培训、技术开发和生产经营。有关业务部门、用人单位和学校共同组成董事会，共同管理学校，逐步形成学校和企业互相依靠、互相促进、联系紧密的新型关系。

四、转变和更新观念，搞活学校内部机制

建立政府部门的宏观调控体系和社会制约机制，都是为了从外部促进学校主动适应经济和社会发展的需要。建立中专教育有效机制，还有待于传统观念的转变和更新，有赖于深化学校内部管理改革，搞活学校内部机制，增强学校适应经济和社会发展的活力和能力。

（一）所有中专学校都要进一步端正办学指导思想，努力为经济和社会发展服务

要充分发挥学校的专业技术优势，在优先为本部门、本系统培养人才的同时，实行多形式、多规格、多渠道办学。发挥技术教育和培训，技术推广、咨询和服务，生产经营等多种功能。密切结合经济和社会发展需要，使学历教育和非学历教育、长短学制的教育、就业前后的教育结合，更好地面向社会办学，更加灵活主动地为经济建设服务。

要克服盲目追求办学高层次的倾向，保持和发扬中专特色，不断优化专业结构，深化教育改革，改善办学条件，提高教育质量，提高办学效益。

要改变"我只管培养，毕业生的出路由主管部门管，我不管"的传统观念和错误思想，根据社会需求办学，主动适应社会需要。

要反对过分追求办学"正规化"，认为多形式办学、开展有偿社会服务是不务正业的倾向。在专业设置和调整方面，要克服片面强调本校专业的稳定，强调保护"传统专业""骨干专业"的问题，须根据社会需求及时调整专业方向。学校只有主动适应经济和社会发展需要，才能更好地为社会主义建设服务。

（二）要确立办学也要讲求经济效益的观念

在传统的办学体制下，由于国家和政府部门包揽过多及"大锅饭"的弊端，办学不讲经济效益，造成专业设置小而全，规模效益不高。有的学校人员超编，人浮于事，教师工作量不足，工作效率不高；实验实习设备利用率低，有的常年闲置。我们必须从经济措施上促使学校在努力提高办学社会效益的同时，努力提高办学的经济效益，并将其作为评估学校办学水平的重要方面。

（三）要树立和增强教育的竞争意识和市场观念

产品经济向社会主义商品经济转变，必然影响和制约中专教育的改革和发展，这要

求中专教育工作者转变传统观念,确立市场观念。学校必须密切关注两个方面:一是经济发展、科技发展的新情况,包括产业结构的调整变化等。二是由经济发展引起的人才需求变化和人才市场情况。学校要改革封闭的办学模式,根据市场需求确定并调整培养规模和规格。

(四) 深化学校内部管理体制改革,搞活学校内部机制

学校通过进行包括实行校长负责制、教职工聘任制和岗位责任制、后勤承包责任制,以及改革校内分配制度等配套改革,充分调动和发挥教职工的积极性,最大限度地发挥学校人、财、物的作用,提高工作效率和经济效益。

(原载《职教通讯》1989 年第 3 期)

服务·协调·指导
——常州市教育局管理中专教育有成效

王兆明

长期以来，中专学校分属各级有关业务部门领导和主管，地方政府和教育部门对其关心较少，形成了条条分割、条块分割，带来了一系列的矛盾和问题。对于地方教育部门（主要是市地级）如何对教育进行综合管理，在发展中专教育，提高中专学校管理水平、教育质量和办学效益方面发挥应有的作用，常州市教育局进行了有益的尝试，做了不少扎实的工作。

一、组织协调作用

常州市教育局把地区内所有中专学校，通过多种形式组织起来，广泛交流教改经验，探讨问题。先后帮助建立校长联席会议制度，以及学生工作、后勤工作、体育工作等各种专门的地区性研究协作组织。在每学期开学前后，教育局分别召开校长和学生科长等人员会议，协商制订校长联席会议及其他研究协作组织的学期活动计划。校长联席会议主要就中专教育改革的一些共性问题，如实行校长负责制、教师职务聘任制、后勤工作改革，校内分配制度改革，学校如何进行有偿社会服务等，每次进行一至两项专题研究和交流。学生工作研究会就改革和加强学生思想政治教育与管理，进行了多次研讨，还请有关专家做了报告；组织"中专之春"文艺会演等。1988年，评选出13位先进学生工作者和9篇研究学生工作的优秀论文，均由教育局颁发了获奖证书。

他们注意发挥中专学校在职业技术教育中的骨干作用。1986年，常州市将中专学校、职业中学、技工学校这三类学校组织起来，成立了市职业技术教育研究会，通过协商，推荐一位威望较高的中专学校校长担任研究会理事长，并把这所中专学校作为研究会的活动基地，受到入会学校的欢迎。近年来，研究会先后完成了省、市多项课题研究任务。教育局还牵头组织职业中学与对口的中专学校建立挂钩关系，依靠中专学校的力量和专业教学优势，帮助职业中学解决专业教学中的难题。

他们还积极会同市计划、人事等部门统筹协调中央部委、省属在常州中专学校为地方服务的招生计划，地方、学校及主管部门对此都比较满意。

二、桥梁纽带作用

常州市教育局努力做到上情下达，下情上达，及时向中专学校传达、贯彻省、市政府及上级教育部门有关文件和会议精神。经常向市政府和市委及有关部门反映需要地方解决的学校办学、教学中的困难问题，如征用土地、供应能源和粮食、制止不合理的摊派、加强学校思想政治工作的领导等问题。其中有的问题已经得到解决。凡是市教育局自身就能够解决的问题，则尽力帮助解决。

三、业务指导和信息传递作用

常州市教育局注意总结和发现本地区中专学校的成功经验，并及时向其他学校介绍推广，使得各中专校都能了解本地区教改的动态和经验。为了促进中专学校校办企业的发展，他们除组织参观学习两个效益较高的中专校办工厂外，还请市校办工业公司对产品开发、企业经营管理等做了专题介绍。他们还组织起来到外地参观学习学校内部管理和教学改革较好的中专学校，以促进本地中专学校的改革。

中专学校与普通中小学、职业中学不同，人、财、物一般由业务部门管理，且行业性较强，教育部门因人员所限，也不可能管得太多。常州市教育局把中专学校组织起来后，发挥大家的积极性，开展各种活动。组织交流研究的问题主要是中专校的共性问题，凡属明确由主管业务部门负责的工作，如专业教学指导、管理等问题，则较少涉及。

地方教育部门管理中专教育需要有一定的管理人员和活动经费，常州市教育局除局领导直接抓以外，明确由职教科负责，并确定一名专职干部管中专工作。市财政局还专项拨给教育局一定的中专活动经费。

对地方教育部门管理中专教育的认识和反映怎样？据常州市教育局负责的同志讲，常州除中等师范外，现已有普通中专学校14所，在校学生1万人，其中10所学校是办学较好的部、省属学校。但过去教育部门很少过问这些学校的工作。近年来，我们认识到中专学校是常州教育事业和科技力量的重要组成部分。全地区中专学校每年有一千多名毕业生留在常州工作，而且中专校的师资、设备也是教育为省地经济和社会发展服务的重要力量。地方教育综合部门应当确立大教育观念，有义务、有责任做好服务、协调、指导工作，为中专教育的改革、发展发挥应有作用。我们乐意为常州市的中专学校当"服务员、联络员、协调员"。

常州市中专学校的同志反映，市教育局这样做，使我们开阔了视野，学到了不少就在身边的好经验，有力地促进了学校工作，确实受益匪浅。

（原载《中国电力教育》1989年第4期）

江苏省部分县属中专考察报告

县属中专考察组[*]

从 1984 年开始,江苏省的一些县办起了中等专业学校,大多是工业类的,人们称它为"县属中专"。在这以前,县只办中小学和职业中学,中专都是省办的或中央有关部办的。现在县办起了中专。这种教育现象的实质是什么?这些县为什么要办中专?现在办得怎样?需要怎样认识它和对待它?为了研究它,我们于 1988 年 5 月 9 日至 14 日考察了太仓工业学校、靖江工业学校、江都工业学校和宜兴经济学校。我们每到一处,都与学校领导人、县里主管经济和教育的领导人进行讨论,取得部分有关经济发展和专门技术人才数据的资料。我们在靖江县还访问了两家乡办工厂。

一、县属中专产生的历史条件

(一) 乡镇工业的崛起

我们所到的四个县都是目前经济比较发达的县,工业产值在工农业总产值中约占 90%,而在工业产值中乡镇工业产值又超过一半,表 1 所示为 1987 年的相关情况。

表 1　1987 年各县乡镇工业产值

县别	工农业总产值/亿元	工业		乡镇工业	
		产值/亿元	占工农业总产值比重	产值/亿元	占工业产值比重
太仓	25.3	22.8	90%	15.5	58%
靖江	22.18	20.18	90%	11	55%
江都	24.8	21	85%	17.6	84%
宜兴	38.31	32.56	85%	22.5	70%

各县乡镇工业门类比较多且杂,一般是城市大中企业有什么产品下放,乡镇认为有益、可行的,都做。但也在逐步形成与本县传统优势产业有联系的结构,如太仓县的纺织业和精细化工,靖江县的机械、化工、轻纺和食品,江都县的机械和建筑,宜兴县的陶瓷和建筑材料。

---

[*] 参加考察并执笔者:华东师大教科所钱景舫、黄克孝;太仓工业学校袁诚玉;常州技术师院朱新生;无锡市教科所谈建党;江苏省教委王兆明。

乡镇工业的发展为教育的发展提供了必要的物质条件，同时也对教育提出了新的要求。就目前乡镇工业的生产特点来看，大多数企业规模较小，一般都依附于城市的某一大中型企业，承接来样订货、来料加工，极少需要设计新产品、新工艺，技术水平比较低，处于半机械化的状态。虽然如此，在国家经济体制改革的最初阶段，在全民所有制的企业手脚尚未放开的时候，它们却能充分利用国家给予的优惠政策得到蓬勃发展。随着城市经济体制的改革，大中型企业放开、搞活，一些有远见的县领导同志和乡镇企业厂长、经理已经看到市场形势十分严峻，优胜劣汰的趋势更加明朗，今后乡镇企业的发展将依赖于技术进步、劳动者素质提高和管理改善。

技术进步、劳动者素质提高和管理改善都离不开各种专门技术人才。而今天乡镇企业的管理人员和劳动者不久前还是农民，没有接受过从事工业生产的培训。乡镇企业中各种专门技术人才匮乏。表2即反映了这种状况。

表2 各县专门技术人才情况

县别	统计年份	职工人数/人	专门人才		技术工人		
			人数/人	占职工总数比重/%	人数/人	中技、职高毕业人数/人	小学及以下学历程度人数/人
太仓	1987	63 725	314	0.49	24 414	231	7 988
靖江	1986	64 655	511	0.79	33 242	57	8 016
江都	1988	65 000	144	0.22	31 195	70	10 959
宜兴	1987	90 000	700	0.78	45 000	431	11 213

因此，积极培养各种专门技术人才是各县面临的一项重要任务。从专门人才的结构上看，今后五六年内要着重增加具有中专学历的技术和管理人员，然后在继续增加这类人员的同时，增加具有大专学历的人员。

（二）教育体制改革的发展

太仓等四县不仅经济比较发达，而且教育发展也是很好的，基本上普及了九年制义务教育，基础教育的质量较高。但是普教往往以升学为目的，初、高中毕业生升学的门路狭窄；升入省、部办中专或大学的人不少，学成回乡的则不多。如靖江县1980年以来每年输送约1 000名学生出县学习，但每年分配回来的大中专毕业生仅100人左右，而且主要是师范生，工科生很少。从1982年到1987年的6年中，共回来中专毕业生392人，平均每年65人。所以，如何改革教育结构，培养本地需要的、留得住的人才，也是各县希望解决的问题。举办县属中专，利用中专学校在人们心目中的地位，吸引优秀初中毕业生来报考，是留住人才的好办法，这也是农村教育转到主要为本地区培养人才、为本地区经济和社会发展服务轨道上来的重要措施。

二、县属中专的现状

（一）处在刚开办阶段

太仓等四县的县属中专分别于1984年、1985年开始筹建，目前还处在刚开办的阶段。除太仓工业学校1988年有第一届毕业生外，其余三校到1989年才有全日制中专的毕业生。这几年，各校领导把主要精力放在基建上，边搞基建，边招生办学。表3为各县属中专的基建情况。

表3　各县属中专的基建情况

学校	已完成基础项目或相关情况	建筑面积/占地面积
太仓工业学校	校舍是由县经委职工学校折价转让的	5 300平方米/12 933平方米
靖江工业学校	教学及办公室楼（学生宿舍和食堂即将完成）	7 300平方米/46 666平方米
江都工业学校	教学及办公楼、学生宿舍、食堂	8 100平方米/30 666平方米
宜兴经济学校	教学及办公楼、学生宿舍、食堂、实验室、操场	10 000平方米/30 000平方米

（二）学制及办学形式

四所县属中专除靖江工业学校的职工中专班为三年制外，其他学制均为四年。在调查中，各校普遍反映学制为四年太长，不适应乡镇企业转产快、生产周期短的生产经营特点，要求根据本地乡镇企业对中级技术、管理人才的规格和各专业的需要来改革学制，使其体现出为乡镇企业服务的特性。

四所县属中专现有三种办学形式，太仓工业学校和江都工业学校是全日制的职前中专。靖江工业学校是职前和职后中专办在一起的，它对外是三块牌子（另外两块是职工中专），内部实际上是一处校舍，一套班子。宜兴经济学校是两块牌子，一套班子，另一块牌子是宜兴县立信会计学校（宜兴是"立信"的创办人潘序伦先生的故乡）。这个学校的特殊性在于它还归属于县职业技术教育中心。宜兴县规划了一个地处集中地带的县职业技术教育中心，由12所各部门办的职工中专、职工学校和宜兴经济学校组成，它们各自独立又有密切的联系。

（三）专业设置、办学规模和课程教材

所调查的四所学校目前的专业设置和办学规模如表4所示。

表4　四所学校的专业设置和办学规模情况

学校	专业设置	班级数量/个	学生总数/人	备注
太仓工业学校	化工工艺	5	382	食品工艺于1984年、1985年招两届学生；工业企管自1980年起招生
	食品工艺	3		
	工业企管	2		

续表

学校	专业设置	班级数量/个	学生总数/人	备注
靖江工业学校	机械制造	8	968	内含职工机械中专6个班，职工电气中专2个班，职工中专学员
	电机电气	4		
	企业管理	1		
	财会	1		
江都工业学校	机械制造	5	760	
	建筑	3		
	化工	2		
	工业企管（财会）	2		
	电子	1		
	工艺美术装潢	1		
宜兴经济学校	建筑	3	520	另招苏州大学函授会计50人，中华会计函授学校41人
	机械制造	2		
	电子	1		
	乡镇企业会计	3		
	工业会计	3		

  各校的专业设置都有从本县工业经济结构实际出发，立足为当地经济服务的鲜明特点。太仓的化工，靖江和江都的机械、建筑，宜兴的建筑等专业都对应了本县工业结构中的重要部分，由此成为学校的当家专业。各校也都开设了工业上适用面广、需求量较多的通用性专业，如电子、企业管理、财会。

  但是普遍的问题是专业设置不稳定。太仓的食品工艺专业开设后，面临本县乡镇食品工业发展停滞不前这个现实，所以仅招了两届学生。由于某些工业门类的发展对学校不断提出了开设新专业的要求，太仓的纺织，江都、宜兴的化工都已被列入新开设或扩大专业计划。一些通用专业如企业管理、财会，由于职业高中的大量开办及自身的连续招生，使得人才需求量达到了饱和状态，不得不暂停招生。

  各校都感到如何调整专业是令人十分头痛的事情，它带来了师资、设备、课程与教材的建设、教学管理等一系列问题。为克服这方面的困难，有些学校已做出了一些尝试。太仓工业学校的办法是向外县市开放，已决定食品专业继续招生，主要面向苏州市管辖区的六县市。靖江、江都同属扬州市管辖，市计划、教育部门已考虑对所属各县中专的专业设置实行统一规划、合理分工、对等代培，以稳定专业，办出特色。调查中各县领导、学校校长，都希望省市主管部门对各校的特色专业加以扶植，解决一些政策性问题，如太仓的食品工艺专业在苏南以至浙、皖、赣一带均属缺门专业，若加以扶植可以为更广大地区培养中等食品工业人才。

由于县属中专目前主要为本县经济服务，专业设置又不稳定，这些学校的办学规模就比较小，一般一个专业每届招生仅一个班，少数有时招两个班，与江苏省教委要求的各专业每届至少招两个班的要求差距很大。

课程与教材目前基本上跟省、部办中专同专业一样，各校面临一些问题：一是课程设置包含的专业知识面较窄，不能适应目前乡镇企业涉及面广、波动性大的特点；二是教材不适用，尤其专业课教材主要是针对大中企业的设备工艺的，缺乏面向小型企业的内容；三是教学内容较追求理论性、完整性、系统性，往往过多过深；四是一些课程没有教学大纲，使实施教学缺乏参照和依据。许多学校领导和教师反映，县属中专直接为乡镇企业服务，课程设置要考虑乡镇企业的需要，教材要增加适用于乡镇企业的内容。为此，有的学校采取"增、删、调、补"的办法对现行课程和教材做了部分修改变动，下一步还打算开一些选修课和系列讲座。但课程和教材改革很不容易，目前各校自身还不具备做好这件事的条件和力量，一部分领导和教师担心打乱教学秩序，影响教育质量，还担心一旦上级教育部门搞统考，按原部颁教学计划标准检查审核，到时候会过不了关。总的来说，这方面的改革还未迈出步伐。

（四）实验、实习等实践性教学

各校都认识到重视培养学生的动手能力是中专教育的特点和优点，所以十分注意加强实践性教学环节。但目前这些学校的校内实验实习条件都比较差，没有实验楼，只有部分课程有简易实验室，实验室内的仪器设备也较简单，不尽配套。基础课程实验开不全，分组大，学生动手机会少；基础技术课和专业课的主要实验在校内更无条件做。没有实习工场（工厂），实习要依靠社会支持，现在不少企业又不愿意接受学生实习。在本县内安排实习还受到企业条件、规模的限制，往往人员分散，难以组织，增加了实习的难度。

尽管如此，各校还是为抓好实验、实习工作做了许多努力：一是尽力改善校内实验条件，同时外出借做实验。如太仓工业学校和靖江工业学校分别与上海市化学工业学校、苏州铁路运输机械学校、无锡机械制造学校挂钩，出资借做一些专业课的主要实验。二是千方百计开校办厂，筹划实习工场和车间。三是积极争取社会有关部门和企业支持，从实际出发安排好实习教学。如太仓工业学校化工专业将集中生产实习安排到苏州化工厂等中型企业，认识实习和毕业实习则有组织地分散在本县骨干化工厂进行。靖江工业学校打算实施预分配办法，集中半年左右时间让学生下厂实习。四是引起县领导对实验实习的重视。如在太仓县政府支持下，太仓工业学校已动工建造实验楼。靖江等地对实验楼建造均做了近期规划。

（五）师资

四所学校的师资来源于5条渠道：① 调：主要从普教系统调进基础文化课师资，也从工厂调进一些工程技术人员做专业课师资。② 引：主要从外地引进专业课和基础技术课师资。③ 改：选送一部分文化课教师去培训进修，改教专业课。④ 配：在近几年的大学毕业生中选配青年教师。⑤ 聘：在社会和企业中聘任兼职教师。

由于种种原因，各校师资状况相对具有各自的特点，如太仓工业学校学历层次较高（75%是本科生），靖江工业学校三类课（专业课、基础技术课、普通文化课）师资结构较好，宜兴经济学校青年教师比例较高（教龄不满3年者占68%），江都工业学校专业课师资较稳定。

一致反映的问题是师资不足，尤其是专业课和实习指导教师数量不足，素质不高。具体表现为：① 从普通中学来的教师一般不了解中专教育的特点；从工厂调入的老师缺乏基本的教育知识和经验；不少专业课教师对工厂的生产过程不了解，缺乏实地动手及分析和解决问题的能力。② 分配、聘用渠道不畅。省市缺少逐年调配充实专业师资的措施，大学毕业生亦不愿到县属中专当教师，兼职教师尤其是较好的兼职教师在本县范围内往往很难请，请不来，到大中城市请则酬劳高，学校负担不了。③ 专业设置不稳定，大大增加了师资的选用调配的复杂性和困难度。④ 教师队伍自身存在着教育观念陈旧、知识陈旧的普遍问题，存在着重"教书"轻育人，重业务轻管理，重理论知识轻实践技能的倾向。如何解决这类问题还没有引起各级领导的足够重视，缺少扎实有力的措施。

（六）招生与分配

作为全日制中专校，四所学校都招收初中毕业生，由学生填报志愿，经市级统一升学考试后由学校择优录取。

由于四县都基本普及了九年制义务教育，所以生源是充足的。学生毕业后又留在本地从事技术管理工作，因此招生有一定吸引力，报考人很多。几年来新生录取分数线都相当于甚至高于普通高中和职业高中，太仓和靖江两地的学校近两年与重点高中录取水准不相上下。但是，有的专业已举办多年，将可满足县内对这类专业人才的需求；有的学校如江都、宜兴的学校搞的是有偿定向代培，与乡镇企业发展中的短期行为起了冲突，所以生源也有不少问题。

靖江、江都和宜兴三地学校的农村新生入学后不转户粮，太仓工业学校则经苏州市政府认可，农村学生被录取后可把户口转至学校，毕业并被录用后，再转至录用单位所在市镇。据了解，这种办法对提高生源质量、开拓生源渠道、激发学生学习热情、加强学校管理起了很大促进作用，使该校在招生分配改革方面也迈出了步伐：自1985年起即向外县市招生，并逐年扩大自费生招收规模，1988年在本县已全部招收自费生。

四所学校都明确对毕业生不包分配。太仓工业学校1988年的首届毕业生，绝大多数返回送培的乡镇企业。县政府决定，他们享受中专毕业生待遇，今后被聘用为干部的可享受聘用技术干部待遇。

（七）经费

县属中专的经费包含两个部分：基建费（含设备）和经常费。基建费主要由县财政支出和有关局、公司筹措。经常费的来源各不相同：有县教育局拨给，有县财政支出，以及有偿代培、有偿分配和招收自费生的收入。表5所示为各校基建投资情况。

表5　各校基建投资情况

学校	计划投资/万元	已投资/万元		
		总数	由县财政支出	集资
太仓工业学校	300	130	130	—
靖江工业学校	500	180	20	150
江都工业学校	360	150	130	20
宜兴经济学校	—	230	90	103*

注：学校自筹37万元。

调查中各校都反映经费不足是办学的一大困难。已投资经费大多用于建造教学楼和学生宿舍、食堂。办中专校所必需的实验室和实习车间，以及图书馆、体育活动场所等的建设费用还无着落。经常费尚缺少正常来源渠道，多数县没有经常费拨款标准。

各校对于学校建立经济实体以解决经费问题颇感兴趣，都在积极采取措施，发展校办企业，开展有偿服务，筹措部分经费。

（八）领导管理体制

县属中专是县办县领导，目前有三种管理体制：第一种是由政府主管，定县属中专为县正局级学校，准备成立校董会并由其自主管理（如靖江）。第二种是由县教育局管，县属中专为局的一个直属单位（如宜兴）。第三种是由县政府主管，成立校务委员会，日常行政事务由县文教局代管（如太仓）。

县属中专在宏观上接受县所属中心市教育局有关业务科室及省教育厅职教处的指导。

对县属中专的领导管理，目前主要涉及人事管理、招生分配计划、专业设置及学校发展等问题。至于学校教学业务上的有关工作尚无法顾及。因此，各校都反映出在业务管理方面有失落感，要求省市教育主管部门加强对县属中专的教学业务领导，建议中心市或省成立县属中专的专业教学研究组（室）。

（九）县属中专的任务和特点

通过对县属中专各种情况的调查，我们可以看到，它实际上是一种县办县管、为乡镇经济发展服务的中等专业学校，其任务主要是为本县乡镇企业培养中初级技术和管理人才。这种形式的中专校一般具有以下特点：① 服务对象主要是乡镇企业，其办学形式、培养目标、专业设置、招生分配都体现了这一点。② 办学经费由县自筹。③ 毕业生不包分配。

三、县属中专引起的思考

县属中专已是江苏省一些经济发达县的一种客观存在，然而它们又面临种种困难。我们该如何认识它，对待它？它的存在是必然的还是或然的？应当扶持它发展，还是让它自生自灭或把它纳入某种统一的模式中？这些问题都引起了我们的思考。

农村乡镇企业的蓬勃发展急剧地改变着农村地区的产业结构和劳动力结构，大批农业劳动力正在向非农产业转移，提高这一部分人的文化素质和技术技能水平，培养一批中初级技术管理人才，已是一项繁重而又不可避免的任务。面对市场竞争日趋激烈的形势，乡镇企业也须摆脱技术和管理上的落后状况和依赖性，更新设备，提高产品质量，提高劳动生产率。为此，必须紧抓技术和管理干部队伍的建设。这支队伍的人员光靠从城市引进和聘用是不够的，要立足于自己培养。这是经济发达地区农村县属中专得以产生的根本原因。县属中专是农村地区的经济，尤其是第二产业、第三产业发展到一定程度、一定水平，对中初级技术管理人才提出迫切需求时的产物。从这个意义上说是具有普遍规律性的。我国广大农村目前发展很不平衡，但落后地区要改变落后面貌，则必须发展第二产业、第三产业，并转而促进农业生产的集约化和技术化，这是农村经济发展的必由之路。因而，县属中专（或同性质不同名称的机构）的产生，在全国农村是迟早的事，均是必然和必要的。当然，如同技术员及其教育只有在大工业出现之后才会产生一样，县属中专也只有在农村工业发展到一定规模和水平的经济发达地区才会适量出现。所以，目前不顾具体情况，人为地在全国或某一地区盲目推广县属中专的形式是不妥的。

县属中专还是属于职业和技术教育中的培养初中级技术和管理人员的技术教育范畴，其本质是与省部办中专一样的，区别仅在于是一种新的办学形式，如同城市中专教育改革中出现的职业中专、走读中专和成人中专等这些中专教育的办学形式那样，是一种改革的农村形式。像城市中专教育改革一样，其基本动因是由计划经济向有计划的商品经济转轨。省部办中专时的部门所属、条块分割、模式划一、统得过死的办学形式已不适应商品经济的发展，因而具有地区性、适用性、多样性、灵活性的办学形式应运而生。县属中专的本质有利于适应农村地区商品经济的发展。

目前，县属中专的形式可否由其他改革措施替代？举办县属中专，在财力、人力、物力上有一定要求，尤其在目前体制下，一个县也不胜负担，困难与问题不少。因而，用改革城市省部办中专的方式，通过辐射、联办等形式，疏通向农村输送中专人才的渠道，这确是有效可行的应急之举。然而，从经济发展规律来看，对于工业的起飞，中级技术和管理人才是不可缺少的，农村地区必须自力更生，形成基本队伍。一个国家是如此，一个地区也是如此。况且，从我国现状来看，在城市经济的发展中，中专教育远未过剩，对于其潜力及为农村经济发展服务的覆盖能力，不能估计过高；更何况城乡差别还不是短期内能消除的，适应城市经济发展的中级人才培养规格，不一定全适用于农村经济发展的需要。我们在调查中发现，有的地区对城市各级各类学校发来的大批定向代培的报名单并不积极响应，还有"光伸手向乡镇企业要钱"之嫌弃，其中主要原因恐怕就在此。所以，农村经济发展所必需的中级技术和管理人才的培养还应立足本地区。城市中专通过改革可以拓宽服务范围，为农村培养部分中等专业人才，但不可能全部替代县属中专的职能，而相互补充是可取的。

总之，县属中专作为中专教育改革的一种农村办学形式，有其独立存在的价值。县属中专目前确实遇到一些问题，我们认为，研究解决这些问题，对县属中专的健康发展有着重要的意义。为此，我们提出以下建议。

（一）正确认识县属中专的性质任务，办出特色，不求"正规"

县属中专是为本县经济尤其是为乡镇企业培养中初级技术和管理人才的新型中专校，它的生命力即在于能满足乡镇企业发展对人才的需求。目前，在大多数乡镇企业，由于生产技术水平较低，技术员和技术工人的界限还不很清楚。同时乡镇企业的产品门类杂、变化多，因此企业对人才需求的特点一是急（最好说要就给），二是宽（知识面宽些，一专多能）。县属中专在办学中，应注意乡镇企业的这些特点，既要学习省、部办中专的办学经验，又不能追求省、部办中专的"正规化"，要办出自己的特色，把满足乡镇企业的需要作为办学的宗旨，以此确定学制、设计课程、"增、删、调、补"教学内容，为乡镇企业培养适用人才。省市教育主管部门也不要用省、部办中专的固有标准来衡量它，而应以能否很好地为乡镇企业服务来衡量它。

（二）集中合理使用经费，分清轻重缓急

目前多数县是全日制中专校与职工中专校分设，职业高中与中专分设，使本来就很拮据的教育经费显得更加紧张。条块分割、部门所有是职业和技术教育旧体制的弊端，应当克服。而县属中专由县管的体制，为县范围内各类职业和技术教育的统筹发展提供了条件。如果使职前职后沟通，中专职高联合，长期短期结合，集中使用人力、物力、财力，将有利于缓解经费不足的问题，改善办学条件。

在经费不足的情况下，先投向哪里也是值得研究的问题，大家知道，重视和强调技能训练是中专教学的一个重要特点，加强实验实习基地的建设是中专校实现培养目标的保障。因此在学校创办之初，对实验实习基地的投资应予以足够的考虑。有的同志建议可先办校办（实习）工厂，办成经济实体，积累资金，促进学校建设，这也是值得尝试的。

（三）实行县属中专之间的横向联合

一个县范围内专业人才的易饱和与中专专业设置稳定性之间的矛盾是客观存在的，这在我们考察的有些学校已经出现。解决这个矛盾的办法可以是实行县属中专之间的横向联合。各县属中专根据本县经济与社会发展情况及已有的办学基础，办好若干专业，在满足本县需要的前提下,与其他县进行对等代培。这样既能满足乡镇企业对多方面人才的需求,又能使学校的专业设置相对稳定,有利于提高教学质量和教育投资效益。当然,这种联合涉及一系列靠县难以解决的问题,如合理布局专业、确定代培经费的标准等,需要中心城市的统筹和指导。

（四）省市要给县属中专提供帮助和指导

县属中专县办县管,体现了职业和技术教育主要由地方负责的特点,调动了县一级办学的积极性。但县办不等于县包。省市的中专主管部门及有关业务部门对县属中专要予以扶持,除前面提到的统筹协调县属中专之间的联合外,还应帮其打通专业师资来源的渠道,给予其业务上指导,对其办学水平进行评估,促使其不断提高教育质量等。

（五）开展对县属中专的研究

县属中专产生至今已四个年头,不仅江苏省有,上海市和其他省也有。但人们对它的研究甚少。我们这次的考察也是很粗浅的。有许多问题还没有研究或涉及不深。例如,对于培养目标,我们只提了为乡镇企业培养初中级技术和管理人才,但这种人才具体是什么规格呢？他们与城市大中型企业中的中等专业人才有何区别？这种区别是否意味着降低人才标准？这被允许吗？又如,县属中专如何建立一套从招生、培养到分配都能主动适应当地经济、社会发展需要的运行机制,让劳动力和人才市场引导办学？再如,县属中专可否由企业集团来办学,由他们出资,组织董事会管理,把教育与经济建设、人才的培养与使用更好地结合起来？总之,许多问题有待深入考察和研讨,希望有关部门予以组织。

四、后语

县属中专是适应经济发达县需要的一种中专办学新形式,虽然目前面临许多困难,但只要把握住自己的特点,办出特色,就能健康地发展。况且,县属中专与以培养农村大量需要的各业劳动者为主的职业高中,同属职业和技术教育的两种不同类型的教育;加上在工业发展之初级阶段,县属中专所培养之人才又带有更多的操作型之特点,在这种情况下,将两类职业和技术教育统筹更有其可能性。通过举办县属中专,使其成为县职业和技术教育中心或综合性技术学院,并以其为核心形成县的职业和技术教育体系,是改变原有刻板模式,提高经济效益和教育效益的有益尝试。这样,县属中专的发展很可能有一个光明的前景。

（原载《华东师范大学学报（教育科学版）》1989年第1期）

加强横向联系　促进中专发展

王兆明

广泛开展各种形式的横向联系，是加快现有学校建设，充分发挥各方面办学积极性和学校潜力，提高办学效益，改革和发展中专教育的一项重要措施。近几年，江苏省逐步扩大中专教育各种形式的横向联系，促进和改善了学校办学条件，扩大了招生规模，提高了办学水平和教育质量，解决了一些企事业单位特别是乡镇企业对人才和技术的急需问题。全省现有148所中专校，平均在校生已扩大到550人，学校教学和管理改革也取得新的进展。

江苏省人民政府和有关部门在1985年就明确规定，"七五"期间，省属中专学校一般不再新铺摊子，走以扩大内涵为主发展中专教育的路子，需要培养中专生的部门可与现有中专学校主管部门联合办学，并规定省、市、县有关部门和企业可在现有学校投资，扩建校舍，增设专业。联合办学新形成的培养规模，原则上按投资比例分配招生名额。如省档案局系统急需培养中等档案专业人才，但新建一所学校所需投资多，建设周期长，难应急需。为此，省计划、教育部门牵头协商确定与基础较好的常州轻工业学校联合办学。档案局投资100万元，并负责提出招生和毕业生分配计划，帮助充实专业课教师。该专业当年即开始招生，并保持一定规模，较好地解决了对档案专业人才的急需。还有不少中专学校积极挖掘潜力，主动接受外系统、外地区用人单位和乡镇企业委托定向培养的中专生。全省委托培养招生数有3 000余人。一些省属学校还为当地有关部门举办走读中专班，或挂钩支持当地有关职业中学、职工中专学校的教学工作。省卫生厅从现有普通卫生学校培养规模小、全省卫生技术人员严重不足的实际情况出发，采取在有条件的卫生职工中专学校和医疗单位设点办班方式。教学计划、教学研究、考试考查及毕业证书颁发均由普通中专学校负责，并由其承担部分教学任务，保证教育质量。通过这一渠道，全省卫生类专业近两年扩大招生5 000多人。全省有4所卫校已试行和医院联合办学；前期教学（包括文化课和专业基础课）在学校进行；后期教学（包括临床教学和实习）由医院负责。

此外，许多中专学校还积极发挥技术优势，为社会提供服务，其中包括帮助企业开发新产品，进行技术改造，推广先进技术，举办各种短期实用技术培训班（全省中专学校1985年培训人数达5 000人）等。如常州轻工业学校结合学生毕业设计，开发技术研究和技术服务，有18项成果得到应用，企业经济效益显著。泰州畜牧兽医学校等农牧学校，多年来坚持技术教育、研究、推广和生产经营相结合，努力为发展农村商品生产、农民劳动致富服务。这些措施提高了教师的教学水平,锻炼了学生,为经济建设做出了贡献。学校也增加了收入,改善了办学条件。

为了促进学校教学改革,争取用人单位对学校的支持,许多学校还不断密切与用人单位的联系,不断听取他们对学校教学工作的意见。

尽管从总体上来说,现有中专学校数已经不少,专业设置已经比较齐全,但是实行联合办学、委托培养的面还不宽,扩大学校招生规模和为社会提供多种服务的潜力还很大。社会上对中专学校也缺乏了解,一些学校仅仅满足于完成主管部门下达的招生任务;有关综合部门,对发展横向联系重视不够,学校优势得不到发挥。扬州市5所县办中专,共开设18个专业,不同专业有8个,其余均为重复设置的专业,财会、建筑、机械等通用专业几乎各校都有,且与本地区内的省、市属学校设置的专业也有重复。这导致各校专业不稳定,师资队伍和实验实习基地建设难以进行,教育质量也难以保证。为此,扬州市已经采取措施,一是市办不包分配的中专校为县区培养人才,1986年试招的40名基建财务专业班,定向为乡镇建筑企业培养人才,受到欢迎;二是决定采取各县对等代培及市、县条块结合(按学校块块分专业,按专业条条落实生源指标)的办法,每校确定一至两个主专业,做到市、县中专都能有分工,健康协调地发展。

目前,各种形式、层次的职业技术教育还存在着分割办学、摊子多、战线长,经费和师资力量分散的问题,致使各学校办学条件难以改善。扬州市已有各业务部门举办的职工中专学校21所,有的办学条件较好,但潜力尚未充分发挥。一些县也有类似情况。为此,一些市、县已开始采取措施发展跨度更大的横向联系,密切普通中专教育和成人中专教育的联系,统筹规划,实行联合办学。如靖江县将专业设置差不多、培养规格相当的一所县办普通中专和机械、轻工职工中专校三校合在一起,统一规划,联合办学。此外,1986年全省在30所职工中专学校招收了不包分配的普通中专班学生1 500多人。江苏省公安、供销、商业、物资、财政、农业等部门,还利用本系统中专学校的部分办学条件和各级业务部门、用人单位提供的一些办学条件,联合组织了函授、业余教育、广播电视教育等形式的中专教育,没有新建专门学校,使这些部门得以集中力量搞好中专学校建设。当然,充分发挥现有各类中专学校潜力,实行一校多用,会给学校教学和管理工作带来困难,这个问题应尽量得到解决。但是,这对提高教育的整体效益和社会效益还是有利的。

此外,还要加强和扩大校际横向联系与协作,广泛交流经验,促进中专学校的管理改革和教学改革,提高办学水平。现在系统内中专校际联系在不断扩大,但行业之间的中专学校横向联系则往往被忽视。常州市的几所中专学校的管理和教学改革都有较大进展,学校领导和教师的思想比较活跃,其重要原因之一就是常州中专校经常开展校际交流活动,横向联系多。地区内的学校开展横向联系,可以是学校领导、管理干部、教师间的经常性的对口交流经验,也可以在师资、图书资料、实验室使用等方面进行协作。

扩大和加强中专学校的横向联系,目前障碍很多。究其原因,有办学体制上条块分割、地方和部门所有制的限制，有各级财政实行层层包干的影响，等等。但最主要的原因还是思想认识问题，即缺乏全局观念和培养人才也要讲究效益的观念。

在经济体制改革的新形势下，联合办学或委托培养学生，应实行"谁提出要求，谁提供办学条件、培养经费，谁受益"的原则。委托培养的经费标准应由双方协商确定，并做到相对合理。学校应改善管理，努力提高教育质量和学校信誉，使委托单位觉得委托培养、联合办学比自己创办学校投资效益高，见效快。

应当加强地方政府和教育、计划部门对中专教育的统筹规划。市、县办中专应以市政府统筹为主，并实行条块结合，省业务部门积极参与指导。应认真贯彻国家教委颁发的《普通中等专业学校设置暂行办法》，坚持其对学校办学规模和基本条件的要求，并确定检查验收期限，以促进办学部门和学校通过扩大横向联系来扩大规模，改善条件。对新办专业或学校都必须进行人才需求预测、办学经费效益和社会效益等方面的论证，比较和选择最佳办学方案。

要从政策上帮助解决一些实际困难。如妥善解决商品粮油、煤炭、副食品等生活供应问题。同时，要进一步扩大学校办学的自主权，增强主动适应社会经济发展的活力，为社会主义建设做出更大的贡献。

（原载《中国高等教育》1987年第3期）

大教育和教育行政部门的工作

王兆明

我国各级教育行政部门是各级政府管理教育事业的职能部门，担负着规划、管理本地区各类教育事业的职责。教育部门的工作如何，直接影响该地区教育事业的发展、教育质量的提高。教育部门的同志必须密切关注教育工作面临的新形势、新任务，不断改进工作，推动教育事业的健康发展。

社会主义现代化建设的深入进行，对我国教育工作提出了更高的要求。中央关于教育体制改革的决定要求极大地提高全党对教育工作的认识，提出了教育必须为社会主义建设服务，社会主义建设必须依靠教育的根本指导思想，向教育事业的发展提出了伟大而又艰巨的任务：在努力提高现有人才的同时大规模地培养新的能够坚持社会主义方向的各级各类合格人才。新时期教育部门的工作光荣而艰巨，必须深刻领会和努力实践中央决定精神，为使教育更好地为社会主义现代化建设服务贡献力量。

随着经济和科学技术的发展，教育已作为一个多样的、开放的、综合的大系统。学校教育的范畴、功能和规模正在不断扩大。教育的对象、教育和教学形式及内容等发生了深刻的变化。我国教育发展到今天已经形成了包括就业前的普通教育（幼儿教育、初等教育、中等教育和高等教育）、职业技术教育（初、中、高等职业技术教育）和就业后的成人教育（初、中、高等成人教育和为适应科学技术发展更新知识需要的继续教育）在内的社会主义教育体系。教学形式也由传统单一的形式发展为包括函授、刊授、广播电视教育、自学和社会助学等在内的多种形式。从教育时间上看有全日制、半日制、业余教育，有脱产、半脱产、不脱产教育。在各类教育事业内部又有多种多样的教育机构，并且各类教育又相互交叉、相互渗透和相互沟通。根据不同行业的特点，又形成医学教育、师范教育、农业教育等专门教育体系。此外，还有以残疾人为对象的特殊教育。以老年人为对象的老年教育也正在兴起。从办学和管理形式看，有国家办学、集体办学、业务部门（企业）办学、有关方面联合办学、委托培养等，真是异彩纷呈。多种形式的各类教育事业的蓬勃发展，说明我国教育事业和现代化建设的繁荣兴旺。

如果我们把以传授普通文化知识为主、落后封闭、适应小生产需要的传统教育称为小教育，那么今天的教育就是大教育。依靠全社会力量办教育，为经济和社会的全面发展服务，以及教育对象、办学和教学形式的多样化，这应该是大教育的主要特征。全社会都有一个对教育的地位、作用重新认识的问题，尤其是教育部门本身必须克服陈旧的传统教育思想影响，树立大教育的观点，正确认识教育部门的任务职责，以适应教育体制改革、教育事业发展的需要，把握本地区教育发展的全局，自觉地为两个文明建设、本地区经济和社会发展服务，并且在工作的指导思想、方法等方面来一个转变。

一、树立大教育的观念，自觉担当起全面指导管理本地区各级各类教育事业的职责

长期以来，由于对就业者的政治、文化、技术素质缺乏应有的要求，鄙薄职业技术教育的陈腐观念根深蒂固，我国的职业技术教育、成人教育等各类教育发展缓慢。同时，由于管理体制存在条块分割、条条分割的弊端，各级教育行政部门，特别是地、市以下教育部门主要是管理中小学教育。由于对基础教育的任务存在片面认识，有的地方教育部门甚至把为高一级学校输送新生作为主要任务，形成了封闭、半封闭的教育体制和就教育办教育的状况。教育部门及所属的教育教学研究机构主要研究指导中小学教育，师资培训机构、教育刊物创办者等的工作对象也是中小学。近几年来，地方各类教育事业发展很快，基础教育外的其他各类教育事业，有的从无到有，有的事业规模成倍增长。实行分级办学、分级管理，把发展基础教育的责任交给地方，教育部门的工作任务日益复杂、繁重。面临教育工作的新形势、新任务，有的同志思想准备不足，缺乏大教育的观念，往往工作被动，顾此失彼。有的表现在对依靠全社会的力量，适应地方经济和社会发展需要发展基础教育认识不足，研究不够。有的表现在认为其他教育工作是分外事，不想管，或者认为因没管过而管不了，有畏难情绪；即使迫于上级要求，被动应付，也是蜻蜓点水，收效甚微，谈不上创造性地去工作、去指导。还有的采取管理基础教育的办法管理其他教育，工作不切实际，影响办学效益。总之，确有部分教育部门的同志对教育为社会主义建设服务的战略思想、新时期教育工作的任务、教育部门的职责认识不足。要树立大教育的观念，教育部门必须立足本地经济和社会发展全局，做好地方党委、政府的参谋，会同有关部门统筹规划，综合管理本地区的各级各类教育事业。

二、突出重点，分类指导，推动地方各类教育事业的全面发展

教育部门的工作量大、繁杂、头绪多，必须从各级各类教育事业的实际情况出发，采取不同的方法进行分类指导。对于基础教育，教育部门是主管部门，实施九年制义务教育是地方教育部门工作的重点，必须花大力气抓紧抓好。对职业技术教育、成人教育，必须依靠业务部门办学和有关部门分工管理。教育部门作为教育综合部门主要负责业务指导、教育质量检查、计划管理和教学管理等，并在地方政府统一领导下，会同有关部门搞好统筹规划。实践证明，业务部门办学有一定的局限性，如果缺乏统筹规划、宏观指导，往往造成条条分割、办学的部门所有制、教育投资的浪费，不利于教育事业的健康发展。要做到既调动业务部门办学的积极性又打破条块分割，加强横向联系，提高办学效益，教育综合部门很有必要，也可以发挥积极的作用。此外，业务部门办学，

在教学工作管理、普通课师资培训和教学研究等方面也确有困难，需要教育部门的支持，教育部门应尽可能做好服务工作。实践证明，凡是教育部门具有全局观念、工作得力、方法得当的地方，职业教育、成人教育发展就较快，并会促进和推动基础教育及整个教育事业的发展。

三、密切与社会的联系，在思想和工作方法上来一个转变

在新时期发展和办好社会主义的大教育，需要依靠和动员全社会力量，调动各方面的办学积极性，需要有关部门的密切配合，共同努力。随着全党和全社会对教育的认识不断提高，对发展教育日益重视，发展教育已逐步成为全党的战略任务、全社会的共同责任，教育工作面临从未有过的好形势，这就为教育部门的工作创造了好的条件，也提出了新的要求。确保教育的发展与经济和社会发展相适应，激发社会各方面办学和支持教育的积极性，也需要教育等部门在地方党委和政府领导下，具体地去宣传动员、组织和引导。因此，教育部门必须不断密切与社会的联系，在新形势下把本地区的教育工作提高到一个新的水平。

长期以来，教育部门的同志习惯于就教育办教育，就"普及"讲"普及"，主要重视和研究普通文化科学知识的教育，而对经济建设、社会发展和科学技术进步的新情况及其对人才的需要关心、了解和研究得不够，也不善于同有关部门和企业打交道。改变封闭式的教育体制，全面管理本地区各类教育事业，就必须转变传统的管理教育的思想方法，密切同计划经济、劳动人事、财政等综合部门及各业务部门的联系，坚持互相配合、密切协作、协商，妥善处理好部门之间的关系。同时，还要不断研究经济和社会发展的新情况、技术革命的新进展，不断研究、密切关注和预测城乡经济体制改革、农村产业结构调整的新发展及其对各级各类人才的需要，并据此规划教育事业的发展，进行教育教学改革。

基础教育担负着提高民族素质的重任，不仅向高一级学校输送新生，而且要着重为社会培养素质优良的劳动后备力量。一方面，要争取社会各方面的支持发展基础教育，打破封闭的教育体制，扩大同社会的联系。南京市在教育体制改革中，采取多渠道、多形式联合办学，争取各种社会力量对教育的支持，促进了基础教育的发展和教育质量的提高，给我们以很大启发。另一方面，从普通中学毕业生不可能全都升学，基础教育承担着双重任务，要为社会培养素质优良的劳动后备力量，职业教育和普通教育之间互相有交叉的实际情况出发，不仅要求中小学能教育学生做好接受职业技术教育的思想准备，而且强调大力加强劳动技术教育。国家教委已明确规定将劳动技术课作为一门必修课程，并要求认真解决好师资、经费、实习场地等问题。最近胡耀邦同志对中央赴皖讲师团成员董克恭给中央书记处的信的批示中指出，从旧中国到新中国几十年来，农村中小学教育如何适应农业生产发展的需要的问题确没有被解决好，其原因就是我们教育界同志对农村情况不熟悉。因此，值得更好地研究一番。教育部门的同志应当根据胡耀邦

同志的要求，认真研究和熟悉农业生产发展及整个农村经济发展的情况，认真研究怎样使农村中小学教育适应农业生产发展的需要。可以把发展初等职业技术教育作为农村普及九年制义务教育的一项重要内容，也可以让学生在中小学学习一些农村实用技术和掌握一定的劳动技能，使他们回到农村后将学到的技术知识加以运用。基础教育要完成培养社会需要和欢迎的素质优良的劳动后备力量的任务，教育部门必须密切与社会的联系。

职业技术教育的任务是为地方培养各种技术人员、管理人员、技术工人和其他城乡劳动者，与地方经济和社会发展的关系更为密切，而且涉及许多部门和社会的各个方面，需要广泛争取社会各方面对职业技术教育的重视和支持，调动一切办学的积极性，需要教育、经济、计划、财政、劳动人事等部门做出共同努力，步调一致地开展工作。这就更需要教育部门从根本上转变思想和工作方法，拓宽视野，会同有关部门不断研究经济发展对各类人才的需要。特别是在职业技术教育还很薄弱的农村，一方面要为农村经济发展培养大批合格人才，另一方面又必须根据农村商品生产发展、产业结构调整、劳动力转移等情况，不断调整职业教育的专业设置和培养规模。还要采取适合农村特点的灵活多样的办学形式，逐步使农村回乡初中和高中毕业生受到不同程度的职业技术培训。这一切都要求教育部门对农村经济进行深刻了解，有关部门需要密切配合、因地制宜地创造性地工作。

四、从机构设置等方面做出必要调整，确保适应管理大教育的需要

各级教育部门原来的机构设置是与管理小教育相适应的，随着各类教育事业的兴办和发展，各级教育部门对原来的机构和人员必须做出必要的调整、充实，以适应管理大教育的需要。近两年，有关各方面已开始重视这一问题，如国家和一些地方成立了教育委员会，扩大和加强教育部门对各类教育事业统筹规划和综合管理的职能。此外，对教育部门内部的机构也做了调整，充实了管理干部，等等。

（原载《江苏教育情况》1986年第50期）

城市走读中专的特点及当前要解决的几个问题

王兆明

从 1980 年开始,为适应经济建设和社会发展需要,江苏省一些城市陆续创办了收费走读、不包分配的全日制中等专业学校。近年来,随着教育改革的展开,走读中专有了较大的发展。现在,江苏省绝大多数城市都办了走读中专。全省去年中专招生数已达二万八千人,比 1981 年前后每年招生一万三四千人增长了一倍。走读中专已成为中专教育的一种重要办学形式。城市走读中专有哪些办学特点?办好这种形式的中专当前要解决哪些问题?本文打算对这些问题做一些探讨。

一、走读中专办学的几个特点

(一)办学的地方性

走读中专属于地方事业,由城市有关部门在政府统一领导规划下集资建设,协同管理。由于走读中专属于地方事业,毕业生直接为地方经济和社会发展服务。发展走读中专可以同地方的中等教育结构改革,加速各级各类人才培养密切结合起来,统筹规划城市初中毕业生的升学就业,因此极大地调动了地方政府和各有关部门的积极性。江苏许多城市都把发展走读中专作为地方教育事业发展和人才培养规划,乃至整个经济和社会发展规划的重要组成部分,对其相当重视。在地方政府领导下,计划、教育部门牵头制定发展规划,劳动人事部门负责解决用人指标,财政部门提供部分办学经费,用人单位和业务部门提出人才需求计划并提供办学条件;教育部门负责学校管理。同时,城市走读中专大多由普通中学或职业中学改办,因而也保留了中学的一些办学特点,学生就近入学、就地培养,毕业生由当地使用。它在专业设置上立足于地方需要,有地方特色。

(二)办学效益高

由于实行收费走读,走读中专的教育经费(每人每年 600 元左右)比普通中专(每生每年 1 000 元左右)减少了 40% 左右。建设一所走读中专比建设同等规模的普通中专可节省基建投资 25% 左右,并大大缩短了建设周期,有利于尽快培养出人才。由于减少了部分管理人员和职工,走读中专人员编制比同等规模普通中专约减少 20%。由于学校的后勤工作部分社会化,学校得以集中力量抓教学。如果是普通中学改办走读中专,则上马更快,经短期建设,即可形成一定规模。南京市中等专业(走读)建筑分校于 1980 年由普通中学改办,没有要国家投资,教育部门只拨给部分教育经费,现已形成在校生 640 人的规模。发展走读中专确实是在国家财力有限的情况下发展中专教育，多出人才、出好人才的一个好办法。

同时，走读中专实行不包分配、用人单位择优录用的办法，学生毕业后经人事部门和学校推荐，用人单位择优录用，实现"产销"直接见面，优生优用，这就极大地调动了学生的学习积极性。这是一些走读中专虽然办学条件较差，却能保证教学质量的重要原因之一。由于用人单位都要以各种方式参与走读中专的办学，或参与联办，或提供培养经费，或自行办学，这就促进了用人单位有计划地培养、合理地使用走读中专的毕业生，有效地提高了教育投资效益。

（三）办学形式和管理体制的多样性、灵活性

目前江苏的走读中专主要有以下几种办学形式：（1）市业务部门办学，如南京、无锡两市的纺织工业学校，其管理体制和老中专差不多。这种办学形式比较适用于人才需要量大且长期需要的专业。（2）教育部门和业务部门联合办学，这是当前走读中专的主要办学形式。学校大部分由普通中学或职业中学改办，由教育部门和联办单位共同管理，一般以教育部门为主。（3）教育部门办学。目前这类学校还不多，只有南京、常州等市办，主要开设社会各方面都急需但人才需求量不很大的专业，如文书档案、图书馆、科技情报及财经类的某些专业。对于这类学校的毕业生，用人单位录用时必须向教育部门缴纳培养经费。

走读中专办学的多样性、灵活性不仅表现在办学和管理的多形式上，还表现在办学基地的建设上。有的按专业类别办成独立设置的学校，如苏州市现已举办纺织、财经、电子、机械等五类走读中专；有的则采取集中管理、分散教学，南京、常州、无锡、扬州等城市分别创办了一所规模较大、设有多类专业的综合性走读中专，根据专业类别设置教学点，招生、学生学籍、教学行政由校部统一管理。如常州市走读中专在市内设八个教学点，分别设置财经、旅游和外贸、电子、政法、建筑、机械等专业，每个教学点设置相近的若干专业。

走读中专实行多种办学形式和管理体制，是一项重大改革，改变了长期以来中专教育由国家办学，只有中央和省部分业务部门具有积极性，服务范围狭窄、办学形式单一、发展缓慢、供需矛盾突出的状况，极大地调动了地方政府、教育和业务部门、企事业单位、学校的办学积极性。

二、当前办好走读中专要解决的几个问题

（一）加强地方中专教育的统筹规划

这需要由政府及有关综合部门牵头，各有关部门参加，立足地方经济和社会发展的全局统筹规划，包括在城市设几个点、怎么布局、怎样使每个点办得各有特色并长期稳定地发展，既要考虑到人才培养的需要，又要考虑到中等教育的布局和办学条件的可

能,同时,要发挥中心城市的作用,根据中心城市的辐射面发挥城市人才密集的优势,促进农村的智力开发,从发展城乡中专教育出发,扩大走读中专的服务范围。江苏已实行市管县体制,省辖市有责任对城乡中等专业人才的培养进行统筹考虑,对城市走读中专和县办中专的发展进行综合研究、通盘规划。城市走读中专要逐步创造条件为农村培养中专生。如苏州市纺织工业学校已向苏州市属五县一市纺织行业集资,兴建了2 000平方米的学生公寓,接受委托,为县办企业和乡镇企业培养人才。

（二）加强办学基地建设,努力提高教育质量

一种新型的学校,能否得到社会承认,关键在于毕业生的质量如何。学校必须采取切实措施,保证教育质量。走读中专和普通中专在办学形式上有所不同,但培养中等技术和管理人才这一培养目标是一致的,不能用普通中学或一般职业中学的要求来办走读中专。为了保证教育质量,学校必须具备基本的办学条件,如师资、图书资料、实验室等。当然创造这些办学条件也可以采取多种渠道和多种方式。目前有的城市的综合性走读中专办学点过于分散,专业很不稳定。从发展需要看,要建立相对集中、相对稳定的办学基地,以加强教学行政管理和提高教学质量。现有走读中专的专业课师资队伍,许多还是专兼结合,以兼职为主。随着办学基地和专业设置的逐步稳定,必须建立一支以专职为主的专业课师资队伍。

中专的专业技术教育与社会主义现代化建设的关系更为密切,更充分体现受经济发展制约并为发展经济服务的特点。由普通中学改办走读中专必须实现三个"转":一是学校领导要把很大精力转到了解、研究经济和社会发展的现状与趋势上来,以使学校工作适应经济和社会发展的需要;二是要改革学校管理制度、教育和教学方法,使之适应中专学生的特点和培养要求;三是学校领导和教师要重新学习专业知识,探索中专教育规律,实现知识结构的转移。即使是继续担任普通基础课教学的教师,也要认识本门课程在本专业教学中的地位并为专业课教学服务。从江苏办得较好的走读中专看,一条重要的经验是这些学校的同志虚心向老中专学校学习,向经济部门和企业的同志学习,结合走读中专的实际情况,发扬开拓精神,走自己的路,努力办成有特色的中专学校。

为了发展和办好走读中专,提高教育质量,提倡老中专学校与地方联合举办走读中专,由地方负责提供办学基地（普通中学或职业中学）,中学负责普通基础课教学,由联办的老中专学校负责教学管理和专业课教学;提倡老中专学校与地方走读中专建立挂钩联系,提供可能的支持。

（三）要确立走读中专在中专教育事业中应有的地位,使之真正成为地方职业技术教育体系的重要组成部分

走读中专虽然属于地方事业,但它也属于专业技术教育,其专业性应体现在与对口的各级业务部门的密切联系上。现在从中央到省的一些业务部门,还没有把走读中专看作中专教育的一个组成部分,还没有把发展走读中专纳入本系统事业发展规划统筹考

虑，在专业教学方面缺乏应有的指导和研究，这给走读中专的发展和工作带来了困难。这些学校在制订教学计划、教学大纲及教材选择上，往往存在盲目性，全靠自己摸索。这种状况应当被逐步改变。省业务部门要把走读中专的发展纳入本系统的事业发展规划，并协助地方制定事业发展规划，使走读中专和现有普通中专互为补充，成为一个有机的整体，共同发展。省业务部门还要密切其与地方各类职业技术教育的联系，包括逐步采取走读中专的优秀毕业生可以经推荐报考高等职业技术院校等措施，进一步调动学生的学习积极性。

（原载《职教通讯》1986年第1期）

开展中等专业教育评估很有必要

王兆明

《中共中央关于教育体制改革的决定》要求"组织教育界、知识界和用人部门定期对高等学校的办学水平进行评估"。根据这个要求，我国高等教育评估的研究、试点工作正在积极进行。我国的中等专业教育作为培养专业人才的重要教育层次，有明确的培养目标、较好的办学基础，不少中专校办学历史较长，积累了比较丰富的办学经验。从中专教育的实际情况出发，有必要也有条件进行评估工作。开展中专教育评估，科学地评价中专学校的办学水平，对于促进学校搞好管理改革和教育教学改革，提高科学管理水平和教育质量；对于促进主管部门合理制定中专教育发展规划，重视和搞好现有学校建设；对于为地方政府和各级教育计划等部门加强对中专教育的宏观指导提供科学依据；对于各方面共同努力，使中专教育更好地为社会主义现代化建设服务，多出人才，出好人才，都具有很重要的意义。

从当前中专教育的实际情况出发，开展教育评估是使中专教育持续、稳定、健康发展的迫切需要。

我国经济和社会的全面发展对中专教育的培养规模和质量提出了新的更高的要求。各级地方政府、业务部门和用人单位对尽快改变专业人才结构严重不合理、中等专业人才严重缺乏的现状，加快发展中专教育日益重视，办学积极性逐步提高，特别是中共中央关于教育体制改革的决定颁发以后，进一步改革中等教育结构，大力发展中等职业技术教育，充分发挥中专学校的骨干作用，已经作为一项战略任务，被列入各级党委和政府、教育和业务部门的重要议事日程。中专教育的发展面临前所未有的好形势。但是，在新形势下如何办好中专教育，如何统筹规划、合理布局，在改革中求发展，不断提高教育投资效益和办学效益，以及如何在发展数量的同时保证中专教育的基本质量，则是一个值得深入研究探讨的重要问题。由于中专教育主要是由各级业务部门分散办学，缺乏统一有效的宏观指导，前一段时间，已经有少数地方和部门在缺乏调查研究、认真的人才需求预测和必要的科学论证的情况下忽视办学的最基本条件，盲目地发展新校、增设专业，致使学校"小而全"，专业多变。不少学校不具备基本的办学条件，一些学校的专业设置和教学内容与经济和社会发展的需要脱节，办学的经济效益和社会效益不高。由于对如何评价学校的教学质量和办学水平缺乏一套科学的标准、办法和制度，人们往往只能从表面或凭印象评价学校，或者只能做出不够全面的定性分析，难以进行准确的比较。结果是学校办得好与不好、教师教得好与不好、校长当得好与不好一个样，不利于调动各方面的积极性。不奖优罚劣，没有比较、区别，就使办好学校缺乏内部活力和社会舆论压力。我们应在加强对中专教育的统筹规划、宏观指导，健全必要的规章制度的同时，建立我国中专教育的评估制度，通过组织教育和业务部门、用人单位及有关学校定期对中专学校的办学水平进行评估，对确实办得比较好、办学的经济效益社会效益较高的学校给予重点的支持和必要的奖励，充分发挥它们的作用，对其中急需进一步发展的学校在物质条件等方面提供保证，对一些确认办学条件差、管理不善、教育质量偏低的学校采取必要措施（包括对极少数办学条件太差、教育质量难以保证的学校进行调整，甚至令其停办）。这样有了明确的办学努力方向，就能有力地促进学校改进工作，提高其工作水平和办学效益，督促主管部门积极创造条件，办好所属学校。

开展中专教育评估也是学校内部加强科学管理、搞好管理改革和教育教学改革、增强学校自觉适应经济和社会发展的活力和积极性，提高教育质量，培养合格人才的客观需要。众所周知，我国的中专教育在"文革"中受到摧残，现有学校绝大多数是1978年以来陆续恢复和新办的，不少新校缺乏管理经验，管理制度不够健全，对中专教育的规律、特点缺乏深入的研究。对于学校的管理改革和教育教学改革，有关主管部门和教育部门也缺乏有效且具体的指导。不少学校对搞好专业建设，使专业和课程的设置及教学的内容与经济建设发展的需要相适应；有计划地建设一支结构合理、数量恰当、素质较好的师资队伍；在实行职工岗位责任制、教师教学工作量制度的同时对提高工作质量、教学质量提出一个明确的要求；培养具有一定的文化科学知识和专业理论，以及较强的实践技能的中等专业人才等，缺乏科学认识。此外，有一些办学历史较长的中专学校在实践中积累了比较丰富的办学经验，许多学校在近几年积极进行教育改革试验，也积累了不少在新时期办好中专教育的新鲜经验。可以在认真总结经验的基础上，对其进行提炼加工，使之更加科学化、规范化，从而作为建立各项评估的指标体系、确定评估标准的依据，用于指导学校工作，恢复过去行之有效的管理制度和办法，并运用系统工程等现代管理理论和方法改善学校管理。因此，通过开展中专教育评估，就可以促进学校总结经验教训，不断提高教育质量，促进中专教育的改革和提高。

近年来，一些中专学校在讨论管理改革的实践中，进行了一些教育评估试验，已经取得初步成效。如南京第二卫生学校对教师课堂教学效果进行评价，并进行量化处理，及时发现教师课堂教学中的问题，促进了课堂教学的改革和质量的提高。常州卫生学校自1986年以来，在试行校长负责制，全面进行管理改革试验的同时，开展教学质量评估，用科学的定量法评估教学质量，用正态分布检验法评价考试（考查）质量，提高了工作效率、教学质量和办学效益，办活了学校，受到了各方面的好评。苏州市教育局组织教育、业务部门和地方各中专学校的同志对苏州卫生学校进行了全面视导，对改进学校工作提出了不少好的意见，达到了促进该校工作、交流各校经验的目的。

中专教育评估应该是分层次的，既包括对整个学校办学水平的全面评估，也包括对专业，对师资队伍、管理水平、教学质量，以及对各门课程、各个教学环节的评估。本着先易后难、循序渐进的原则，应该先单项评估后综合评估，先校内评估后社会评估，由局部评估逐步向高层次评估发展。

开展中专教育评估，关键是确定科学合理的评估指标体系和标准：既要从社会主义建设对中专教育的客观需要出发，又要考虑当前中专教育的实际情况；既要反映党和政府对中专学校已有的要求和政策规定，又要研究当前的新情况、新问题，及时反映教育改革的成功经验；既要促进业务主管部门进一步重视中专学校的建设，积极为学校创造办学条件，又要促进学校发挥主观能动性，充分利用学校现有的人力、物力，办好学校，多出人才，出好人才，使办学条件不同的各个学校都能不断提高工作水平，为"四化"建设多做贡献；既要进行目标评估，也要开展过程评估，真正使评估工作起到调动各方面的积极性办好中专教育的作用。

开展中专教育评估是一项全新的工作，无论是建立各种评估的指标体系、评估标准，确定评估的步骤和方法，还是实际的评估过程，都是非常复杂细致的工作，也牵涉到教育和业务部门、用人单位，以及学校的广大教职工，我们必须持积极慎重的态度，当前尤其要动员各方面力量，深入开展教育评估的研究工作，并通过试点逐步推开。

（原载《机械中专》1986 年第 4 期）

江苏省政府批转发展职教的报告

王兆明

最近,江苏省人民政府批转了省计经委、教育厅、财政厅、人事局、劳动局《关于发展我省中等职业技术教育的报告》(以下简称《报告》),要求各级人民政府和省各有关部门结合实际情况认真抓好职业技术教育工作。

江苏省五个部门的联合报告规划指出,计划到1990年,全省中等专业学校招生人数由现在的28 000人增加到5万—6万人;技工学校招生数由现在的12 000人增加到3万人;职业高中招生数由现在的6万人增加到11万人。今后,中专、技工学校都要以招收初中毕业生为主,原来招收高中毕业生的,要在两三年内逐步调整过来。《报告》还就发展中等职业技术教育的几个主要问题提出了解决办法:

要调整职业技术教育的领导管理体制,依靠全社会力量,充分发挥各地区、各部门、各企事业单位、社会团体和个人的办学积极性,采取多种形式办学。中专校实行省、市、县三级办学,有关部门分工管理。加强教育、计划部门的统筹规划、综合管理职能,并明确省、市教育、计划部门和学校主管部门的管理职责。职业中学主要由市、县统筹规划和领导管理。在加强统筹规划和业务指导的同时,扩大中专、技工学校人事和经费等各方面的自主权,学校还有权对部分毕业生提出具体分配意见。

要按照中央精神,认真落实、妥善安排中等职业技术教育的办学经费,保证职业技术学校的事业经费和基建投资的增长高于财政经常性收入的增长,并使按在校学生人数平均的教育费用逐步增长。中专和技工学校事业费的拨付,将采取综合定额加专项拨款的办法,根据在校生数和每生每年经常费的定额标准拨给学校包干使用,同时安排专项拨款用于添置教学设备。还要通过发展联合办学、委托培养、办好校办工厂或农场、开展勤工俭学和技术咨询服务等途径筹措办学经费。

要加强师资队伍建设。要通过多种形式,多渠道培养专业课师资,有计划地安排师范院校和其他高等院校及条件较好的中专学校定向培养职业中学专业师资,近几年内每年挑选一批优秀中专毕业生到有关高校的对口专业再学习一至两年,将其分配到职业中学任教。省、市教育学院要把培训职业中学教师作为自己的重要任务;参加联合办学的单位派出的专业课教师、实习指导教师,享受原派出单位同等人员的福利待遇,联办单位要鼓励工程技术人员到职业中学任教。近几年内,要把补充中专校所需专业课教师,作为高校毕业生分配的重点给予照顾。稳定现有教师队伍,任何部门和单位不得到中专、技校抽调教师。

要改革招生、毕业生分配办法，改革与职业技术教育相关的劳动人事制度，严格遵循"先培训、后就业"的原则。今后凡是专业性、技术性较强的行业和工种招收新职工，都必须首先录用职业技术学校的毕业生或经过就业前培训并取得技术考核合格证书者。市、县新办的中专校原则上对学生试行酌收学费、不包分配的制度，原有中专校也要积极进行这项改革。技工学校某些工种专业可以扩大招生范围，在城市招生不足的，可以招收农村户口的初中毕业生，毕业后择优录用。要积极创造条件，试办高级技工班，对少量优秀的职业中学毕业生，也可由学校推荐到职业大学的对口专业深造。

省五个部门的《报告》还提出，所有学校都要积极进行学校管理改革和教育教学改革，努力提高教育教学质量，培养合格人才。

（原载《职教通讯》1986年第5期）

端正思想　办好中专教育

王兆明

随着《中共中央关于教育体制改革的决定》的贯彻落实，出现了改革教育体制，大力发展职业技术教育的新形势。为使中专教育更好地为社会主义建设服务，要把中专教育的发展推向一个新阶段。对于如何办好新时期的中专教育，笔者特提出以下几点建议，供从事中专教育的同志们参考。

一是全社会都要进一步克服鄙薄职业技术教育的陈腐观念，克服"重大学、轻中专"的偏向，纠正只有大学毕业生才是人才的错误观念，反对在办学和用人方面盲目追求高层次、高学历，重视社会主义建设各行各业第一线应用技术和管理人才的培养，尽快扭转高中级专门人才结构不合理、中级专门人才严重缺乏的状况。中专校本身也要改变在办学和教学上往大学靠，盲目要求升格，过分强调基础理论教学，对实践性教学有所削弱的状况，要采取措施稳定现有中专校，稳定教师队伍。同时必须克服在当前中专学生中普遍存在的自卑心理，纠正一些中专毕业生片面追求高学历，一到工作岗位就力争脱产学习，继续"拼学历""争大学文凭"的现状，采取必要的政策措施鼓励中专毕业生在自己的岗位上建功立业，首先努力做好本职工作，并鼓励中学生报考中专校和其他职业技术学校。

二是要改变就中专论中专，孤立地谈中专发展的状况，真正把中专教育作为职业技术教育体系的重要组成部分，作为整个社会主义教育事业的重要组成部分对待，充分发挥中专校在发展职业技术教育中的骨干作用，在不断密切中专教育与经济建设、社会发展的联系的同时，也不断密切中专教育与其他类型教育的联系。当前，一部分从事中专教育工作的同志提出，中专校和高等学校都属于专业教育范畴，在管理等方面历来都往高校靠，现在把中专校同职业中学、技工学校相提并论，是将中专校的地位降低了。因此，他们对中专校如何发挥骨干作用研究不够，对如何建立具有我国特色的职业技术体系，对职业技术教育研究活动不感兴趣。应该说，随着全党、全社会对发展教育、培养人才的日益重视，中专教育的地位比以前提高了，任务也更繁重、更艰巨了。我们应该从发展职业技术教育，促进社会主义现代化建设的大局出发，努力把中专教育办好，积极为发展中等职业技术教育发挥多方面的作用。当前首先要理顺中专校与职业高中、技工学校及高等职业技术院校的关系，明确分工，从大力发展高中阶段的职业技术教育的需要出发，调整好中专学制。与此同时，各级教育、计划等部门和社会各方面力量都应重视与关心中专校的建设。

三是必须改变只有业务部门才能办中专、管中专，只为本部门服务的传统观念，在办学形式和管理体制方面进行改革，克服条条分割、条块分割的弊端和业务部门办学的局限性，充分调动各方面办学的积极性，将原来的主要由中央和省一级业务部门办学改为由中央有关部门和省、市（地）、县分级办学，分工管理，并且让地方政府和各级教育、计划部门更多地参与办学的统筹规划和其他宏观控制，进一步提高办学效益。与此相适应的中专校的事业经费也要逐步将原来在业务部门事业费中的开支改列为教育事业费支出，由财政直接拨款。中专校的基建投资除由业务部门负责外，要增列中专基建补助费科目，由计划部门和教育部门统筹调剂使用。如浙江省计划与经济委员会在安排1985年省基建投资时，除按原渠道通过主管部门下达中专基建投资数外，同时切块安排一笔投资由省计经委和教育部门协商补助地方"短线"、急需发展的中专校，这对于统筹规划地方中专教育的发展很有必要。在采取措施保证国家指令性招生计划内学生培养经费的同时，必须在扩大学校自主权、增强学校自觉适应经济和社会发展能力的基础上，发展多种形式的联合办学、委托培养，使学校在为本部门、本地区服务的同时，挖掘潜力为外地区、外系统培养人才。江苏省计划、财政、劳动、人事、教育部门已经明确，省、市、县有关部门和企业可在现有学校投资，扩建校舍，增加专业，或联合建新校。联合办学新形成的培养规模，原则上按投资比例分配招生名额。

在进一步调动业务部门和企业的办学积极性，加强各级教育部门对本地区中专教育的统筹规划和综合管理的同时，也可逐步发展教育部门自办或与业务部门联办的中专校。教育部门应举办为全社会服务的通用专业。如上海市教育局举办的行政管理学校和经济管理学校，江苏省南通、无锡、扬州、苏州等市教育部门与有关业务部门联办的中专校，由于调动了多方面的办学积极性，发展较快，都受到社会欢迎。

四是要破除中专只由国家办学、为全民所有制单位服务的传统观念，进一步拓宽中专校服务范围，在为全民所有制单位培养人才的同时，积极为各种集体所有制单位和个体经济培养人才。在现阶段，尤其要拓宽人才通向乡村、乡镇企业和其他集体单位的路子，大规模地为各种集体所有制单位培养急需的人才。在方法上可以改革现行招生和毕业生分配制度，毕业生可到全民单位，也可到集体单位工作，并采取措施鼓励毕业生到急需中等专业人才的集体单位去工作，同时积极支持集体单位委托现有学校定向培养人才。要有计划地发展市（地）县筹资建设、学生缴费上学、不包分配、为地方培养人才的中专校。要通过多种渠道为农村专业户和乡镇个体户提供接受中专教育的机会。现有学校可通过招收不包分配的自费生，为个体经济培养人才。浙江省的农牧学校已经试招了一批自费生，江苏省部分中专校从1986年起也将进行试点。

五是以前的中专教育对象主要限于初中、高中毕业生，近几年来，国家要求干部知识化、专业化，发展对干部的正规化培训，同时要求提高广大职工和农民的业务素质，各种形式的成人中专教育迅速发展，已成为中专教育和成人教育的重要组成部分。随着多种教学形式被应用于中专教育，以及终身教育日益受到重视，进一步扩大受教育面已有可能。

六是中专教育的教学形式由传统、单一的形式向多样化发展。一方面，将长期以来高等教育行之有效的各种教学形式，如函授教育、业余教育、广播电视教育、自学和社会助学等应用于中专教育；另一方面，随着现代化教学手段的推广使用，长期以来中专教育发展缓慢的状况出现转机。运用多种教学手段发展高等教育，在我国已有较长时间的实践经验，也有一系列切实可行的规章制度。但中专教育在这方面基本上长期处于空白状态。江苏省于1982年开始试办中专函授教育，在学人数目前已达万人。同时全国其他一些地方、部门试办广播中专、电视中专，举办中专自学考试，也都积累了一些经验。可以预见，"七五"期间各种形式的中专教育都将有一个较大的发展，现有中专校的培养能力和整个中专教育的规模将会大大增长。

七是要改变中专教育主要为第一产业、第二产业服务，比较重技术人才培养轻管理人才培养的传统思想，使中专更好地为发展三个产业服务，为经济和社会的全面发展服务，调整、改革学校科类和专业设置。由于我国长期不重视发展第三产业，重生产轻管理，中专教育为第三产业服务的人才培养能力弱，专业缺门多。我国的中专教育制度自建立以来，在较长时间内，只注意培养技术人才，除中等师范学校外，其余中专校也统称中等技术学校（中技校），科类设置也只有工、农、医、财经等。近几年来，为适应经济和社会发展的需要，提高现代化管理水平，向管理要质量、要效益，管理作为一门科学日益受到应有的重视，随着党中央明确提出要在加强社会主义物质文明建设的同时，大力加强精神文明建设，中专教育事实上已经在加强学生管理知识教学的同时，增设了政法、管理等新的科类和一大批新的专业。如江苏省近几年已创办政法类学校6所，管理类学校5所，并在许多学校设置了经济管理类专业。财经、艺术、体育类学校也有了较大发展。中专学校的专业调整，应进一步注意应用文科、第三产业等社会需要的专业，发展适应新技术革命和技术改造需要的专业，满足城乡经济体制改革需要，发展"技、贸、营"三结合的专业，逐步使中专教育渗透到经济和社会发展的各个领域、各行各业。

八是努力培养有理想、有道德、有文化、有纪律，热爱社会主义事业，具有献身精神和创造精神的中等技术与管理人才。新时期要求中专生能够德、智、体、美全面发展，既要有专业知识又要有管理知识，不仅懂技术，而且会管理，不仅要有一定的文化科学知识、专业理论，而且要有较强的实践技能和分析问题、解决问题、善于表达及不断获取新知识的能力。因此，对中专学生的知识结构、能力结构和专业技能都要做必要的调整，改革和更新教学内容。

九是有条件的中专校要改单层次办学为多层次办学，并发挥其专业技术教育、技术研究和推广、结合教学进行生产和经营等多种功能，充分发挥技术优势，为社会多做贡献。我国经济和技术发展的多层次，要求多层次培养第一线应用型技术或管理人才。建立具有我国特色的职业技术教育体系，需要在大力发展中等职业技术教育的同时，积极发展初级职业技术教育，有计划地发展高级职业技术教育。教育的周期比较长，既要考虑到当前需要，也要适当考虑今后现代化建设的需要。因此，在发展高、初级职业技术学校的同时，少数办学条件较好的中专校，也可培养较高水平的技术员和其他应用型人才，适当加强基础理论研究，增设反映技术革命新成果的课程，加强实践性教学；可以采取五年制专科和四年制中专并存的方式办学，在读完若干课程的中专生中择优选拔专科学生。国家教委已经批准在3所学校试点，这对于稳定和办好中专、调动师生积极性、培养社会主义建设急需的各类人才是一项有益的尝试。此外，为适应农村产业结构调整、农民劳动致富和乡镇企业发展需要，中专校举办短期实用的技术培训，向农民推广新技术，为乡镇企业开发新产品、进行技术改造提供技术服务等，也势在必行。江苏省的一些农牧学校和工科类学校在这方面进行了尝试，已经受到广大农民的普遍欢迎。

总之，按照《中共中央关于教育体制改革的决定》精神，转变教育思想，积极进行中专教育的各项改革，是社会主义建设的迫切需要。我们应该变"两张皮"为"一张皮"，使中专教育的发展与经济和社会发展更密切地结合，变封闭式办学为开放式办学，变办学不讲效率为努力提高办学的经济和社会效益，不断提高教育质量，多出人才，出好人才。

（原载《轻工中专教育》1986年第2期）

中专校要在发展职业技术教育中发挥骨干作用

王兆明

《中共中央关于教育体制改革的决定》明确指出，大力发展职业技术教育要以中等职业技术教育为重点，要发挥中等专业学校的骨干作用。这是新时期赋予中专学校的一项光荣而繁重的任务。

中等专业学校是我国整个职业技术教育体系的重要组成部分，是在相当高中文化程度的基础上进行专业技术教育，担负着培养现代化建设需要量很大的中等管理人员和各种技术人员的任务。中专毕业生的数量和质量，对我国职工、干部队伍的素质，对企业应用新技术的能力、经营管理的水平、劳动生产率的提高和产品质量都影响极大。江苏省的中专教育事业，在党的十一届三中全会以来恢复较快，有了较大发展，已经建成了门类比较齐全、行业基本配套的中专教育基地，建成了一批有较强的师资队伍、较好的实验实习条件、培养规模较大的中等专业学校。全省现有各类中专学校121所，有教职工12 491人，其中专任教师6 000多人，教师中已被评定为讲师以上职称的有1 295人。因此，中专学校现在完全有必要也有可能在发展职业技术教育的过程中发挥骨干作用。

一是挖掘潜力，扩大招生。江苏省现有中专学校原定在校生总规模约8万人。但大部分学校因前几年基建投资不足、校舍不配套和部门办学的局限性、学校服务范围狭窄等，尚未达到原定规模。这些学校只要适当增加投资，使校舍配套，并充实师资，即可扩大培养规模。这就需要在省、市逐年增加中专教育投资的同时，拓宽学校服务范围，充分调动各方面的办学积极性，集聚多种社会力量，通过多种渠道筹集办学经费，加快学校建设，扩大培养规模。

二是以原有中专校和普通（职业）中学为依托，积极发展各种地方中专。多年来，江苏省中专教育主要是由省、市业务部门办学，以省办为主。从江苏省实际情况出发，省属中专一般不应再新铺摊子，省里要集中力量办好现有面向全省的中专学校。今后中专校数量的发展，主要是各市根据需要统筹规划，新（改）建一批为地方服务的中专校。

自1980年以来，江苏省先后在南京、苏州、常州、无锡等城市举办了10所"收费、走读、不包分配"的中专校，同时在太仓、泰兴、无锡、宜兴等7县举办了为县办企业、乡镇企业培养人才的中专校。这些新型的地方中专，均由城市和有条件的县集资建设、领导管理，设置了本地需要量较大、具有地方特点的专业，一般由教育部门和业务部门联合举办，部分结合中等教育结构改革，由普通中学、职业中学改办，学生就近入学、就地培养、毕业生当地使用。这种新型的地方中专具有多方面的优越性，今后要继续发展。

三是办学条件较好的中专校要成为职业技术学校专业课师资的重要培训基地。专业课师资严重不足是当前发展职业技术教育的突出问题。有条件的中专校也要在培养职业技术教育师资方面发挥作用。要选择少数师资、设备等办学条件较好的老中专校，将其改办成职业技术师范院校，或实行两个层次办学，附设职业技术教育师资专科班。这样做比新建职业技术师范院校投资少、见效快，便于解决人才急需问题，也能保证人才培养质量。同时，可以委托中专校举办职业技术教育师资短训班。还要在中专校毕业班学生中挑选少数愿意且适合当教师的优秀学生，将其集中到师范院校继续培养，待其毕业后分配到职业技术学校任教。这一办法 1985 年已经开始实行。

四是中专校要成为中等职业技术教育重要的教学研究基地。为确保职业技术教育遵循教育规律，适应江苏省经济和社会发展的需要，健康发展，必须大力加强职业技术教育的研究工作。除了对职业技术教育的地位作用、体系形成、发展规划、管理体制、专业设置及培养目标等方面开展深入研究外，还要继续开展中等职业技术学校各专业、学科（课程）的教学研究活动，抓紧制订和编写各种教学计划、大纲和教材。在这些方面，中专校可以发挥积极作用。

五是充分发挥中专校实验实习条件的作用。目前，有的中专校的实验室、图书馆、实习车间等利用率还不高，今后应逐步对外开放，特别是向职业中学开放。

（原载《新华日报》1985 年 8 月 2 日第 4 版）

县办中专初探

江苏省教育厅职业技术教育处

大力发展中等职业技术教育，开展多种层次、多种形式的办学，多出人才、出好人才，以适应社会主义现代化建设的需要，是我国教育体制改革的重要组成部分。在有条件的县举办中专校，则是适应农村经济发展的需要、调动各方面办学的积极性、改革和发展中专教育的有益尝试，可以为乡镇培养大批急需的各种中等技术和管理人才。

一、县办中专是农村经济发展的需要

党的十一届三中全会以来，由于党在农村的各项经济政策的落实，农村经济得到了迅速发展，江苏省各县的区域经济突飞猛进。1983年，县区的工农业总产值占了全省工农业总产值的半数以上。全省工农业总产值超过10亿元的县有15个。地方财政收入和机动财力的增加，既把加速培养各种专门人才摆到重要的议事日程上，也使各县根据当地实际举办和发展教育等项事业成为可能。

江苏省乡镇企业的发展现在已进入了一个新阶段，农村的产业结构已由以粮棉等种植业为主的单一结构向农、林、牧、副、渔，工业，商业，运输，建筑，服务行业综合经营转化。1984年，全省共有乡、镇、村办企业1 300多个，工业产值达200多亿元，农村工业产值超过了农、林、牧、副、渔的产值。随着传统农业向现代化农业的转化，农村迫切需要各种专门人才，而现在江苏省乡镇企业中各种专门人才仅占职工总数的万分之八。广大农民迫切需要科学知识，要求尽快掌握新技术。

农村（特别是乡镇企业）所需要的大批人才从哪里来？这是摆在我们面前的一个十分迫切的问题。多年来，这条渠道一直不太畅通。现有农业院校、农业中专以至其他高等学校、中等专业学校，为适应农村经济发展的需要，努力争取为农村培养更多的专门人才，在招生分配、专业设置、教学上进行了一系列的改革。但靠现有学校的培养，仍然无法满足农村对各种专门人才的需要。

太仓县委、县政府和有关部门十分重视人才的培养，把多渠道、多层次培养技术和管理人才真正摆上了县区经济和社会发展的战略地位。太仓县规划1990年前集资2 200万元培养大学生和中专生8 000人，其中培养中专生4 500人，集资1 300万元。另通过在职培养等渠道增加中等专业人才1 500人。太仓县规划共增加中等专业人才6 000人（其中乡镇企业2 200人），使乡镇企业中中等专业人才占职工总数的2%以上。集资培养的途径主要是委托现有省内外各种形式的高等学校和中专校培养。1984年，全县送

往各类学校学习的就有 600 多人。县里还专门对送往高校、中专校培养的学生生活补助费和奖学金制度等做了统一规定。同时，县委、县政府反复研究，决定对需要量较大、省内普通中专缺门短线的专业人才，自办中专教育基地，自行培养。

二、县办中专要实行多种渠道办学，调动各方面的力量共同创造办学条件

根据太仓、泰兴两县的办学经验，我们认为县办中专应以新办为主，或借助其他教育机构的办学条件作为基础和依托：① 由现有师资力量较强的普通中专校举办分校，县里提供校舍、设备等办学条件，校方负责教学工作，待条件基本成熟和必要时再办独立的中专校。② 以原有县办职工学校为依托，扩大培养规模，改善办学条件，实行正规化培养和短期培训相结合。③ 在地方政府和教育部门统筹制定职业技术教育和整个教育事业发展规划的基础上，如果短期内完全新办中专确有困难，为早出、快出中专人才，也可结合中等教育改革，选择个别办学条件较好的职业中学改办中专校或在其中附设中专部。泰兴县建筑工程学校就是由原建筑职业中学改办的，有一定校舍、师资基础，适当增加投资，扩建校舍，充实专业课教师和教学设备，短期内即可形成一定培养规模。

江苏省现有的县办中专经费来源主要有：① 由县财政拨款。太仓县财政拨款 72 万元，建成校舍 4 400 平方米，占地近 10 亩，并准备进一步投资建实验楼，扩大学校占地面积，使教学和生活用房基本配套。② 由县有关业务部门拨款。如泰兴县建工局至今已投资 58.5 万元，建成了教学楼、办公楼，还购置了必要的教学仪器、设备。县政府明确规定建工局每年按各乡镇建筑企业上缴管理费的 10% 投资学校，每年约 15 万元。③ 来自县教育经费。泰兴县教育局按原职业中学的渠道，拨给正常的教育经费，并适当提高办公费和学生助学金的标准。④ 乡镇企业集资，实行定向招生培养学生，并按一定标准向用人单位收取培养经费。学校和乡镇企业、企业和学生签订合同，学生毕业后回送培单位工作。太仓县工业技术学校 1984 年招生 162 名，全部实行定向招生，学校根据各乡镇需要数确定招生名额；泰兴建筑工程学校也定向招生一个班。⑤ 学校根据乡镇企业的需要，举办技术培训班，开展技术咨询服务，在当地有关部门和企业支持下，办好校办工厂等，以补充部分办学经费，改善办学条件。我们认为，各方集资、多种渠道筹措办学经费对于县办中专的发展是必要的，在国家财力有限的情况下，这对发展和办好现有普通中专校也是必要的。除了由县财政和有关业务部门提供县办中专的基建投资外，由用人单位负担培养经费也有利于"供需见面"，对有计划地培养和合理地使用人才有益。

扩充县办中专的师资也要从实际出发。在目前分配到县里的高校毕业生数量很有限的情况下，我们主要开拓了五条渠道：① 基础课教师由县教育局在县内普通中学师资中调配解决。泰兴县教育局除保证泰兴建筑工程学校文化课教师的需要外，还先后派出

9名教师到对口的高等学校进修，现已有4名接受培训后到建工学校任教。② 从有关业务部门调配专业课教师。泰兴县建工局已将县内适合任教的6名工程技术人员派到学校任专职教师。③ 由人事部门协助调配教师，从外地引进的教学人员，若对口则优先满足中专的需要。太仓县人事局公开招聘调进教师8名，其中有的是家住本县的普通中专校讲师，有较好的业务和教学水平。④ 从现有高校毕业生中分配补充。目前这一渠道还不畅通。从发展看，这应当是补充县办中专教师的主要来源。⑤ 从有关学校、企事业单位聘请兼职教师。现在太仓和泰兴的两所县办中专分别有专任教师14名和26名，其中大专学历以上的分别有11名和19名。

三、县办中专的领导管理体制、专业设置应体现改革精神和地方办学的特色

泰兴和太仓县政府坚持"新事新办"，对传统的中专教育领导管理体制进行了大胆改革。两地的县办中专均在县政府领导下，成立了由主管教育的县长，教育、计划、财政、人事等部门，学校及有关业务部门负责人组成的校办委员会，对学校的发展规划、专业设置、经费筹集、招生录用等重大问题进行协商决策，指定由教育局主持学校的日常工作，并明确了县各有关部门对县办中专承担的职责。实行这种管理体制，对于改革现行中专教育管理体制、克服其某些弊端是有益的尝试。将业务部门办学改为地方政府、教育和业务部门、企业等多种社会力量协同办学；并且原省、市业务部门两级办学发展为省、市、县三级办学。这有利于调动各方面力量的办学积极性，发挥各自优势，通力协作办好学校；有利于把中专校办成比较开放的教育机构，根据地方经济建设的需要设置专业，打破部门的界限，更好地为社会服务；有利于及时解决学校发展过程中碰到的困难和问题。这里值得一提的是太仓、泰兴两县的教育部门在筹建中专过程中，打破了只管普通教育的传统观念，自觉适应农村经济发展需要，在地方政府统一领导下尽职尽力为培养专门人才服务。

县办中专的专业设置要充分体现县办中专直接为乡镇企业服务的特点。如太仓县的食品工业有特色，发展较快，已有83个食品厂，项目和品种有18个大类160多个品种，"名、特、优"产品有11个。从发展趋势看，在发展种植业、养殖业及家庭和集体副业的基础上大力发展食品工业是太仓县乡镇工业发展的重点。因此，设置食品加工专业有利于培养急需的专门人才。再如泰兴县素有"建筑之乡"之称，建筑业是该县经济结构的四大支柱之一。优先培养建筑专业人才也较切合地方实际。专业设置还要考虑"稳定性"，事先必须进行周密的调查研究，预测本县对某类专业人才的需求量，避免"盲目上马"，同时还要了解省内普通中专此类专业的培养规模，探讨委托培养的可能性。凡是有可能委托培养的，就不必另设专业。泰兴、太仓两县设置的专业都是江苏省普通中专的短线专业，两县需要人才培养量大且有长远需要的专业。两县还考虑近期主要为本县服务，若干年后可同其他县协作培养人才。这就要求在更大的地区范围内统筹

规划，开展县与县之间的联合和协作，各有分工，以利于学校稳定发展。专业设置还要有"实用性"。从乡镇企业"船小掉头快"、规模小、技术人员少的实际情况出发，县办中专的专业面要宽，适用性要强，其毕业生在从设备到工艺、从技术到经营管理方面都要懂一些。

县办中专，切合实际，乡镇企业欢迎，学生和家长欢迎，社会各方面也密切关注。我们相信，这一办学形式在社会各方面的共同努力、支持下，将逐步发展，越办越好。

（原载《高教战线》1985 年第 6 期）

我省"七五"期间年招生数将增到九万人
——适应经济和社会发展需要　大力发展职业技术教育

王兆明　国光

为适应江苏省经济和社会发展的需要,"七五"期间,中专和技工教育必须有一个大的发展,两类学校年招生数要力争分别达到6万和3万人。这是笔者从最近召开的全省中等专业学校和技工学校工作会议上获悉的。

会议认为,为了达到上述奋斗目标,要进一步提高对职业技术教育在现代化建设中的重要地位的认识,动员社会各方面力量支持和发展职业技术教育。要从江苏省中专和技工教育的实际情况出发,大胆、积极、认真地进行各项改革,以改革求发展,并采取下述几项主要措施:

要改革领导管理体制,充分调动各级业务部门和企业的办学积极性,在加强统筹规划和领导管理的同时,给学校更多的自主权。要实行省、市、县三级办学。

要集中力量办好现有学校,挖掘潜力,扩大招生,尽快达到批准规模,并根据需要和可能,新办一些缺门短线的专业和学校。各地可统筹规划,自筹资金,举办一些自费走读、不包分配的市、县类学校。

为鼓励学校多招生,要支持学校改善办学条件,改革经费拨款办法。学校也要通过发展委托代培、积极为社会提供技术服务、勤工俭学等途径,积累办学资金。

要改革招生和毕业生分配办法,从1986年开始,中专和技工学校要以招收初中毕业生为主。要鼓励毕业生到农村、到乡镇企业、到苏北地区、到最急需人才的地方和单位工作。

要采取切实措施,稳定和提高现有教师队伍水平。任何部门和单位都不得到学校抽调和招聘教师。要多渠道培养和补充合格新师资,如委托高等学校举办师资班,保送少量优秀毕业生进高校对口专业学习,学成后回选送学校任教,等等。

(原载《新华日报》1985年12月22日第1版)

拓宽中等专业学校服务范围的初步尝试

王兆明

多年来,中专教育发展缓慢,招生太少,与我国现代化建设的需要很不相适应,除了对中专教育重视不够、投资偏少等外,一个重要的原因是学校服务范围狭窄,办学形式单一,影响了事业的发展,也导致教育投资效益不高。1980年以来,江苏省有关部门和学校贯彻中央关于调整、改革的精神,克服部门办学的局限性,拓宽学校服务范围,发挥现有学校潜力,打开人才通向急需部门、地区、单位的路子,特别是在为农村、乡镇企业和其他集体所有制企业培养人才方面进行了一系列有益的尝试,取得了可喜的进展。

江苏省有关部门和学校在拓宽服务范围等方面所采取的一系列改革措施,是在总结中专发展的历史经验,分析现行领导体制的某些弊端,适应新时期新形势的要求,在实践中提出来的。长期以来,中专校主要由国家投资,部门主管,学生由国家统包统分,基本上面向本系统,且主要面向本系统的全民所有制单位,造成了条条分割、块块分割、条块分割等一系列问题。

第一,由于系统和所有制的界限,出现了某些专业的毕业生"分不掉"和"要不到"的极不正常的现象。有的全民所有制单位人才积压,"不想要";个别单位甚至吃着人才培养和调配的"大锅饭",只要大学生,不要中专生,让大学生做中专生的工作,浪费教育投资,浪费人才;县、乡政府没有或缺少国家科技人员编制,"不好要"。中专校仅仅面向本系统的全民所有制单位,办学的路子越走越窄。前几年,有的学校甚至因毕业生出路"有问题"而不得不缩减招生数,个别学校甚至濒临停办的境地。同时,广大农村、乡镇企业和其他集体企业人才缺乏却"分不到"。近几年,农村正由单一抓粮棉生产向农、林、牧、副、渔和农工商综合经营转变,由自给半自给经济向商品生产转变,特别是乡镇企业迅速发展,对各类中等专业人才的需要量越来越大。江苏乡镇企业1983年的产值已相当于全省工业总产值的28%,实现利润占农业收入的9.8%,缴纳税金占全省财政收入的15.7%,在江苏经济建设事业的发展上起着举足轻重的作用。但因为分配渠道不通,乡镇企业的科技人才无正常来源。两年前,江苏中专没有一所学校、一个专业是为乡镇企业服务(培养人才)的。因此,乡镇企业中各种专门人才仅占职工总数的万分之八,平均十七八个企业才有一个专门人才,这已成为办好和发展乡镇企业的主要困难。

第二,因国家投资有限,办学经费拮据,不少省属学校建设周期太长,校舍长期不能配套，多年形不成规模，条件很差，而许多地方和单位因无合法渠道，有经费也培养不了中专生。为进行现代化建设，各行各业都急需大批中等专业人才。靠一种办学形式，只有一条经费渠道，只有中央和省、市一部分业务部门具有办学积极性，是难以适应经济建设各方面的需要的。在逐年增加国家对中等教育投资的同时，必须调动各方面的积极性，引导多种社会力量，从多种渠道筹集办学经费，采取多种形式加速发展中专教育事业。

第三，部门办学的局限性，使学校"小而全"，专业设置重复，造成不稳定、不经济、不易提高教育质量的状况。任何一个部门（系统）对中等专业人才的需要都是多方面的，仅靠一个部门的力量是不能办全办好所需各类专业的。随着整个经济体制的改革，各系统对人才的交叉需要将更突出，而机械、财会、建筑、企业管理、卫生、电子等又都是不少系统大量需要的通用专业。因此，统筹规划，联合办学，协作办学，也就势在必行。

实践使我们越来越深刻地认识到，中专教育狭窄的服务范围，与社会相脱离的封闭式体制、单一的办学形式已越来越不适应经济建设和社会发展的需要。中专教育面临新形势新任务，不改革就没有出路、没有发展，就不能开创新局面。中等专业学校是我国教育事业的重要组成部分，社会各方面都应支持中专教育；主管部门和学校也应有全局观念，努力为社会多培养人才。近几年江苏中专校改革的尝试主要有以下几个方面：

一是打破部门、系统、地区的界限，接受委托，挖掘潜力，为外地外系统培养中专生。如江苏省农林厅所属苏州农业学校利用原有基础为江苏省城建系统培养园艺专业人才，从1983年起每年招生40名；财政系统4所财经学校自1980年起，为全省工业系统培养财会专业人才，毕业生和在校生已有2 000人。这样既发挥了财校办财会专业的优势，又避免了各工科学校办财会专业的困难。江苏省卫生系统自1983年起，为各有关部属企业、省内其他系统定向培养中级卫生技术人才400人。此外，在江苏的部属学校接受省有关部门和单位的委托培养任务，省属学校为在江苏的全国重点企业培养人才，规模也逐年扩大，专业不断增加。

自1982年开始，为互通有无，解决急需，挖掘潜力，多出人才，江苏还与上海、浙江协作培养中专生。自1983年开始，省际协作扩大到华东六省一市，培养规模也逐年扩大，江苏送出和接受培养的中专生已有694名。学校接受委托培养任务，均采取合同制形式，由委托单位负担培养经费，列入计划，统一招生。

二是打开人才通向农村的路子，现有中专校为乡村、乡镇企业培养中专生。江苏农牧学校1983年开始实行国家计划内的定向招生办法，除将招生指标定向到市、县外，还定向招收农民技术员、农业中学毕业生、农业广播学校学员等，这无疑对农校毕业生到农业第一线下得去、留得住具有重要作用。但仅靠国家培养、国家编制是难以满足农村对各种中等专业人才的需要的。1982年，经江苏省有关部门研究批准，苏州农业学校首先接受了苏州市郊4个公社及华西大队共9名学生的代培任务，由社队按一定比例择优选送，经考试选优录取，学生入学后户口不转，毕业后发给其代培毕业证书，承认其学历，并令其回送培单位工作。经过一年的实践，各方面反映较好。在总结经验的基础上，1983年江苏省农林系统在稳定统招统配部分的同时，扩大了为社队代培的规模，全省有2所农牧学校为社队代培农学、畜牧兽医、农业经济、林业、茶叶、花卉等6个专业的72名中专生。1984年，代培规模进一步扩大。学校针对送培地区和学生的实际情况，制订教学计划，组织教学，对送培的乡村酌收部分培养经费。1984年还试行定向为集体所有制的乡畜牧兽医站培养中专生，实行站来站去，全省招生240名，以解决乡畜牧兽医站没有国家职工编制、现有人员急需培养的问题。

在江苏省有关部门的共同倡导、支持下，常州轻工业学校、常州化工学校为江苏部分市、县乡镇企业培养中专生，1983年招生122名，以后两校将保持322人的培养规模。乡镇企业及其管理部门除承担培养经费外，还集资70万元，帮助学校改善办学条件。江苏省无锡机械制造学校1983年开始为无锡市郊区乡镇企业代培中专生，两年招生75名。为乡镇企业培养中专生，主要招收乡镇企业在职职工，他们经企业推荐，参加省统一考试，被择优录取；同时，在高考落榜生中择优录取了一部分。除了送培的部门和企业与学校签订合同外，送培单位和学生也签订了合同，明确学生学习期间和毕业后的待遇，以及各方承担的责任等。学生毕业后，一律回送培单位工作。

三是发挥中专校的技术优势，为农村"两户"、中小企业特别是乡镇企业提供技术咨询服务，为经济建设多做贡献。

泰州畜牧兽医学校多年来坚持技术教育、研究、推广三结合，努力为发展农村商品生产服务。他们除招收普通中专生并不断提高教育质量外，已举办各种技术短训班83期，参加学习的有6 000多人。1983年还举办了养鸡专业户技术培训班，参加学习的有117人。1984年又举办了半年制的技术函授班，全国26个省、直辖市的1 700人参加学习。该校还取得多项技术研究成果，采取多种形式大力推广新技术，努力办好实习兽医院、牧场和家畜人工授精站，开展"科技赶集"活动等。泰州畜牧兽医学校等其他中专校举办的实用、见效快的单项短期技术培训，均受到农村"两户"和乡镇企业的欢迎。

常州轻工业学校面向乡镇企业，帮助企业进行技术改造和开发新产品，近几年结合学生毕业设计，取得了8项成果。1982年，根据国内在塑料生产中原料浪费大、废料回收设备落后的实际情况，教师带领学生为武进县一乡镇企业设计了一台回收废旧塑料的高速粉碎混炼机。经鉴定，该机"技术先进，经济效益显著，其回收工艺目前在国内具有先进水平"，获常州市科技成果二等奖。现已批量生产，供不应求。南京地质学校根据凤阳县综合利用全县资源因地制宜发展工业的需要，结合学生的生产实习，承接了该县部分地质矿产资源调查和矿山测图任务，使凤阳县较快获得急需的开采矿山的图件和全县规划工作的地质资料。

有条件的中专校，在完成国家下达的招生任务的前提下，为社会提供技术咨询服务，既提高了教师水平，锻炼了学生，为社会做出了贡献，又为学校增加了收入，改善了办学条件。

四是教育部门和业务部门联合举办"收费、走读、不包分配"的中专校，设置市需要量较大的专业。1980 年以来，结合中等教育结构的改革，在南京、苏州、常州等市举办了 6 所走读中专，对体制方面进行了较大改革，把学校建成了比较开放的教育机构，发挥了多方面的办学积极性和各自优势。在市政府的统一领导下，由教育部门和市财政提供办学的最基本条件（如普通基础课教师、部分正常经费和校舍），学校根据业务部门的需要和能提供的必要条件设置专业。如南京市走读中专校设置了财会、建筑、政法、轻工机械等多类专业，学生规模已达 1 600 人。这些学校的毕业生，由急需人才的全民制和集体制企事业单位择优录用。

为改变中专校办学形式单一现象，教育部门和业务部门坚持多种形式办学，努力为社会多培养人才。自 1983 年开始的中专函授教育，在 1984 年招生后，省公安、商业、供销社系统 9 所学校举办的中专函授在学人数将达 2 000 人，还有一些学校正在积极筹办中专函授教育。普通中专校接受委托举办的干部中专班、职工中专班也有较大发展。这些措施均加强了学校和社会的联系，促进了学校的发展。

五是为进一步解决乡镇企业对中等专业人才的急需，几个县还为乡镇企业和其他集体企业培养人才办起了中专校。1984 年，江苏省人民政府批准创办了泰兴县建筑工程学校、太仓工业技术学校。1984 年两校招生 260 人，设置了工业与民用建筑、食品加工等两县需要量大、现有中专校短缺的专业。苏州市规划所属几县联合举办中专校，太仓先办，以后逐步在其他县办，统筹设置急需的专业，为各县培养人才，保证学校稳定发展。

两所县办中专对现行中专的管理体制、服务方向、招生和分配制度等进行了大胆改革。在管理体制上，两校均由县领导管理，实行由县政府负责人和县教育、劳动人事、财政等各有关部门负责人组成的校务委员会领导下的校长负责制，日常工作由县教育局主管，有关业务部门也参与管理。在经费来源上，不要江苏省的基建投资和其他办学经费，由县通过财政补助、乡镇企业管理部门投资、受益企业集资、教育经费拨款（以职业中学为依托举办的，原正常教育经费仍拨给）等多渠道解决。学校改变现行中专国家统包统分的办法，学生入学后户口不转，毕业后由乡镇企业择优录用。

泰兴、太仓两县人民政府对创办和办好中专校十分重视。泰兴县有组织的建筑施工队伍已有 35 000 人，承包工程遍及全国 17 个省、自治区、直辖市，县政府把办好建工学校作为振兴建筑业，实现经济翻番的大事来抓。太仓县已有乡镇企业 410 个。为乡镇企业多渠道培养人才，办好县中专教育基地已是太仓县的战略决策。

江苏省有关部门对县办中专都给予大力支持。大力提倡以现有中专校为依托，通过委托代培、联合办学等形式扩大为乡镇企业培养人才的规模。同时，有条件的县办中专校，可在大批培养乡镇企业急需人才方面走出一条新路，为中专教育的发展创造广阔的发展前景。最近，江苏省政府已决定简化审批手续，支持市、县举办不包分配的中专校。

江苏省中专教育所进行的这些改革还只是初步的、局部的和探讨性的。要根本扭转中专教育发展缓慢、与现代化建设严重不相适应的状况，还有待于在教育体制、中专管理体制、劳动人事制度等方面进行全面、深入、系统的改革。

（原载《高教战线》1984 年第 10 期）

从实际出发调整中专教育

江苏省高教局

中专教育的调整、改革、整顿、提高的任务很艰巨。近两年来，我们根据中央和上级有关部门的指示精神，从江苏省实际情况出发，为省内中等专业学校调整提高做了一些工作，主要从以下四个方面着手。

一、学校和规模的调整

两年来，江苏省恢复和创办了食品工业、纺织工业、人民警察、农业、物资、评弹等11所中等专业学校，填补了缺门，加强了"短线"。目前，全省有中等专业学校102所（不包括16所部属学校），在校学生41 000余人。根据江苏省实际情况，在认真办好现有学校的同时，建材、旅游、轻工等系统将创造条件，新建一些中等专业学校。全省卫生系统1979年有卫生学校83所，为了集中力量、保证质量，江苏省卫生厅经过两年来的调整工作，先后把60多所县医院办的卫生学校改为县卫生进修学校，加强在职培训。全省保留20所卫生学校。

经过调整，全省中专校内部各科类之间的比例逐步趋向合理。1979年，全省各类中专校在校学生占全体学生的比例是：工科14%，农科4%，卫生26%，财经11%，师范43%。到1980年，全省各类中专校在校学生占全体学生的比例是工科25%，农科6%，卫生14%，财经17%，政法8%，师范28%。今后，工科、农科、财经类专业的规模仍将积极稳步地扩大。

二、专业的调整

全省中等专业学校现有专业183个。由于重复设置过多，或办学条件尚未具备，或专业面过窄等，有21个专业拟撤销，有16个专业拟调整专业方向或扩大专业面，有5个专业合并为2个专业，有1个专业分为2个专业。在调整过程中，逐步增设专业54个，其中工科22个，农科3个，医科6个，财经7个，管理类10个，政法4个，其他2个。调整后，全省中专校共有234个专业。

为了加强协作，统筹规划，讲究办学的经济效果，改变"小而全"造成的不稳定、不经济、不容易提高教学质量的状况，经过协商决定，江苏省拟对全省近20所中专校重复设置的财会专业进行适当调整。卫生系统护士专业设置重复过多，而检验、药剂、放射、口腔等专业较缺。这次调整，撤销了部分学校的护理专业，分别在6所学校增设了急需的专业。对于某些专业面太窄的专业，准备扩大专业面，增强毕业生的专业适应性。江苏省宜兴陶瓷工业学校为拓宽专业面，拟将陶瓷美术、陶瓷机械、陶瓷工艺等3个专业改为轻工美术、陶瓷工艺及装备、玻璃和搪瓷工艺装备。为适应当前各行各业急需管理人才的需要，江苏省计划在13所学校新设企业管理、经济管理方面的专业，1981年已有7所学校开始招生。

三、学校领导管理体制的调整

由于十年动乱，江苏省中等专业学校领导管理体制中存在"领导多头，无人负责"的现象。在调整工作中，我们始终把学校领导管理体制的调整作为一个重要方面。1979年，我们曾向省政府报告，要求将面向全省的中等专业学校明确为省属学校，由省有关部门主管。1980年全国中等专业教育工作会议召开后，我们和省有关部门共同研究拟订了《关于加强中等专业学校领导和管理的几点意见》。为了加强江苏省中等专业学校的领导和管理，明确职责分工，我们对现有学校的领导管理体制做了适当调整。调整后，全省中等专业学校（中师除外）由省直接领导管理的有15所；省和地市双重领导，以省为主的有36所；省和地市双重领导，分工管理，以地市为主的有25所。对于面向全省或跨地区的学校，一般实行前两种领导管理体制，将其明确为省属学校。

四、招生对象和学制的调整

对于江苏省中等专业学校招生对象，从实际情况出发，将其初步确定为：部分工科学校招收初中毕业生，学制四年。招收高中毕业生的财经等文科类专业，学制为两年；工、农、医科学校可为三年。同一所学校，应尽量避免既招高中生，又招初中生。

在调整工作中，我们的主要做法有三点。

（一）在调查研究、分析现状的基础上，明确调整的必要性和调整的指导思想

多年来，学校普遍反映存在规模不定、招生对象和专业设置多变、学制不稳定、领导管理体制不健全、部分学校办学条件太差等问题。这些问题的存在，严重地影响了中专教育事业的发展和教育质量的提高。早在1979年，在调查研究的过程中，我们和省有关部门都认识到，江苏省中专教育的现状很不适应经济建设发展的需要，属于"短线"。中专与大学之间和各类中专校之间的比例失调的问题很突出。在领导管理体制、专业设置等方面也都存在不少问题，迫切需要解决。在全国中等专业教育工作会议召开后，我们对调整的认识和指导思想更为明确，更有信心。根据全国中等专业教育工作会议精神，我们要在整顿、提高的基础上，认真办好现有学校，积极发展中专教育事业。前几年，江苏省师范、卫生学校招生较多，规模较大；而工科、财经类学校多数是新近恢复或新办的，条件差，规模小，数量少；政法和有些工业方面还有缺门。根据这个实际情况，我们采取扬长补短、填补缺门的办法，逐步恢复和创办一些急需而缺门的中专

校，使中专内部各科之间保持比较合理的比例。

（二）依靠有关部门和学校，共同拟订调整意见

近两年来，江苏省有关部门和学校为了搞好调整，做了大量的调查研究工作。江苏省商业厅组织专门班子深入全省所属公司、企业，全面了解各地对中等专业人才的需要情况，了解学校师资、设备及办学特色等方面的情况，从实际出发，制定调整意见。农业学校的招生对象和学制因各方面意见不一致，长期定不下来。在调整过程中，有关部门采取"走下去"和"请上来"的办法，与学校反复研究，最后取得了一致意见。江苏省宜兴陶瓷工业学校为做好专业调整工作，由领导干部带队，组织两个调查组深入20个工厂、企业、研究所和学校，调查了解毕业生的工作情况和企业对专业人才的需求情况，在此基础上，确定了专业调整的意见。

（三）提倡联合办学，协商解决问题

我们主要就一些共性问题做疏通工作。例如，对于财会专业的调整，开始时，全省设有财会专业的学校有20所，很多学校反映缺乏师资又无管理经验，教学质量难以保证，强烈要求由财经学校承担这个任务。但是，有的部门担心毕业生能否胜任，强调本行业的特点；有的则担心能否满足本行业的需要，也担心在职财会干部培训没有基地；财政部门则强调现有财经学校办学条件还差，基建投资难解决，有困难。在拟订《江苏省中等专业学校调整意见》时，我们经过多次座谈协商，决定由财经学校承担全省各系统（商业、供销除外）所需财会干部的培养任务。但是，在财政部下达财经学校调整规划后，省财政部门承担此任务时面临了一定的困难。为此，我们会同省计委和各有关部门再次分析了利弊，一致认为，为了讲究办学的经济效果，保证教育质量，适当调整财会专业重复设置是必要的，而且也有可能。从全省6所财经学校的实际情况看，有潜力可挖，只要适当增加财经学校的学生宿舍等，就可扩大招生规模。同时，我们还调查了解了各行业对财会干部的需要量，和财政厅、财经学校一起反复研究，制定并逐步落实了五条措施，使一些问题得到了妥善解决。例如，通过统筹规划，各财校的招生总规模可达3 000人，估计财政、卫生、农业等行政事业单位每年需补充450人，只需900人规模，其余2 100人规模均可面向工业系统。1981年工业会计专业已招360人，以后逐步适当扩大招生规模，1985年后就可以基本满足需要。

（原载《高教战线》1982年第1期）

南京走读中专受欢迎

王兆明

南京市中等专业（走读）学校于1980年8月创办以来，以新颖的办学特点和教学形式，受到人们的重视与欢迎。

这所走读中专1980年和1981年共招生1 200余名，设有10个办学点，共15个专业。办学形式有两种：教育部门办学和教育部门与业务部门联合办学，以联合办学为主。一年多的实践证明，走读中专有其优越性：一是对学生实行收费走读，在原来中学的基础上改办，投资少、建设快。国家可以少花钱多办事，扩大招生和培养规模。二是对毕业生不包分配，实行择优录用，打破了"铁饭碗"，进一步调动了学生的学习积极性。三是实行联合办学，由教育部门提供普通课教师、办学基地；业务部门在办学经费、专业课教师、实习等方面进行扶持，这样就把教育部门和业务部门的办学积极性结合起来了。

南京市有关方面对开办走读中专十分重视。市领导部门把办走读中专当作改革中等教育结构、解决高中毕业生就业问题、加速培养企业急需的中等专业人才的一项措施来抓。计委、人事、财政等部门，共同认真商定招生计划，研究办学方向。南京市教育局局长兼任走读中专校长，并配备了十多个专职干部。南京市二十六中从领导到教师，对于建筑工程中专部，在建立正常的教学秩序、提高教学质量方面，做了大量工作。业务部门和企业单位的办学积极性也很高。南京自行车总厂工程技术人员只占职工总数的百分之三，有几个分厂没一个经过专门训练的技术员。该厂领导对办中专十分重视，专门盖了两间教室，重新添置了课桌椅，配备了部分专职教师，另辟了阅读室、乒乓球室，妥善安排学生在本厂实习和进行毕业设计，还积极帮助学生解决学习和生活方面的困难。

学生家长对走读中专颇为欢迎。未被高校录取的部分高中毕业生有了学习的机会，初中毕业生上中专早定向、早培养，减少了家长的后顾之忧。

南京走读中专对于办学中遇到的经费、设备及提高教学质量等问题，正在努力解决。

（原载《新华日报》1981年12月22日第3版）

校，使中专内部各科之间保持比较合理的比例。

（二）依靠有关部门和学校，共同拟订调整意见

近两年来，江苏省有关部门和学校为了搞好调整，做了大量的调查研究工作。江苏省商业厅组织专门班子深入全省所属公司、企业，全面了解各地对中等专业人才的需要情况，了解学校师资、设备及办学特色等方面的情况，从实际出发，制定调整意见。农业学校的招生对象和学制因各方面意见不一致，长期定不下来。在调整过程中，有关部门采取"走下去"和"请上来"的办法，与学校反复研究，最后取得了一致意见。江苏省宜兴陶瓷工业学校为做好专业调整工作，由领导干部带队，组织两个调查组深入20个工厂、企业、研究所和学校，调查了解毕业生的工作情况和企业对专业人才的需求情况，在此基础上，确定了专业调整的意见。

（三）提倡联合办学，协商解决问题

我们主要就一些共性问题做疏通工作。例如，对于财会专业的调整，开始时，全省设有财会专业的学校有20所，很多学校反映缺乏师资又无管理经验，教学质量难以保证，强烈要求由财经学校承担这个任务。但是，有的部门担心毕业生能否胜任，强调本行业的特点；有的则担心能否满足本行业的需要，也担心在职财会干部培训没有基地；财政部门则强调现有财经学校办学条件还差，基建投资难解决，有困难。在拟订《江苏省中等专业学校调整意见》时，我们经过多次座谈协商，决定由财经学校承担全省各系统（商业、供销除外）所需财会干部的培养任务。但是，在财政部下达财经学校调整规划后，省财政部门承担此任务时面临了一定的困难。为此，我们会同省计委和各有关部门再次分析了利弊，一致认为，为了讲究办学的经济效果，保证教育质量，适当调整财会专业重复设置是必要的，而且也有可能。从全省6所财经学校的实际情况看，有潜力可挖，只要适当增加财经学校的学生宿舍等，就可扩大招生规模。同时，我们还调查了解了各行业对财会干部的需要量，和财政厅、财经学校一起反复研究，制定并逐步落实了五条措施，使一些问题得到了妥善解决。例如，通过统筹规划，各财校的招生总规模可达3 000人，估计财政、卫生、农业等行政事业单位每年需补充450人，只需900人规模，其余2 100人规模均可面向工业系统。1981年工业会计专业已招360人，以后逐步适当扩大招生规模，1985年后就可以基本满足需要。

（原载《高教战线》1982年第1期）

南京走读中专受欢迎

王兆明

南京市中等专业（走读）学校于1980年8月创办以来，以新颖的办学特点和教学形式，受到人们的重视与欢迎。

这所走读中专1980年和1981年共招生1 200余名，设有10个办学点，共15个专业。办学形式有两种：教育部门办学和教育部门与业务部门联合办学，以联合办学为主。一年多的实践证明，走读中专有其优越性：一是对学生实行收费走读，在原来中学的基础上改办，投资少、建设快。国家可以少花钱多办事，扩大招生和培养规模。二是对毕业生不包分配，实行择优录用，打破了"铁饭碗"，进一步调动了学生的学习积极性。三是实行联合办学，由教育部门提供普通课教师、办学基地；业务部门在办学经费、专业课教师、实习等方面进行扶持，这样就把教育部门和业务部门的办学积极性结合起来了。

南京市有关方面对开办走读中专十分重视。市领导部门把办走读中专当作改革中等教育结构、解决高中毕业生就业问题、加速培养企业急需的中等专业人才的一项措施来抓。计委、人事、财政等部门，共同认真商定招生计划，研究办学方向。南京市教育局局长兼任走读中专校长，并配备了十多个专职干部。南京市二十六中从领导到教师，对于建筑工程中专部，在建立正常的教学秩序、提高教学质量方面，做了大量工作。业务部门和企业单位的办学积极性也很高。南京自行车总厂工程技术人员只占职工总数的百分之三，有几个分厂没一个经过专门训练的技术员。该厂领导对办中专十分重视，专门盖了两间教室，重新添置了课桌椅，配备了部分专职教师，另辟了阅读室、乒乓球室，妥善安排学生在本厂实习和进行毕业设计，还积极帮助学生解决学习和生活方面的困难。

学生家长对走读中专颇为欢迎。未被高校录取的部分高中毕业生有了学习的机会，初中毕业生上中专早定向、早培养，减少了家长的后顾之忧。

南京走读中专对于办学中遇到的经费、设备及提高教学质量等问题，正在努力解决。

（原载《新华日报》1981年12月22日第3版）

江苏省一些中专学校积极培训干部

江苏省高教局办公室

叶剑英同志在国庆三十周年大会讲话中指出:"我们要通过各级党校、中等专业学校、高等院校和各种形式的训练班,对现有干部进行定期轮训,并使之形成制度。"江苏省中等专业学校热烈响应党中央号召,积极承担现有干部的培训任务,为适应四化建设的需要逐步改变干部队伍的结构而努力。

南京农业机械化学校从1979年开始,受农机部和省农机局的委托,举办了南方农机化领导干部训练班,第一期已于1979年6月结业,为南方13个省、市、自治区培训了县级农机化领导干部(主要是分管农业机械化工作的县委副书记、县革委会副主任)92名。最近,农机部和学校协商,拟在该校设立常设的农机化领导干部训练班,继续担负南方13个省、市、自治区县级农机化领导干部的轮训任务。

扬州水利学校承担了省水利、气象系统的干部技术培训任务,准备分两三期将地、县两级水利局局长轮训一遍。第一期在1980年元旦后开学;同时,对于轮训县气象站以上单位没有受过专门训练的气象工作干部,共培训1 400名,打算在两三年内培训完毕。

泰州畜牧兽医学校虽小,条件较差,但为农业服务的贡献较大。自1969年以来,连续举办各种类型的短训班83期,培训学员5 946人,其中有不少是公社牧医站站长。

江苏省邮电管理局以省邮电学校为基地,举办县邮电局长轮训班,第一期已于1979年11月27日开学,学员29名,主要学习邮电通信业务和邮电管理知识,学员们求知欲望强烈,他们认真学习,决心由外行变为内行。

南京铁路运输学校受中华人民共和国铁道部和上海铁路管理局的委托,已举办了7期在职干部训练班。其中,2期是企业管理干部训练班,1期是铁路有线通信干部训练班,1期是运输干部训练班,还有2期是财会人员训练班。中华人民共和国铁道部规定,干训班主要培训中青年科长、段长级干部,学习时间短则两个月,最长一年半。现已有122人结业返回工作岗位,还有145人在校学习。中华人民共和国铁道部和上海铁路局还确定该校要长期承担轮训现有干部任务。学员常在150人左右。为了办好干训班,该校主要采取了以下三项措施:① 加强管理。学校有一位副校长分管干训班工作,并抽调了两名科长级干部负责干训班工作;干训班成立临时党支部,负责学员的政治思想工作和组织工作。② 加强教学工作。学校抽调80名教学业务水平较高的教师为干训班专职和兼职教师,组织教师编写了运输、财会等专业的教材。学校还不断总结经验,努力提高教学质量。③ 安排好学员的生活。学校为干训班的学员办了专门食堂，他们的宿舍也比青年学生的要宽敞些。

农林系统制订了干部分级培训的计划。现在，南通、盐城、淮阴、徐州、镇江等5个地区的农校干训班和苏州地区的农大干训班，都已经先后开学，每班50—80人。

（原载《人民教育》1980年第4期）

利用优势　发展中专

王兆明

"多办、办好中专教育,逐步使高等教育与中专教育的招生比例达到一比二到三,加速培养各类中等专业技术人才和管理人才,以适应四化建设的需要。"这是全国中等专业教育工作会议上确定的新时期中专教育的任务。怎样完成这一光荣而艰巨的任务,使中专教育在 20 世纪 80 年代有一个较大的发展呢?我们谈点设想。

一、发挥优势,扩大协作

正确处理中央和地方的关系,充分发挥中专教育的地方优势。有的省、市某些类型的中专教育基础较好,发展较快,中央有关部门可以委托地方代培,也可以调剂分配毕业生。这样既解决了这些地区毕业生没有出路的问题,保证了学校的稳定,又减少了重复办学的困难和浪费。如江苏省的中等师范、卫生、财经、水利、机械等类中专校,基础较好,除满足本省需要外,还有潜力可挖,中央有关部门如能给予适当投资,招生规模还可扩大。现在这方面的协作已经开始,初见成效。如南京农业机械化学校,承担了农机部委托的南方 13 个省、市农业机械化领导干部培训班的任务。扬州水利学校接受了水利部的招生任务,使某些专业的招生由单轨变为双轨,另外还承担了全国水利系统中专校的师资培训等任务。水利部则支援了一些物资和设备费,改善了学校的办学条件。

同样,部属学校也应根据可能,积极为地方培训某些行业中等技术人才。如部属的徐州煤炭学校就承担了江苏省煤炭系统干部和技术人员的培训任务。此外,邮电部组织开展各大地区邮电学校间的专业协作的经验也值得推广。

地方各部门之间,也可以根据需要和可能,在本部门的中专校中,为兄弟部门培训有关人才。特别是各部门对于需要的财经、卫生、电子、机械等方面的专业人才,都可有计划地请有关专业部门的中专校代培。

今后中专校的发展(包括恢复和新建学校)还要考虑发挥经济建设的优势。中专校的发展要和经济发展优势相适应,优先发展与经济优势相对应的中专校。如江苏省的纺织工业,其生产能力跟上海市相当,但江苏省的纺织科技人员只占职工总数的 1.12%,低于上海的 3.4%,低于全国的 1.6%。因此,我们应积极发展纺织中专教育,加快人才培养。在经济建设有特色,有较好基础,且文化基础也较好的地方发展相应的中专校,就能既上得快,又保证质量。如苏州、无锡、南通等地发展纺织工业学校,南京、常州等市发展机械学校,全省积极发展轻纺、建筑等工科学校和农林学校就是较优方案。

二、解放思想,多种形式办学

应当提倡联合办学、多种形式办学。中央有关部门和省可以联合办学,中央有关部门在基础较好的省属学校中设置急需的专业,省也可在部属学校中设置需要量不大的专业;省和地、市的有关部门(如商业、供销、农机、机械等)可以联合办学;部门和企业也可以联合办学,企业负责提供部分设备、校舍、专业课教师,部门在各方面加以支持,对于培养的毕业生,由部门和企业"分成"。但对于联合办的中专校,领导管理的分工必须明确,以保证学校的正常发展和教育质量的提高。

允许较大的工矿企业和工业公司办中专。在办学开始几年,毕业生主要面向本企业,若干年后,企业的需要量小了,可以面向地、市和全省。

将调整过程中停转关并的工厂改办为中专。有些工厂本来就是在"文革"中由中专校改办的,现有可能,应改过来。

结合中等教育结构改革,在大力发展职业中学和职业学校的同时,在城市选择一些中学改办中专校。现在江苏省有一些部门(如建材、建工、政法等)没有中专校,急需新办。但苦于毫无基础,既无老校可恢复,又无工厂可改办,完全投资新建,困难很大。如能确定少数中学改办成中专,则发展就有了基础,原有的教师经过培训提高,大部分可以任中专校普通基础课教师,有关部门负责充实一些仪器设备和专业课教师,适当搞一些基建,即可上马。从全局看,选择少数中学改办中专校,比白手起家新建学校上得快,同时也可以解决一部分初中毕业生的升学问题。江苏省有少数中学在"文革"前曾是中专校,现在更应改办。

利用现有中专基础,大力发展业余中专、函授教育,对于学完全部课程经过考核成绩合格者,由学校发给毕业证书,作为中等专业技术人员。

不过发展中专教育,应和我国现行干部制度及劳动制度的改革结合起来,认真解决毕业生出路问题。如农业学校的发展,必须解决农校毕业生到公社工作的问题,公社应有国家农技人员的编制。以后县以下农村国家干部补充的应该是经过一定时间的实践锻炼的中等农校毕业生,现有农村干部必须被分期分批地安排到农校学习。

(原载《新华日报》1980年7月31日第3版)